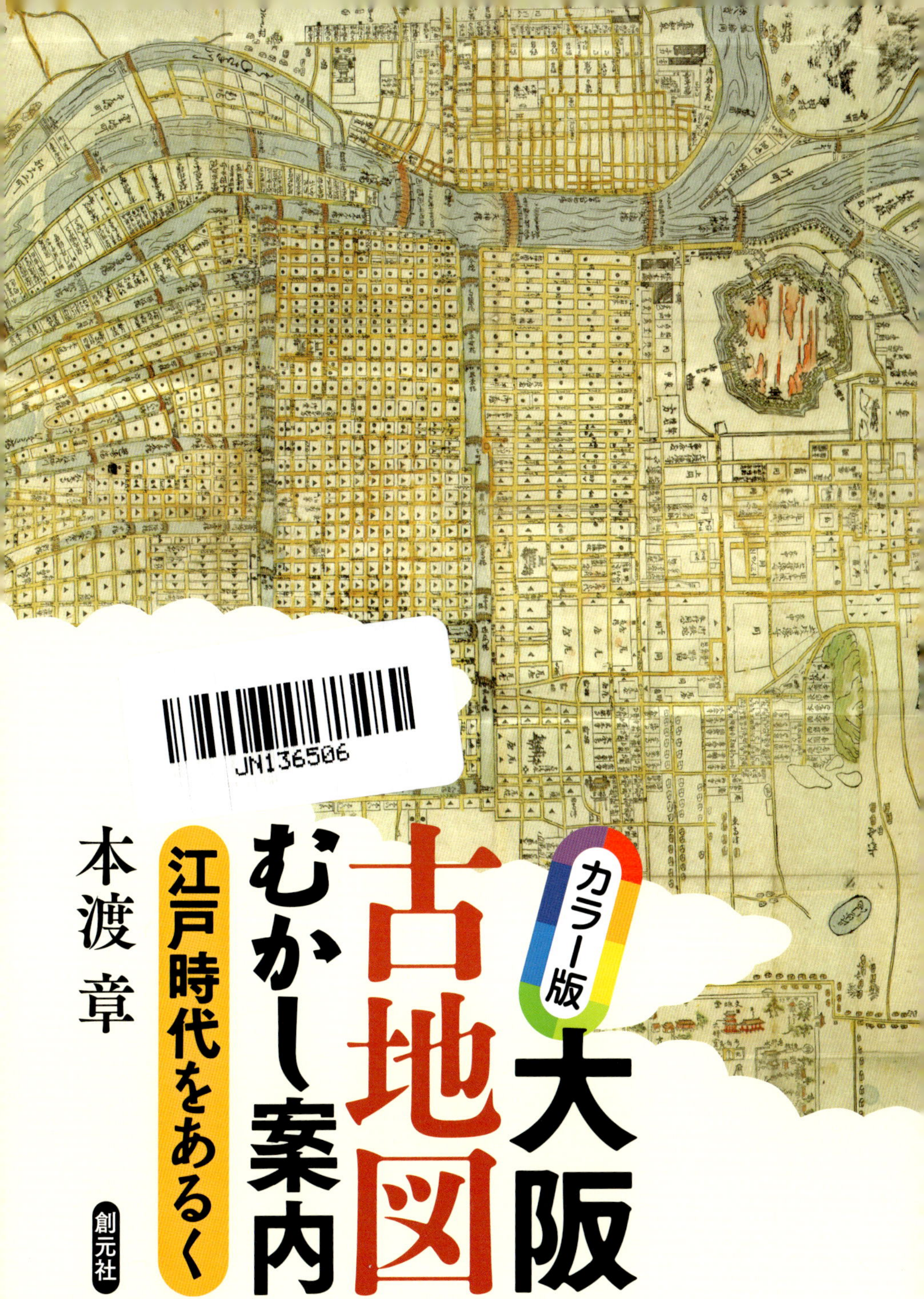

カラー版

大阪古地図むかし案内

江戸時代をあるく

本渡 章

創元社

目次

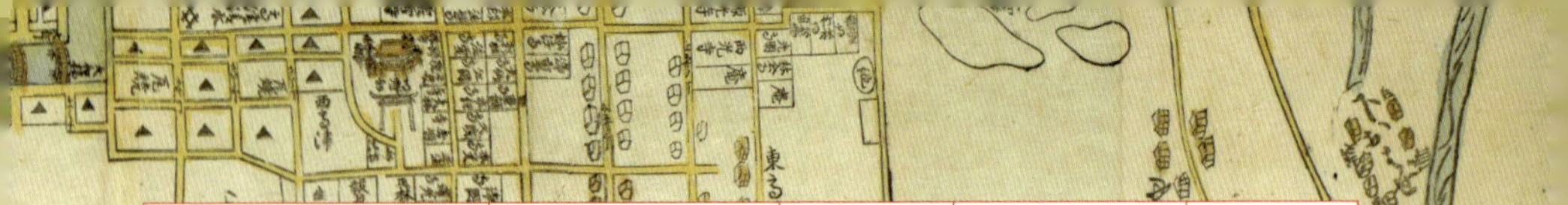

カバー・章扉装画　毛利みき
装丁　濱崎実幸

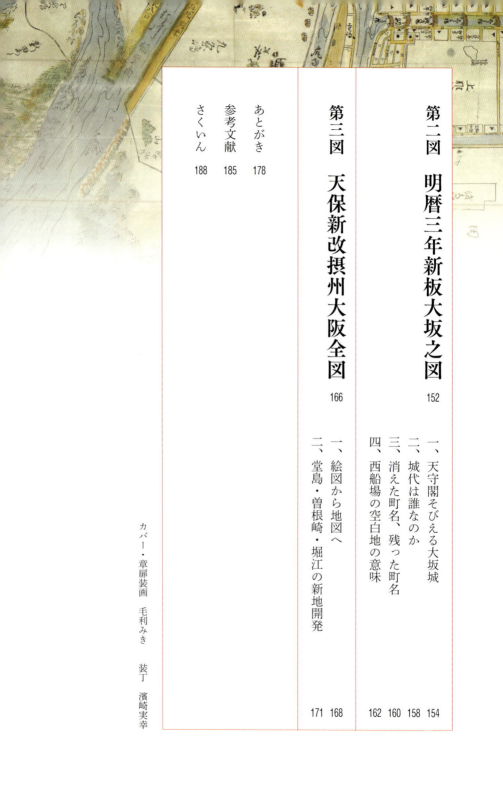

はじめに——江戸時代の古地図を読み解く愉しみ

古地図は文字のない本である

本書はいわゆる古地図マニア向けではない。収集や鑑賞、研究の対象としてではなく、一冊の本を読むように、古地図に描かれた内容を解き明かし、味わい楽しむための本である。古地図に関する予備知識はいっさい不要。歴史や地理、江戸時代の町や生活、文化に興味のある方ならどなたでも、筆者といっしょにかつての時代を散策していただける。そんな本をめざした。

これまでさまざまな古地図の本が書かれてきた。豊富な知識とともに紹介され、あるいは美しい図版として再現された古地図なら、すでに数多く見てきた。良書もあり、本書もそれらの成果を大いに参考にしている。しかし、今回の執筆にあたっては、新たな姿勢でのぞんだ。

古地図は文字のない本である。

というのが、本書の視点だ。一枚の古地図を一冊の本として見てはじめて、そこに何が描かれているのか、つぶさに読み解き、楽しむ姿勢が生まれる。なんとなく眺めていたときには見えなかったものが、見えてくる。想像がはばたき、疑問が解けた瞬間、驚きとともに新たな興味が湧いてくる。古地図は、面白い本と同様の読み解きの醍醐味を秘めている。それは、これまでの古地図の本が教えてくれなかったものだ。

読者は意外に思われるかもしれないが、古地図の中身そのものに注目し、細部の解説を試みた本は、ほとんど無いといっていい。研究書、一般解説書の多くは古地図の歴史や分類、作成過程の分析などが主な内容である。カラー印刷をふんだんにつかったビジュアルな本もあるが、これも古地図の内容については概説にとどまっている。

筆者は古地図の研究家でも収集家でもない。だから、こんな本を思いついたのかもしれない。子供の頃、地図帳を広げて見知らぬ町や国の空想の旅をした、あの面白さを古地図で味わいたい。動機はいたって単純である。

本書の執筆にあたっては、拙著『大阪名所むかし案内』『奈良名所むかし案内』『京都名所むかし案内』でもちいた江戸時代の名所絵の細部を読み解いていく手法を流用した。やってみて、古地図は名所絵をしのぐ歯ごたえのある素材とわかった。そのぶん醍醐味も増しているはずだ。

古地図には現代の地図には無い魅力がある。歴史・地理・民俗・文学など幅広い分野にまたがる情報がかくれていて、読み解かれるのを待っているのだ。本書を手にとるほどの好奇心を持った読者にとって、古地図は退屈しないテキストになるだろう。

古地図に何が描かれているのか

古地図の内容には、見てすぐに把握できるもの、そして読み解いてはじめて見えてくるものがある。

前者のケースはわかりやすい。名所旧跡の場所確認など、図上の位置が見つかればそれで了解である。ある川が思わぬ源流とつながっていたり、ある町とある町が意外にも隣あわせだったり、という類も同じである。

後者の、読み解いてはじめて見えるとは、たとえば次のような場合だ。

江戸時代の大坂は、北組・南組・天満組の三つの区域に分かれていた。下の図は、市街の一部である。●印が北組、▲印が南組をあらわす記号だと知っていれば、図の場所が北組と南組の境界であるのも、すぐにわかる。問題はここからだ。現代の大阪の地図では、町と町の境界は通りの中心にある。ところが古地図では町のブロックの中心に境界がある。これは何を意味するのだろうか。

詳しくは「第一章第三図の一」の本文をご覧いただきたい。現代人にとって、通りは車や人が移動するための通路であり、歩行者天国など特別な場合をのぞいて他の用途があるとは考えてもみない。通りの向かい側が異なる町であっても困りはしない。しかし、江戸時代の人々にとって通りはだいじな生活と社交の場であり、ときに祭礼の場にも

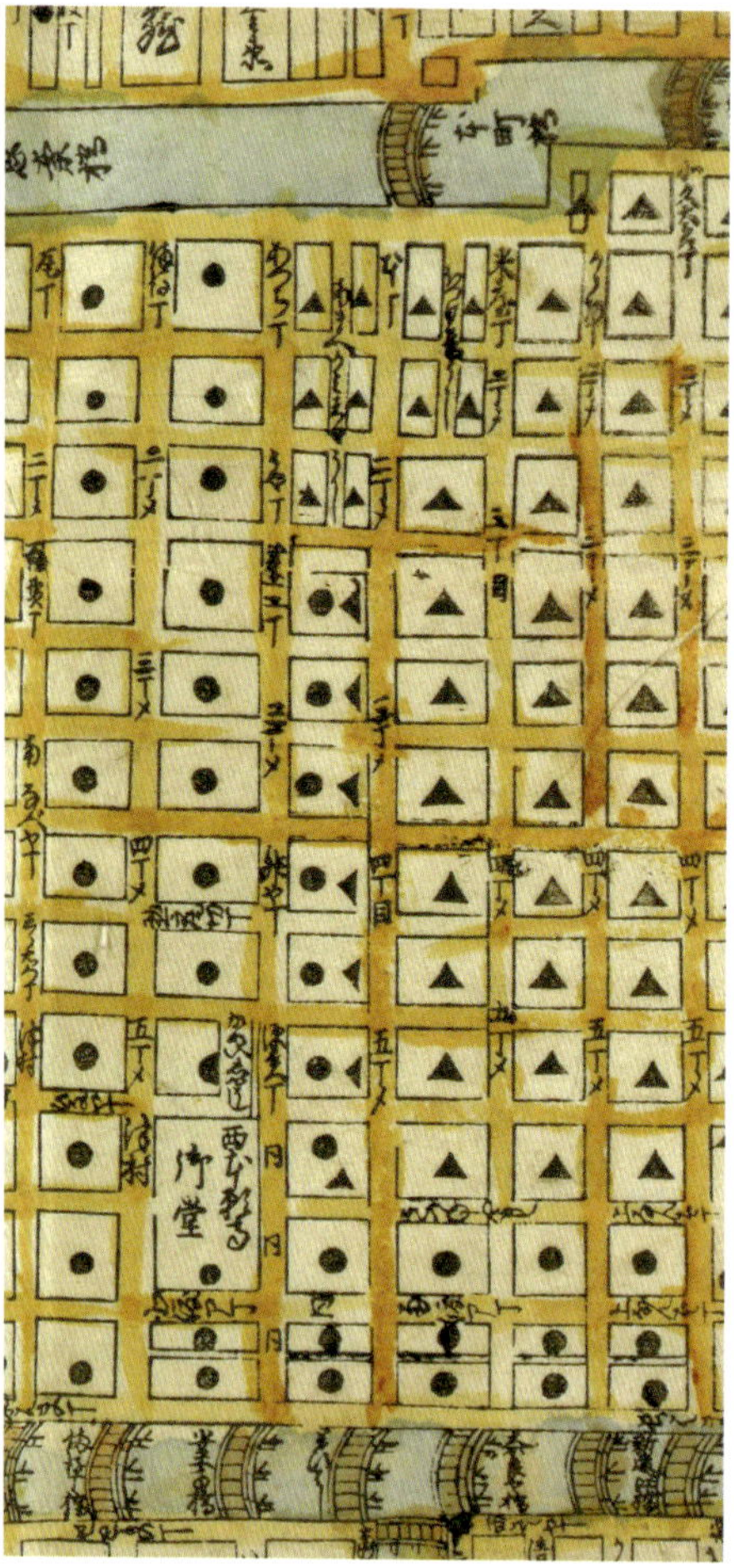

本町通り付近の図（元禄九年新撰増補大坂大絵図）

なり、通りをはさんで顔を合わせる人々が同じ町に住む一体感を確認するための、なくてはならない共有物だったのである。

大坂にかぎらず江戸時代の都市は、通りをはさんで向かいあう「町」が住人の生活基盤だったとは、すでにご存知の読者もいたかもしれない。しかし、古地図は知識にとどまらず、視覚的な実感をともなってかつての「町」の姿を彷彿とさせてくれる。市中六百余の町々のひとつひとつが、異なる顔をもった空間であり、その集積が江戸時代の大坂なのだ。都市の襞《ひだ》が、古地図から見えてくるのである。

古地図にはいったい何が描かれているのか。問いかける意識から、読み解きははじまる。問いかければ、古地図は本のように何事かを物語りはじめるものなのだ。

本書では六つの古地図について、それぞれに問いかけを試みている。読み解く楽しみを通して、古地図の魅力にふれていただければ幸いである。

古地図小史

本題の前に、日本での古地図の歴史について簡単にふれておく。

最古の地図作成の記録は、大化二年（六四六）の班田収《はんでんしゅう》受《じゅ》[*1]に関する詔《みことのり》のなかにある。「国々の境を観、あるいは図し」の文言のとおり、班田を実行するために、土地の位置を条里制によって定め、田の地図がつくられたのである。もっとも当時の田図は残っていない。

現存する最古の地図は、正倉院宝物のなかの東大寺領墾田図・開田図[*2]である。墾田図・開田図は、田地の区画や初期の荘園の境域を図示したもの。碁盤目状の地割にしたがい、縮尺も一定しており、地図の形はすでに整っていたと考えられている。

天平十年（七三八）には全国の国郡図が完成したと思われるが、一枚も現存していない。聖武天皇の時代には行基が描いたとされる日本全図があらわれ、行基図と呼ばれた。最古の日本全図とされる「延暦二十四年（八〇五）改正輿地図」は、行基図がモデル。日本列島が団子を寄せ集めたような形で描かれ、原図はなく年号にも疑問があるが、江戸時代中期に書写されたものが残っている。木版で刷られた最古の日本全図は『拾芥抄《しゅうがいしょう》』[*3]に収められた「日本図」で、慶長版以後の版に載っており、近世初期の図である。

平安時代から鎌倉・室町時代にかけて荘園制が発展すると、先ほどの墾田図・開田図は、荘園図に姿を変えた。荘園の概況を絵画的・鳥瞰図的に描いたものが多い。荘園図はのちに荘園が消滅すると郷村図になり、近世初期には村絵図が多くつくられた。

江戸時代には地図の作成・出版が盛んになり、普及がすすんだ。手彩が木版になり、多色刷りもあらわれた。本書で主にとりあげる町絵図をはじめ、日本全図、地方図、河川図、街道道中図、名所案内図、災害図など種類も多様化した。浮世絵師による鳥瞰図的な地図も楽しまれた。地図の出版を手がける版元も、まず京都に登場し、のちに江戸・大坂からも多数あらわれた。奈良や長崎などにも有力な版元があった。江戸期は質量ともに地図が大きく発展した時代だった。

　慶長十年（一六〇五）、家康は諸大名に国絵図の作成を命じている。以後、正保元年（一六四四）、元禄十年（一六九七）、天保二年（一八三一）にも国絵図がつくられた。その間、安永八年（一七七九）には長久保赤水の「改正輿地路程全図」という高精度の日本全図が刊行され、文政四年（一八二一）には伊能忠敬による実測日本全図が完成している。伊能図は近代的な測量技術をとりいれ、日本で初めての実測図となった。

　古地図の定義はかならずしも明確ではないが、一般には江戸時代までに出た地図、あるいは近代的な測量や印刷技術が広まる以前につくられた地図とされる。今では歴史・地理の資料であり、愛好家の収集の対象にもなる。静かなブームとも、たびたびいわれてきた。

　古地図は現代の地図とくらべ正確さでは劣るが、読み解きの素材としての魅力でまさる。図に封印されたかつての時代が、読み解くにつれて浮かび上がってくるからである。本書ではもっとも親しまれている江戸時代の古地図をとりあげる。

＊1　**班田収受**……従来の土地私有を廃して公有とし、男子・女子および奴婢にそれぞれの基準の広さの口分田《くぶんでん》を授けた。

＊2　**東大寺領墾田図・開田図**……天平勝宝三年（七五一）の近江国水沼《みぬま》村墾田図など十七点が蔵されている。

＊3　**『拾芥抄』**……鎌倉時代半ばに成立したとされる百科便覧で、貴族の必携書といわれた。

本書でとりあげた古地図

さて、本書では江戸時代につくられた多種多様な古地図のなかから、大坂の町絵図を紹介する。

町絵図は今でいう都市図、市街図にあたり、古いものほど絵画的な要素が強い。当時は地図といわずに絵図といった。町絵図は、江戸時代の地図のなかでもいちばん点数が多い。現代でも人気があり、古地図の花形ともいえる。手描きも木版もあるが、ここでは次の木版図四点について読み解きを行い、さらに付録一点（一枚刷り）を添えた。

第一章　一、元禄九年（一六九六）新撰増補大坂大絵図
第二章　一、浪華往古図
　　　　一、明暦三年（一六五七）新板大坂之図
　　　　一、天保新改摂州大阪全図
付録……………元禄九年（一六九六）新撰増補大坂大絵図

くわしくは本文をご覧いただくとして、それぞれの図の概要を紹介しておく。

「元禄九年新撰増補大坂大絵図」は、大坂夏の陣の戦災からの復興と市街地整備を終え、元禄時代の繁栄を謳歌した頃の大坂の姿が見られる。町場は記号を用いて地図らしく、城や有名寺社、山などは絵画のように描かれている。大坂城・武家屋敷・蔵屋敷と町人地、堀川網と橋、船場・島之内と西船場、四天王寺と寺町など、絵図をたどるうちに繁栄期を迎え、のちに天下の台所と呼ばれた元禄大坂の姿が見えてくる。本書でも第一章で詳述している。

「元禄九年新撰増補大坂大絵図」は、「貞享四年新撰増補大坂大絵図」の改訂版である。ふたつの図のあいだには九年のへだたりがあり、新地の有無や城代・奉行の名前の変遷などが見てとれる。貞享四年図は完成度の高い大坂町絵図としては最初期に登場したもので、たびたび改訂を重ねて世に出回った。江戸時代の人々はこれらの図を見てはじめて、自分たちが住む町の姿を知ったのである。原図に近い感覚で見ていただくために、元禄九年版の復刻図を付録として付けた。広げてじっくりとご覧いただきたい。

「浪華往古図」は宝暦六年（一七五六）刊行。近世以前の大坂の姿を想像をまじえて描いたもので、江戸時代の好事家たちの興味がどこにあったかを知る手がかりとして面白い。明らかに間違いとわかる箇所もあるが、地名や地形を見る目に時代性が感じられる。古地図の魅力はこんなところにある。

「明暦三年新板大坂之図」は大坂町絵図のもっとも古いかたちを伝えている。大坂城が天守閣をはじめ絵画風に描写されるなど、絵図ならではの表現が眺められて楽しい。市街の中心は黒く塗られ、縦横の縮尺が異なるため街区もじっさいより細長く描かれるなど、現在の地図には見られない手法である。作成したのが京都の版元で、その流儀が出たのだが、地図と絵図のちがいが端的にあらわれていて興味深い。

「天保新改摂州大阪全図」は天保八年（一八三七）刊行。安治川の開削、新田の造成、大和川の付け替えなど河口・湾岸開発の進展のようすがうかがえる。全体に絵図的な要素が薄まり、記号の利用度が高まり、現代の地図に近づいている。題名に「大坂」ではなく「大阪」と表記されているのも、注目される。

本書の楽しみ方

「はじめに」の最後にひとこと。

冒頭で述べたように、古地図は一冊の本である。読み解くほどに味わいが出る。古地図が本書の主役だから、まずは本文中に見開きで掲載した図を、目にとまったものから順にぱらぱらと眺めていただきたい。付録の図を広げて、ご覧いただくのもいい。

古地図にあまりなじみがなかった方も、現在の地図にはない「時代の雰囲気」とでもいうようなものを感じていただけるだろう。いきなり何かを読みとろうとしなくていい。古地図に足を踏み入れ、江戸時代の散策を楽しむためのウォーミングアップである。なんとなくでも眺めているあいだに、自然と心の準備ができてくる。

とりあえず、第一章の最初にまとめた「古地図の見方」から、ゆっくり読みすすめてほしい。古地図とのつきあい方のあらましがおわかりいただけると思う。新たな疑問も湧いてくるかもしれない。だとしたら、あなたはこのあと、とても幸福な古地図との出会いを体験するにちがいない。ささやかでもいい、何か問題意識を持って向かうと、古地図の面白さはさらに増す。一冊の魅力的な本のように物語を語りだす。

本文で示した内容は、読み解きのほんの一例だ。筆者自身がそれぞれの古地図を見ながら、浮かんだ疑問を手がかりにして江戸時代の街角を歩いた記録である。もし、読者がいっしょに散策を楽しんでいただけたなら、うれしい。よければ、この次は一人で古地図の世界を歩いてみてほしい。散策はやはり好きな道を気ままに行くのがいい。本書を楽しめた方なら、歩き方はすでにおわかりのはずだ。願わくば、読者のみなさんが素敵な散策を満喫されますように。

新版刊行にあたって

本書は『大阪古地図むかし案内――読み解き大坂大絵図』(二〇一〇年刊)の新版である。本文は旧版をベースとし、図版をオールカラーの精細な図版を用いて大幅にバージョンアップした。特にメインとなる図版は博物館の特別展などでしか見られない江戸時代(元禄九年)の貴重な古地図で、多数の部分拡大図および付録の全体図としてミクロとマクロの両面から、本文との対照が楽しめる。居ながらにして江戸時代の大坂の時空散歩が味わえる趣向である。

なお、部分拡大図の向きは必ずしも北が上でなく、地図中の文字が読みやすい方向に回転させるなど手を加えている。見開き図の向きなどもレイアウトの都合上、題字が正方向でない場合がある。ご了解いただきたい。

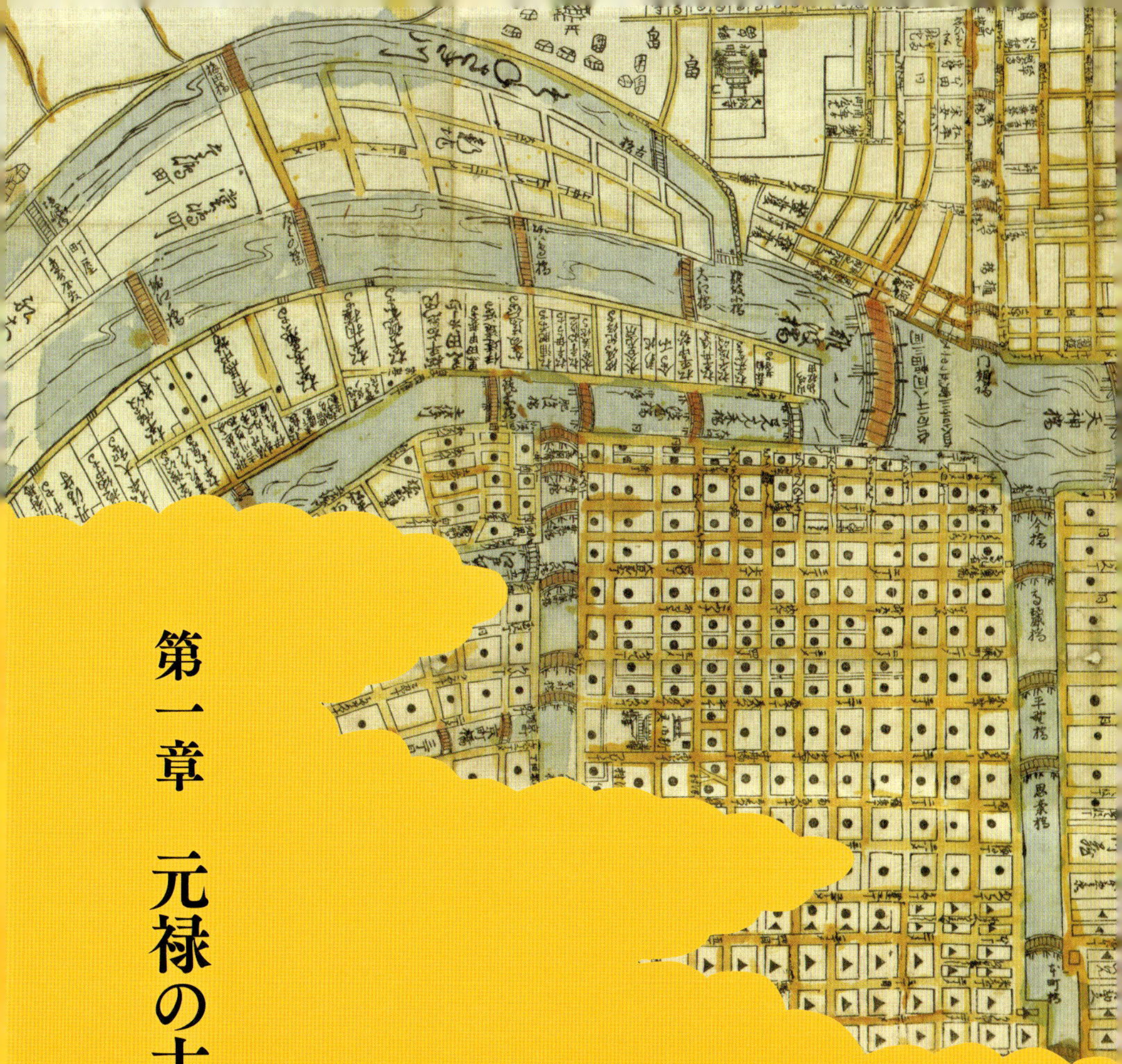

第一章　元禄の古地図を読み解く

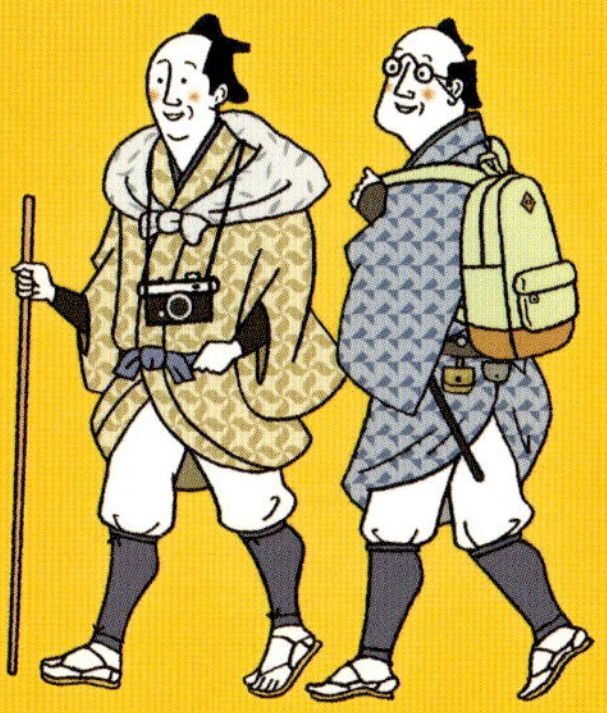

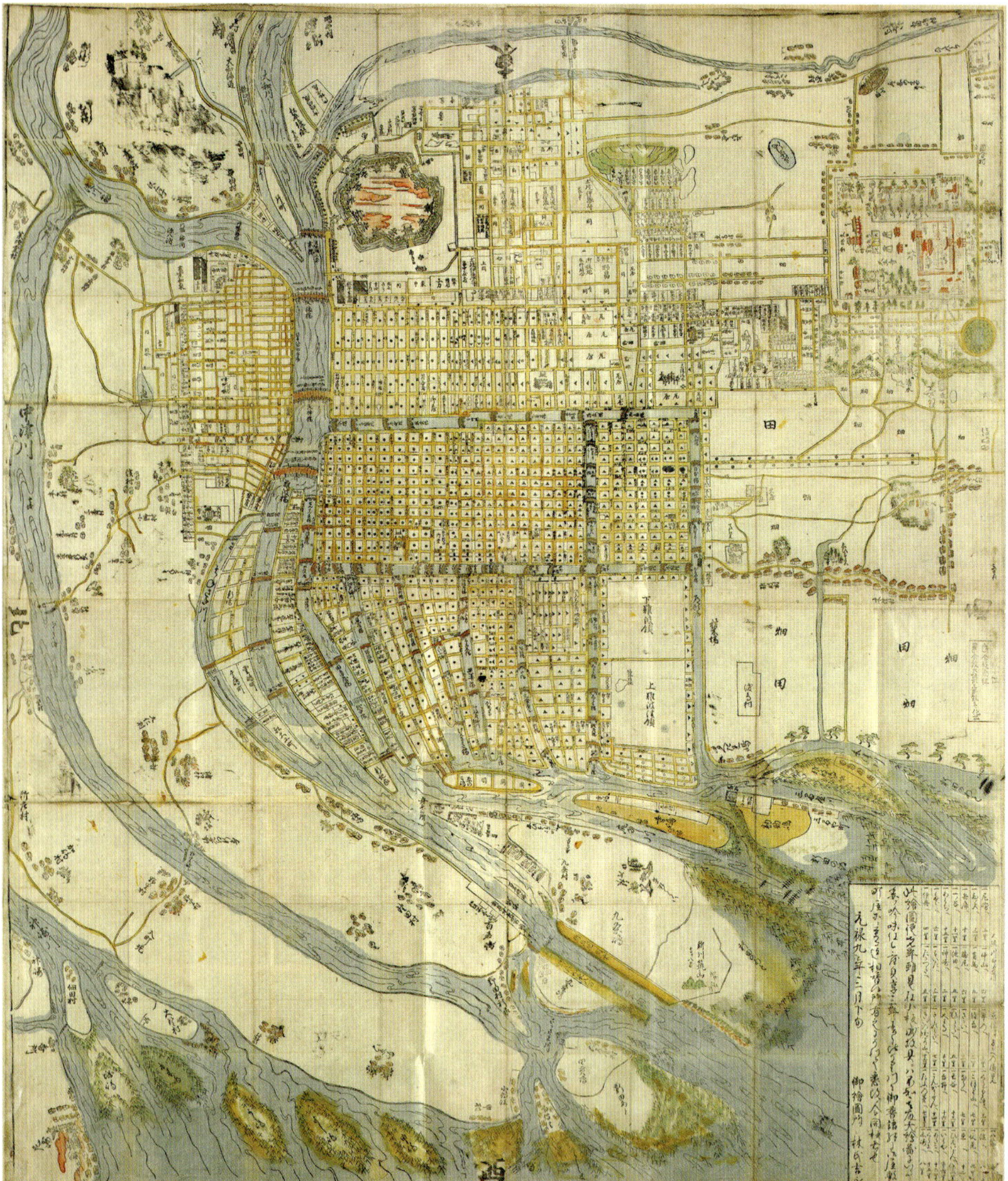

元禄九年新撰増補大坂大絵図（全体図、東が上向きになる）

入門編

古地図の見方

読み解きのための予備知識

古地図は、近代的な測量をもとにした現代の地図とは異なる手法で描かれている。正確さ・緻密さでは劣るが、視覚的な表現力や味わいではまさる面も少なくない。本書で主にとりあげた元禄九年版の大坂大絵図を例に、古地図の見方をまとめてみる。古地図独特の手法や約束事がわかれば、読み解きもスムーズになる。

　まず、図名について確認しておく。古地図は通常、題簽《だいせん》に記されている題名でよばれる。題簽とは、古地図を折りたたんだときに表紙となる、台紙に細長い紙を貼り付けたもの。図名は、広げた古地図の隅にも記される。折りたたんだ地図を収める袋がついている場合は袋にも図名が刷られる。もし、それら三つの図名に相違がある場合は、題簽に記載の図名を地図の名称とする。

　本図の題簽には「元禄九年新撰増補大坂大絵図」とあり、これが正式の名称で、「貞享四年新撰増補大坂大絵図」の改訂版[*1]として発行された。貞享四年（一六八七）版は大坂市街が比較的正確に描かれた最初の地図として知られており、元禄四年、元禄九年、元禄十二年にも改訂版が発行された。その間に大坂市街では河川の改修、周辺地域の市中編入、米市場の移転、新地の開発などがすすみ、水都・商都の姿が整いつつあった。改訂版の地図にもそれらの変化は刻々と反映された。

　さて、本図は現代の地図とくらべて、いったいどこがどうちがうのだろうか。縮尺、記号、絵図的表現、使用目的など、ひとつひとつ見ていくなかで、江戸時代の人々が都市を見るまなざしにも触れるはずだ。

＊1　**改訂版**……貞享四年版の前に貞享三年版があったが、誤記が多く、ほとんど流通しなかった。貞享四年版を実質的な原図として、その後の改訂版はつくられた。

一、縮尺と方位が語るもの

元禄九年大坂大絵図の原図の大きさは一四三×一二九センチで、縦長である。縮尺はおよそ六千分の一だが、四天王寺がじっさいの比率より大きく描かれるなど、場所によっては縮尺上の不自然さを問題にせず詳細に描きこまれている。それでも、「明暦三年新板大坂之図（第二章第二図参照）」のように縦と横で縮尺が異なる初期の図と比べれば、正確さははるかに保たれている。町の区画が反映され、武家屋敷や橋の位置、町名などがきちんと書き込まれているのが見える。江戸時代中期には、こうした実用性に優れた絵図があらわれた。

古地図としてはやや大型で、台紙に張って掛軸のように吊り下げができるが、畳の上などで広げて見る場合も多かったようだ。地名の文字の方向も四種類あり、四方から見られる。大勢で囲んで見るときに都合がいい。発行者名や刊行年などを記した内題は、東を上にした状態で自然に読めるようになっている。

このころの大坂の地図は、東が上である。大坂城が上になるように描いたためとよくいわれるが、そうともいえない。江戸中期以後は寛延改正（一七四九頃）摂州大坂大絵図を初見として、北が上の図[*1]があらわれる。瓦版[*2]では南が上の大坂図もあり、図の内容に合わせつつ、紙の大きさや形状に応じて、おさまりのよい描き方をしていた。大坂城のお上に気をつかって東を上座にしたという説はもっともらしいが、じっさいのところは作成上の都合で、臨機応変に方位を定めていたのである。

他の古地図を見ると、国絵図[*3]の多くは北が上になっているし、京都・奈良の古地図もかつての都城制の南北軸を意識して北が上である。江戸図では西が上のもの[*4]が多く、北が上のもの[*5]もあった。古地図全体を見渡せば、「東が上」は少数派といえる。

サイズに目を向けてみる。縮尺の数字が大きくなるほど地図は粗く小型になり、縮尺が小さくなるほど地図は精緻で大型になる。元禄九年大坂大絵図の大きさと縮尺は江戸時代の地図によくみられるものだ。

ちなみに日本最大級の古地図といわれる「元禄二年堺大絵図」は、北部が四・三五×五・三九メートル、南部が三・八三×四・三〇メートルで二枚合わせると約三〇畳分の広さになる。縮尺は約三二五分の一で、町家の一軒ずつに人名が記されている。当時の堺奉行が町の掌握のためにつくらせたものだ。建物などすべてを記載するには、これだけのサイズの大きさ、縮尺の細かさが必要だった。大坂図でもっとも大きかったのは、「文化三年増修改正摂州大坂地図全」で一六〇×一四六センチ。主な商店や芝居小屋の名前も記入されていた。

一方、小さい方を探すと、神戸市立博物館の「館蔵品目録・地図の部4」に記載の万延元年発行「大坂案内独巡り」が、九・二×一五・一センチと手のひらサイズである。同目録には京都・江戸・大坂図が、全五六一点載っているが、一辺が一〇センチ以下は本図をふくめて四点のみである。名所めぐりのお土産が主な用途だったようだ。

大きさ、縮尺、方位、いずれも目的に応じてさまざまな地図がある。元禄九年大坂大絵図もそうした数ある古地図のひとつで、江戸中期を代表する大坂図といえる。

＊1　**北が上の図**……他にも宝暦三年（一七五三）摂津国難波絵地図、天保十年（一八三九）大坂湊口新田細見図などの例がある。

＊2　**瓦版**……文久三年（一八六三）大坂大火瓦版など、南を上にした大坂図が描かれた例がある。

＊3　**国絵図**……江戸幕府が全国統治のために、諸国の大名につくらせた一国単位の絵図。

＊4　**西が上のもの**……宝永三年（一七〇六）刊の宝永江都図鑑など。

＊5　**北が上のもの**……明暦三年（一六五七）刊の明暦開板新添江戸図など。

二、絵図の表現力

現代の地図には多くの記号がつかわれているが、元禄のころの大坂図には少ない。三郷のうちの北組を●、南組を▲、天満組を無印で区別しているのが目立つくらいである。そのほか、大坂城の大手口に井桁に似た印が見えるのは井戸、あちこちに見える鳥居の印は神社だ。

記号が少なくても地図としての内容が盛りだくさんなのは、絵画的な表現が効いているからである。現代の地図に近いところもあるが、「大絵図」とあるとおり、絵画的な要素が多い。大坂城や四天王寺など、ひと目でそれとわかる。茶臼山などの山はそれらしく描かれ、村の集落は家屋がならび、鎮守の森は木々が立ち、松原や葦原は緑の帯であらわされる。川筋と海は波模様と水色の彩色で、それぞれの町域をくっきりと縁取っている。

記号を理解するには凡例が必要だが、絵図の表現は誰が見ても、意味するものがすぐわかる。都市の全体像を感覚的に大づかみするには、たいへん便利にできている。歴史・地理の情報がちりばめられた史料であり、ものによっては美術品的な値打ちもあって、古地図がコレクションの対象として楽しまれているのもうなずける。

大坂大絵図は、通り・筋・橋・川についてはかなり正確で、位置や道順をたしかめるのに不都合が少ない。図のとおりに歩いて、目的地にたどりつける。地図としての実用性は確保されたうえで、絵図的な装飾性も持っているのである。

地図はもともと絵図から発展してきた。中世には荘園図、村絵図など多くの絵図がつくられ、領地や村々の境界、広さを示す目的に利用された。訴訟や新たな開発など行うときにも必要だった。社寺の建立や復興、領域の表示のために作成される絵図も多かった。絵図は、ある特定の目的に沿って、空間を絵画的な手法で把握し表現したものだ。目的が変われば、同じ空間を描いてもがらりとちがう絵が描かれるだろう。

そうした主観性が息づいているのが絵図の面白さである。精密な測量技術を持たない弱点が、かえって表現上の自由な工夫を生み出したともいえる。現代の地図は精密さと客観性を手に入れた代わりに、個性よりも実用性重視に傾いた。大坂大絵図は、地図と絵図の両面がいりまじり、客観的な信頼性と見た目の楽しさをバランスよく兼ね備えた実例といえる。現代の地図にはみられない魅力がある。

大坂大絵図で描かれている絵は、写実的なものではない。大坂城の描き方が、その典型である。天守閣のないころの城の姿であるのはわかるが、本丸が空白になっているし、描かれている櫓も正確でない。それに対して、四天王寺の境内がくわしく描かれているが、こちらもすべてが網羅されているわけではなく、縮尺が異なっているため、周囲との位置関係もいびつになっている。絵というより、イメージ図的な性格のものである。

大阪湾に浮かぶ九条島に貞享元年(一六八四)開削の新川に向かって、帆をいっぱいに広げた船が描かれている。元禄十一年(一六九八)に安治川と名づけられるこの川は、大坂の新しい海の玄関口になる。絵師はきっと、ここに船を走らせてみたかったのである。

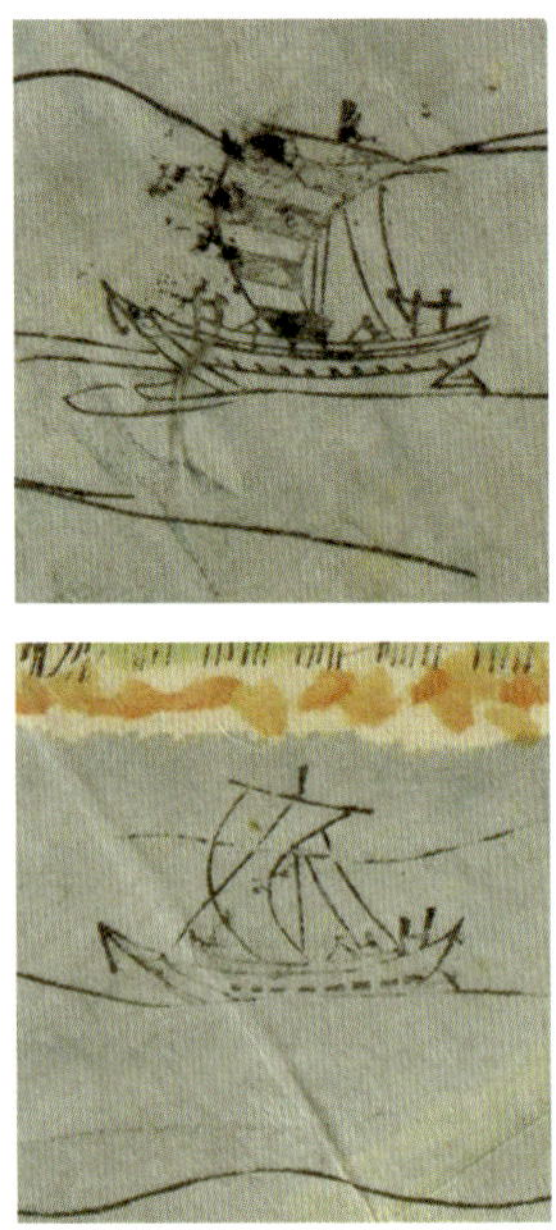

大坂大絵図に描かれた船の絵

三、大絵図は誰がつくったか

このへんで、大坂大絵図の制作者について、ふれておく。多くの古地図には題名や制作者名が記された内題の欄がある。大坂大絵図では右下隅に里程表といっしょに記載されている。文章の部分を読んでみる。

「この絵図、先年よりこれあるといえども、小板なるゆえ具《つぶさ》には知れず。それゆえ大絵図にいたし、委《くわ》しく吟味つかまつり、このたび貞享三年春のころより門々《かどかど》御普請、殊《こと》に御屋敷ならびに町屋等に至るまで、相替わり候ところこれあるによりて悉《ことごと》く改め開板《かいばん》せしむるものなり。元禄九年三月下旬　御絵図所　林氏吉永」

これまでの絵図は小さくて、くわしく地理がわからなかったので、大絵図にしたという。貞享三年（一六八六）に最初の版が刊行されたが、その後、御屋敷・町家の普請、新地開発、河川改修など新情報を盛り込んで、改訂を重ねてきた。刊行は、初版から十年目の元禄九年（一六九六）三月下旬である。

末尾の「林氏吉永《はやししきちえい》」が制作者の名前。林が姓で吉永が名である。所在地は京都の寺町通二条上ル町。寺町は有力な版元が集まる京都の出版の拠点だった。出版はもともと仏教書からはじまっただけに、大寺院が集中する京都は早くから多くの版元が活躍した。江戸時代になっても、大坂・江戸にさきがけて出版の中心になった。初期の大坂図も京都で刊行されたのである。

「御絵図所」とあるとおり、林吉永は江戸図・京都図・大坂図などの都市図、高野山・比叡山などの社寺図、さらには日本図・万国図なども出版していた。絵図出版史に大きな足跡をのこした江戸時代を代表する版元のひとつである。

林吉永は江戸・京都・大坂などの町絵図を数多く手がけるなかで、絵図作成のノウハウを蓄積した。京都図の場合でいうと、延宝六年（一六七八）〜宝暦十四年（一七六四）のあいだに約四十点を刊行し、そのうち十七点が大型の京大絵図だった（大塚隆『京都図総目録』）。町家区域（市街地）は今日の地図に近いかたちで描き、寺社や旧跡、山川の景観は色彩ゆたかに絵画的に描いている。

こうした特徴は大坂大絵図にも共通しているが、京大絵図にふんだんに盛り込まれた地誌情報は、大坂大絵図にはわずかしか見られない。地誌情報は主に観光旅行者向けで、大坂では観光案内図が独立したジャンルとなって発展していった。

最初の京大絵図は貞享三年（一六八六）三月刊行で、大坂大絵図の初版とぴったり同時期である。いずれも以後、くりかし修正版が刊行されている。

里程表が併記されているのも京都図と同様である。距離測定の起点は大坂大絵図では、大坂の京橋で、たとえば尼崎へは二里、住吉二里、堺三里、伊丹四里、池田五里、伏見九里半、京十二里、吉野十六里。徒歩で片道五里なら日帰りで充分往来ができた。大坂三郷（後述）の中なら、一日で歩き尽くせた。人々が健脚だった時代の話である。

四、誰の何のための大絵図

観光目的の大坂の絵図は、名所を網羅した形式で別につくられていた。すると、大坂大絵図は誰が、何のために見るものだったのだろう。

まず注目したいのは、武家屋敷と町家の扱いのちがいだ。大坂大絵図は、多くの武家屋敷に主の名が明記されているが、町家は大屋敷、大店でも無記名である。いったい、なぜだろう。

大坂の武士と町人のあいだには、どんな関係があったのか。

一般に、大坂は商都であり、武士が少なく町人が多い「町人の都」だったといわれている。江戸時代の大坂の武士の人口については、さまざまな試算が行われており、数字にバラつきがあるが、ここでは藪田貫『近世大坂地域の史的研究』が算出した八千四百十人という数字をあげておく。これは大坂に居住した武士とその家族の総計である。江戸時代の大坂の全人口を四十万人とすると、武士の比率は約二パーセントになる。江戸は全人口の五割が武士といわれており、比較するとたしかに大坂の武士は少ない。しかし、少数の武士が町人の生活や商業活動に対して大きな影響力を持っていたのも確かなのである。先述の藪田貫の研究も、武士の町としての大坂に光を当てたものだった。

蔵屋敷の蔵元や掛屋をするような大商人はもとより、城代や定番の屋敷、諸藩の武家屋敷に出入りする商人たちが武士と深いつながりをもっていたのは当然だ。そこには接待や贈り物がつきものである。そうした有力商人でなくても、町奉行所の与力・同心とは、さまざまな場面で接点があった。奉行所は町の行政・司法に関わり、犯罪の取り締まり、火事跡の検分など役割は幅広く、町人たちは折につけ謝礼や祝儀、季節の進物など贈るのを常とした。絵図に武家屋敷がくわしく記載されているのは、町人たちがそれらの屋敷の位置を把握しておく必要があったからである。

大坂では「大坂武鑑」という在坂の武家のいわば人事録が出版され、のちにはこれを簡略化した「御役録」が定期刊行された。大絵図は数年に一回の改訂だったから、城代や町奉行、蔵屋敷の名代など頻繁な異動がない武家の名前のみが載っている。町奉行所の与力・同心の役職などは短期間で代わる場合が多く、「大坂武鑑」や「御役録」の情報を加味し、絵図とあわせて町人たちに活用されたのである。

大坂は町人の都であると同時に、城下町であり、武士が支配する町だった。絵図に描かれた無記名の町家群と名前入りの武家屋敷群は、そのあたりの事情を端的にあらわしている。

絵図でもうひとつ詳細に名前が描きこまれている区域がある。天満と上町台地の寺町である。菩提寺であったり、参詣先であったりするほかに、寺院は仏具・花・菓子など、さまざまなものを購入する得意先でもある。町人たちにとって寺町も把握しておきたい場所だった。各年代の絵図をくらべてみると、寺町の寺院にもかなりの入れ替わりがある。寺にも栄枯盛衰の物語があるようだ。

大坂大絵図の利用者は主に町人である。武家屋敷は長い土塀ばかりが続き、住居表示や表札のような識別に便利なものが掛かっているわけでもなく、道に迷いやすい場所だった。大絵図は城下町で暮らす町人たちのいわば商売道具のひとつであった。

五、都市生活の情報源としての絵図

さて、町人と武士の関係に着目して、大坂大絵図の利用のされ方について考えてきたが、じっさいにはほかにもさまざまなケースがあっただろう。

大都市になった大坂には、多くの他国人がやって来た。町奉行所の与力・同心は大坂に代々根づいた地侍だったが、城代や定番、町奉行などは他国から大坂に赴任してくる。大蔵屋敷には諸藩から名代となる武士が派遣されてきた。大坂に諸国の物産が集散するのにともない、各地の商人も集まった。訴訟のための来坂も少なくなく、芝居見物や名所めぐりで訪れる人々も大勢いた。そうした人々にさしあたって必要なのは、町の地理の把握である。大坂町人とともに彼らは絵図の需要を支えた人々だった。

大坂大絵図を広げて、つぶさに見れば、おのずと町で生活するための基本情報がつかめてくる。武家屋敷と町人の居住地ははっきり分かれている。市街の中心は道が碁盤の目になっている。大坂城を起点に一丁目、二丁目と記されている。西に行くほど堀川が多く、橋にはすべて名前が書いてある。天満宮、北御堂、南御堂など主だった社寺が目印になる。じっさいに歩いてみると、大坂城の櫓、四天王寺の五重塔が見えれば、どこにいても東西南北が容易にわかる。絵図でおよその土地勘をつかんでおけば、町に出てもずいぶん心強かっただろう。

あらかじめ行先の道順を調べたり、町で見かけた建物の位置を確かめるなど、道案内図としても役立ったはずだ。商家などでは店の者がいつでも見られる場所に、大絵図を張り出したり、吊り下げたりして、活用もしただろう。地方から出てきた奉公人の教育にも、つかわれたと思われる。

大坂図は明暦年間（一六五五〜一六五八）に最初の図が京都で刊行された。じっさいには、これよりさらに古い大坂図[*6]があったとも考えられるが、現存するものは発見されていない。貞享年間（一六八四〜一六八八）には同じく京都より「新撰増補大坂大絵図」が出る。その貞享四年（一六八七）刊行の版が、以後修正を重ねつつ元禄四年（一六九一）、同九年（一六九六）、同十二年（一六九九）と再版がつづく。

このころより大坂の書肆からも大坂図が刊行されるようになり、寛政年間（一七八九〜一八〇一）以後は、大坂図は大坂刊行のものが圧倒するようになった。刊行点数は京都・江戸に次いで多く、華美なものより実用的なものが好まれた。大坂図の主な利用者である町人たちの実質本位の気質が、反映されたのだろう。

また、大坂では江戸のような切絵図は発行されなかった。江戸は地方から来る人が多い。町域が広く、街路は不規則でわかりにくく、地域別に携帯できる切絵図の需要があった。武家地が多く、大名屋敷の移動などにより区画の改正もしばしばあって、そのつど改訂も必要だった。江戸とくらべれば、大坂は整然とした町で、武家地も少なく、町人地には区画改正が少なかった。大坂では同じ地図が比較的長い間利用でき、切絵図の必要性も低かったようだ。切絵図は京都図でも一度刊行された。内裏図、旧跡図など京都ならではの図も多い。三都それぞれの絵図事情である。

＊6　古い大坂図……京都・江戸は寛永年間（一六二四～一六四四）より絵図があり、明暦大坂図の内題の文章をみても、大坂図の発行は明暦より古いと推定される。

六、絵図の心象風景

元禄九年大坂大絵図は木版で印刷した図に、筆で色を塗った手彩である。一枚ずつの手作業だから、彩色には手間と時間がかかる。江戸時代の後半には、木版で色刷りもした古地図があらわれるが、大坂図ではその後も長いあいだ、手彩の図が多く出版された。発行部数、作成の労力・経費を総合したうえでの選択だろう。

大坂大絵図の川・池は青、森・木々は緑、社寺は赤、道・橋・集落・新開地は黄で色分けされている。山には茶色もつかわれている。絵図は単色でも充分機能を発揮するが、彩色されて絵画的な特色も引き出された。水系の青と道の黄が、町をくっきりと縁取っている。アクセントのように緑と赤が点在し、全体としてまことにバランスがよく、紙の地の色とも調和している。ところどころ俯瞰的に描かれた風景とあいまって、目を楽しませながら、さまざまな情報を提供してくれる。

絵の描き方は不ぞろいである。客観的な正確さに欠けるぶん、江戸時代の人々の心象風景を映しているともいえる。四天王寺の境内が縮尺を度外視した大きさであるのは先にふれたが、同様に大川に架かる三つの橋の巨大さはどうだろう。東から天満橋・天神橋・難波橋。いわゆる名所、浪花の三大橋。見てのとおり、他の橋との比率を無視して異様に長大である。八百八橋を代表し、浮世絵などにも好んで描かれた名橋ゆえの別格待遇なのだが、三大橋に限ってそれぞれ長さと幅を明記し、デフォルメされた名橋イメージに客観性をもたせているのが、この時代のバランス感覚である。

寺町の東端に描かれた山は、いったい何だろう。緑と茶に塗りわけられた山はこんもりとして、大坂城や四天王寺とくらべても、なかなかの存在感がある。しかし、じっさいには、この場所にこんな山はない。

江戸時代には上町台地の各所が「山」にたとえられた。杉山、天神山などの呼び名があり、夕陽ケ丘の名も世に知られ、高台や坂の上から大阪湾を見渡す眺望の名所があちこちにあった。上町台地全体がひとつの山ともいえるのだが、大絵図は高さを描かず、台地の上の武家屋敷や寺町の地図的表現を優先させた。

だから、大坂城を北端に戴き、寺町へと南へのびていく上町台地は、船場などの市街地と同じ平地に見える。寺町の端にぽっかりあらわれた山は、本来の位置に描けなかった上町台地の見立てなのである。絵図を見る人もそのつもりで、見た。そうか、この山は大坂の東一帯の高台のことなのだと……。見立ては、絵画はもちろん能や落語などの芸能にまで幅広く見られた、人々になじみの深い表現手法だった。

絵を見ながら知らず知らずのうちに江戸時代の文化にふれる。絵図を見る楽しみである。

七、元禄大坂のさまざまな顔

このあと、いよいよ大坂大絵図の細部を読み解いていくわけだが、その前に元禄時代の大坂の姿を大づかみにつかんでおきたい。

大坂は三郷といって天満組・北組・南組の三つに分かれていた。まず天満組とそれ以外の町域が大川で南北に二分されている。北組は●、南組は▲で示されている。三郷は町人の居住地で、中に寺社が点在している。中之島・江戸堀・京町堀などは蔵屋敷がかたまっている。三郷に接して東に武家屋敷があり、大坂城がある。南には寺院が集まった寺町があり、日本橋から長々とのびた長町があり、村落と田畑がある。北は村落が散らばり、西はいくつもの川が海にそそぎ、大小の島々が横たわっている。たいへん特色のはっきりした区域が寄り集まって、大坂の町はできあがっている。

城下町という視点から見れば、まず大坂城と城をとりまく武家屋敷群が上町台地の高みを占め、川の上流に位置している。諸藩の蔵屋敷も川沿いにあった。城下の経済を支える町人地は、船場などの平地にあり、川の下流から川口にかけて広がっている。

商都として見れば、中心は東横堀川・土佐堀川・西横堀川・長堀川に囲まれ、多くの大商人を輩出した船場であり、天満や西船場も商業地としてにぎわい、大きな市場が繁盛していた。米をはじめ諸国の産物が集った蔵屋敷は、天下の台所の象徴になった。

都市開発の歴史から考えると、東から西に向かって、大坂はひらけていった。早くからひらけた大坂城の周辺と船場・島之内の町並みが整然としているのとくらべて、たとえば西船場の町並みは不規則になっている。川口に散らばる中洲には新田の文字が見え、これから開発造成がすすんでいくところ。曽根崎もまだ未開発である。

水都の風景として見れば、主役は縦横に張りめぐらされた堀川であり、そこに架かる橋である。堀川も橋も西の区域の方が多い。城下町大坂の中心は東に、水都大坂の本領は西にあるようだ。

寺社との関係でいえば、四天王寺とその北の寺町の存在がきわだつ。天満にも寺町があり、市中には本願寺系の寺院がある。神社は高津社、生玉社、今宮社、天満宮など庶民の崇敬厚い社が、町の周辺に点在していた。絵図には載っていないが、住吉大社へは水路、陸路の両方でつながり、市中から多くの参詣者が訪れた。江戸時代の参詣は、花見などの行楽をかねたもので、寺社の周囲は飲食店、土産物屋、見世物小屋なども集まり、にぎやかだった。

歓楽の町という一面も見逃せない。道頓堀の芝居町、新町の遊廓、島之内の遊里、堂島新地、堀江新地……。いずれも、市街からはずれた周縁につくられた。そうした遊所へは堀川を越え、橋を渡って行くのである。

絵図を眺めていると、江戸時代の大坂のさまざまな顔が重なって見えてくる。そのひとつひとつを見ていくと、絵図の面白さがたっぷりと味わえるはずだ。

読み解き実践編

元禄九年新撰増補大坂大絵図から見えるもの

八つのエリアに埋もれた物語

いよいよ、読み解き実践編に入る。以下、元禄九年大坂大絵図をいくつかのエリアに分割し、それぞれについて見開き図を掲げた。解説文については、該当場所の部分拡大図を添えた。

見開き図と部分拡大図で必要に応じて位置関係を把握しながら、本文を読みすすめば、より理解を深められるだろう。視覚的な実感をともなう理解が、古地図の読み解きには欠かせない。

地名や記号のちがい、絵画的な表現が江戸時代へと誘う。慣れるにしたがって、かつての町を歩いている気分も味わえるはずだ。

小図は次の八つ。

それぞれ特色あるエリアだ。さあ、次の頁から古地図散策のはじまりである。

第一図　大坂城と武家屋敷
第二図　蔵屋敷と米市場、新地
第三図　船場とその道・川
第四図　島之内・道頓堀・千日前
第五図　天満と寺社、与力・同心町、青物市場
第六図　西船場と魚市場、新町・堀江・長堀
第七図　寺町と四天王寺、生玉社と高津宮
第八図　堀川・川口・新大和川・新田

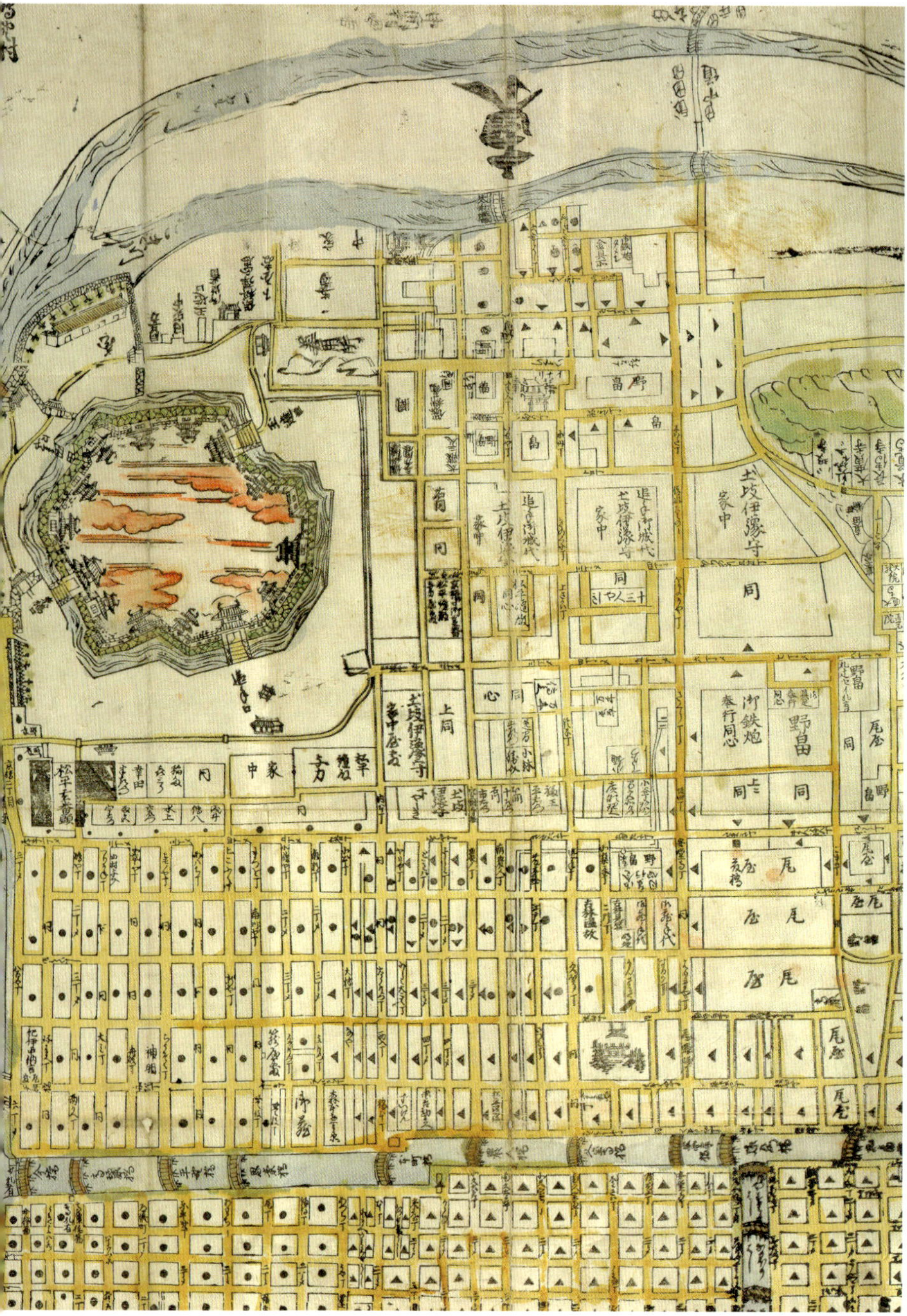

土岐伊豫守
家中
同
野畠
御鉄炮
奉行同心

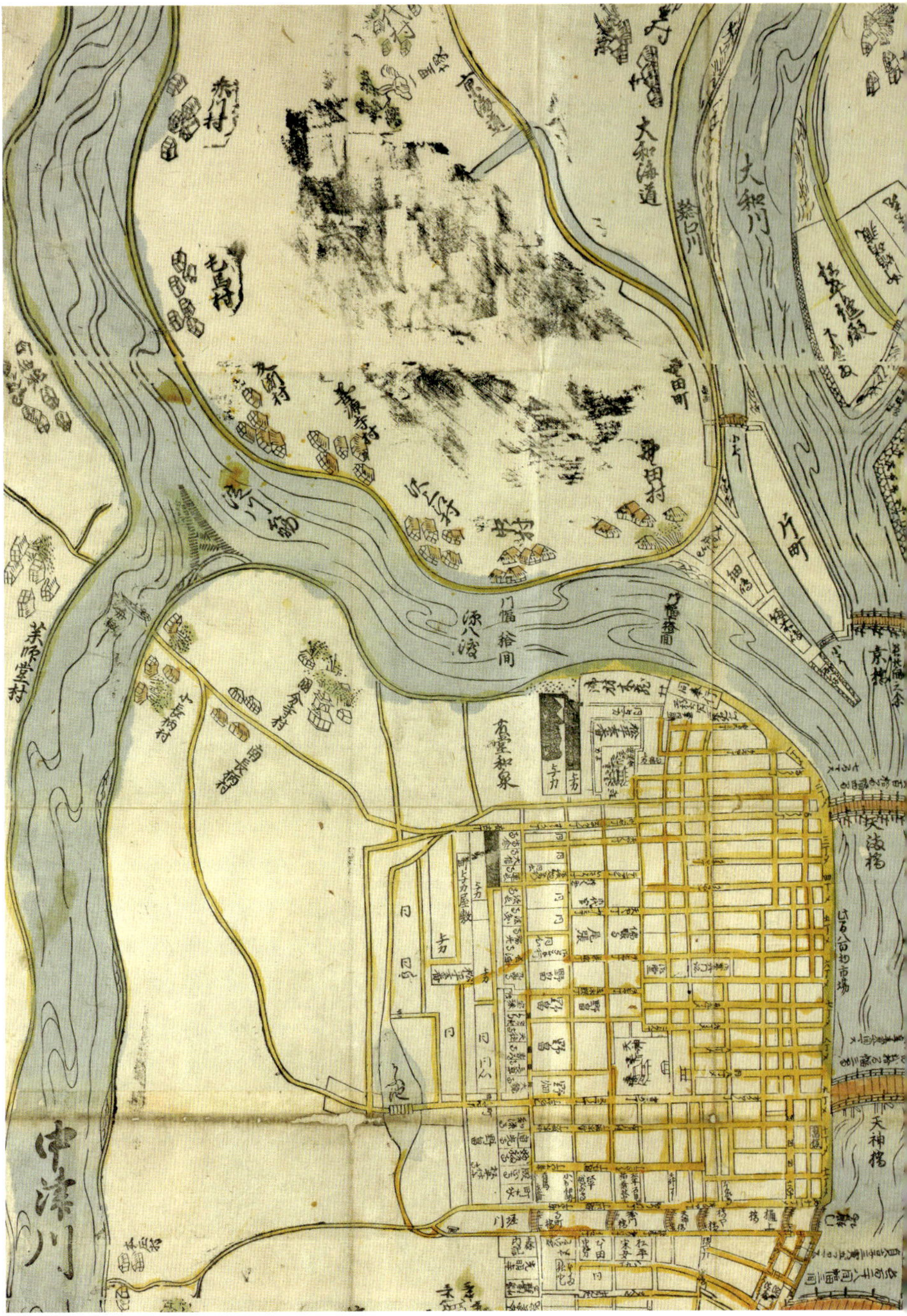
大和川
大和海道
片町
京橋
源八渡
天満橋
天神橋
中津川

一、アイコンになった大坂城

左図の大坂城は、外堀の内側に門と櫓《やぐら》のみが描かれている。最高責任者にあたる城代の土岐頼隆（頼殷、当時）が住む屋敷、城代を補佐する定番《じょうばん》の屋敷、将軍親衛隊[*1]の大番衆と大番を加勢する加番衆の詰所などが抜け落ち、内堀と本丸がすっぽり空白になっている。詳細は軍事機密だった。

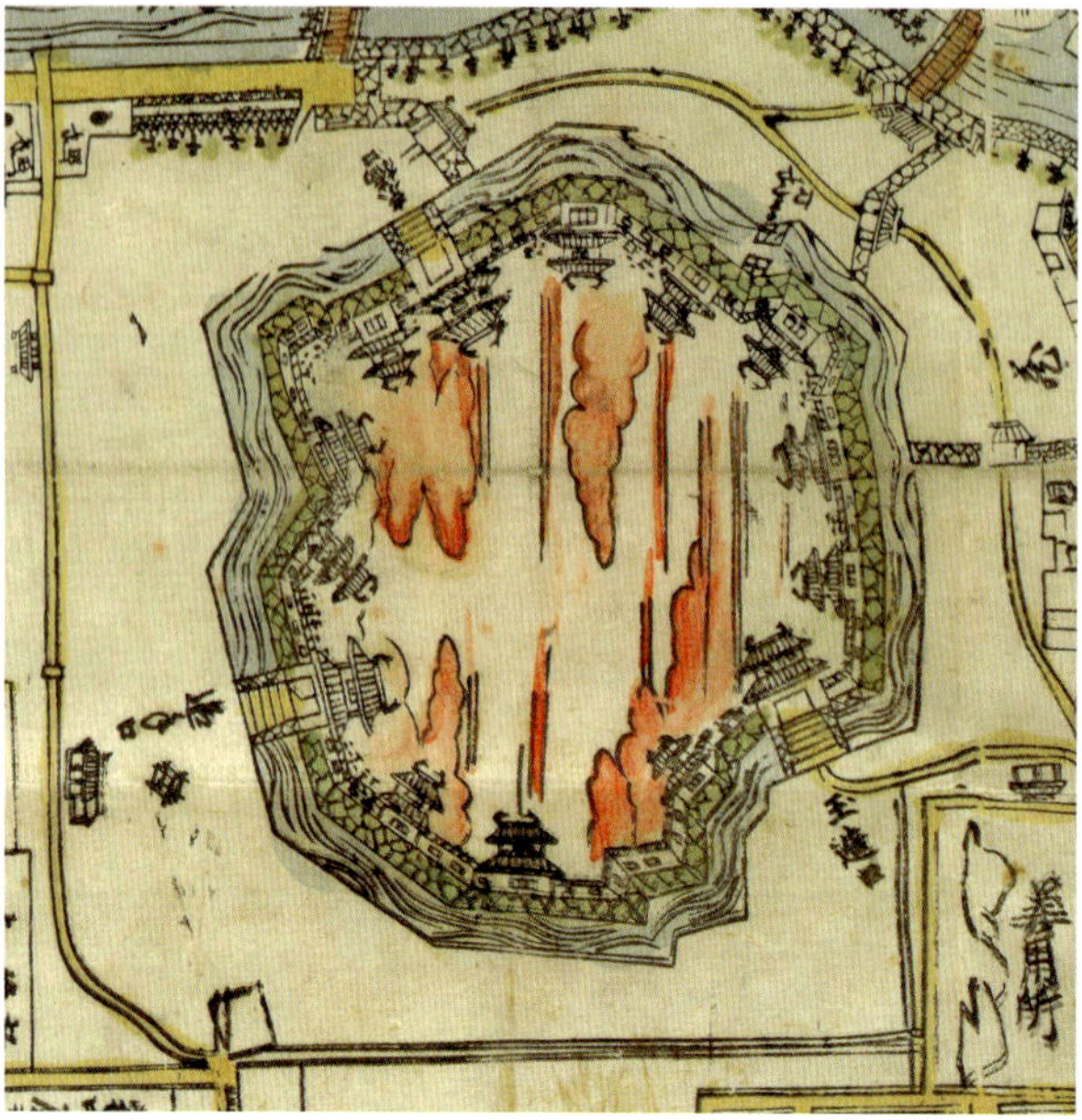
大坂城

初期の大坂古地図「新板大坂之図（第二章第二図参照）」には天守閣が載っているが、イラストのような描かれ方で、屋敷の配置、警備の実態はかくされている。大坂城内の詳細が描かれた城絵図[*2]もつくられたが、一般には非公開だった。江戸でも初期の地図（「明暦開板新添江戸図」など）は江戸城天守閣の絵が載っているだけで、のちにつくられたものは徳川将軍の居城のしるしとして三葉葵《みつばあおい》の紋だけが描かれる場合が多かった。太平が続いた江戸時代にも、有時に備えた情報管理は行われていたのである。

上図の「玉造口」に見えるのが玉造門。以下左へ一番から七番までの七つの櫓、大手門、千貫《せんがん》櫓、坤《ひつじさる》櫓、乾《いぬい》櫓、京橋門、伏見櫓、青屋門、巽《たつみ》櫓、艮《うしとら》櫓があったが、絵では一部が省略されている。古地図のなかの絵は、写実性よりも視覚的な効果を求めて描かれた。大坂は幕府直轄地。大坂城を治めるのは本来、将軍だった。城の絵は、城下町大坂のいわばアイコンとして描かれたのである。

＊1　**将軍親衛隊**……大坂城の城主は将軍である。将軍不在のときにも大番と呼ばれる親衛隊が常駐した。

＊2　**城絵図**……城内の詳細を描いた地図の刊行は禁止されたが、一方で非公開の城絵図が作られた。

行楽の名所と定番屋敷

玉造口の前にある「算用所《さんようじょ》」（左図）は、算用曲輪《くるわ》とも呼ばれた丘陵地である。『摂陽奇観』には名の由来について、豊臣時代の大坂築城のとき、ここに諸費用の算用（計算）のために仮屋が建てられたという話が載っている。江戸時代には馬場になったが、杉の木がゆたかに繁るようになると杉山の俗称で親しまれた。『摂津名所図会』でも絵入りで、庶民の行楽地として紹介されている。図にも算用所の左に丘の絵が描かれているように、ここにのぼって緑の木の間から眺めを楽しんだのである。

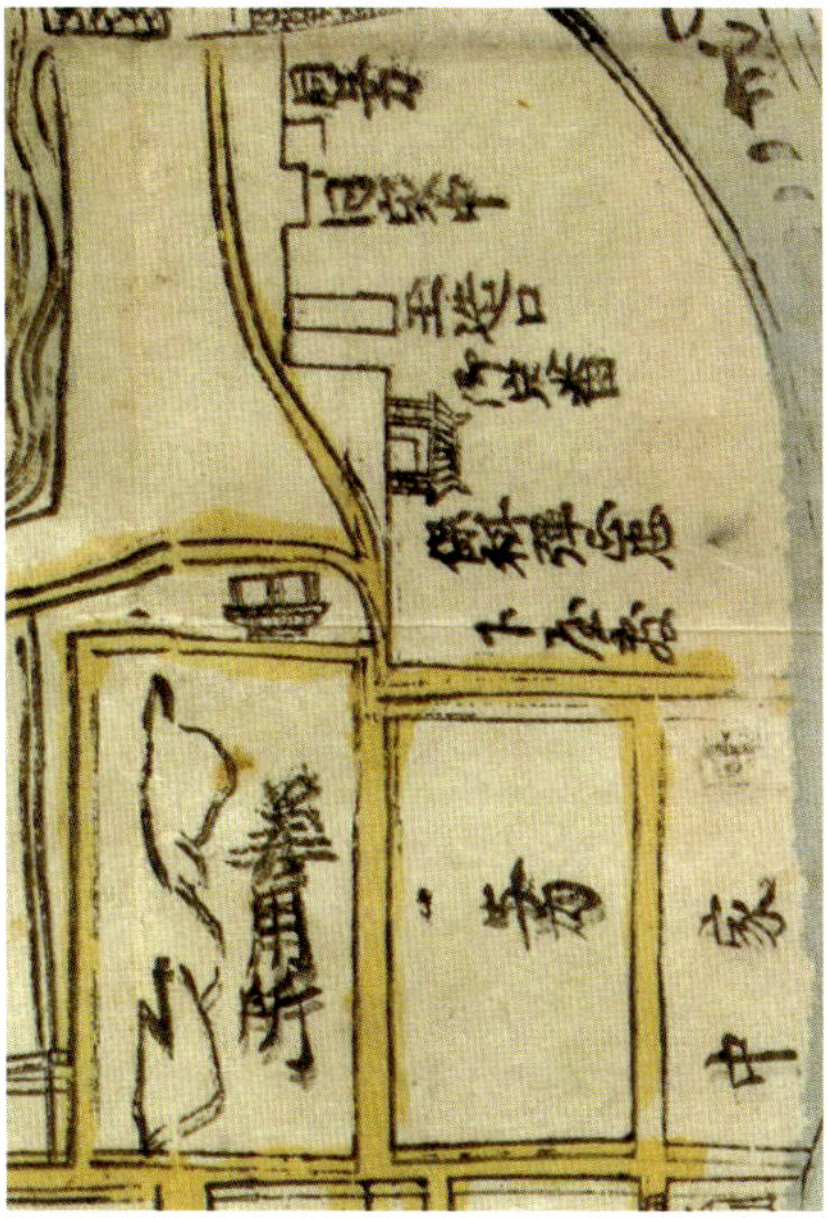

定番下屋敷・算用所

猫間川と平野川の合流地に建つ長い建物は「蔵」（次頁図）と記されたとおりの倉庫で、このあたりは蔵曲輪と呼ばれた。曲輪とは防御のために石、土で築いた囲いの意味である。

両曲輪の間に「玉造口御定番・保科弾正忠屋敷」（上図）が見える。玉造口定番の下屋敷が、ここにあった。その家来が住む「家中」屋敷、さらに定番所属の「与力」屋敷が並んでいる。定番下屋敷だけが絵に描かれ、あとは簡略に表示されている。

青屋口を出て橋を渡ると、京橋口定番の「松平縫殿下屋敷」（次頁図）がある。下屋敷の絵は描かれていないが、数千坪に相当する面積が囲われていて、敷地の広さがうかがえる。玉造口定番の下屋敷を囲む敷地も同様の広さがあった。

二人の定番がいて、それぞれ玉造口、京橋口の警護を担当し、ともに与力三十騎、同心百人をしたがえて、城代を補佐していた。一人に統括せず二人配置したのは、あえて力を分散させたとも考えられる。奉行所（第一章第一図の三参照）が東西ふたつに分けられていたのと同じように、幕府は一箇所への権限集中を用心深く避けていたのである。

秘された新火薬庫

青屋口の前、京橋口定番下屋敷のとなりに「御焔硝蔵《おえんしょうぐら》」(下図)と記されている。城の火薬庫なのだが、じつは万治三年(一六六〇)に落雷で火薬約二万二千貫(約八二・五トン)が大爆発を起こし、鉛玉が大小約四十三万個も飛散した。天守閣、本丸御殿、櫓門、石垣などが損壊、城内に二十九名の死者、百三十余人の負傷者が出た。被害は城外にも及び、『細川家記』には「青屋口の引橋の折れが三つ、天満の町へ飛来し、同じく折れ一つが備前島へ飛んできて一二、三歳の子供を打ち殺した」とあり、爆発の猛威を伝えている。

本地図作成の年代は落雷のあとなのだが、爆発した焔硝蔵の敷地が載っている。一方、西の丸の新しい焔硝蔵は、地図刊行前の貞享二年(一六八五)に建てられたにもかかわらず記されていない。この頃には、ほかにも二の丸の東の帯曲輪、伏見櫓(京橋口)の内側二箇所に焔硝蔵があったが、それらも見あたらない。古地図はしばしば正確さに欠けるものだが、火薬庫だけに秘されたのかもしれない。

ちなみに西の丸の新焔硝蔵は厚さ約二・四メートルの石造りで、三重の金属扉に守られ、今では全国でも唯一の現存する火薬庫である。となりに並んでいる「御塩噌蔵《おえんそぐら》」は食料庫。塩噌は塩、味噌のこと。

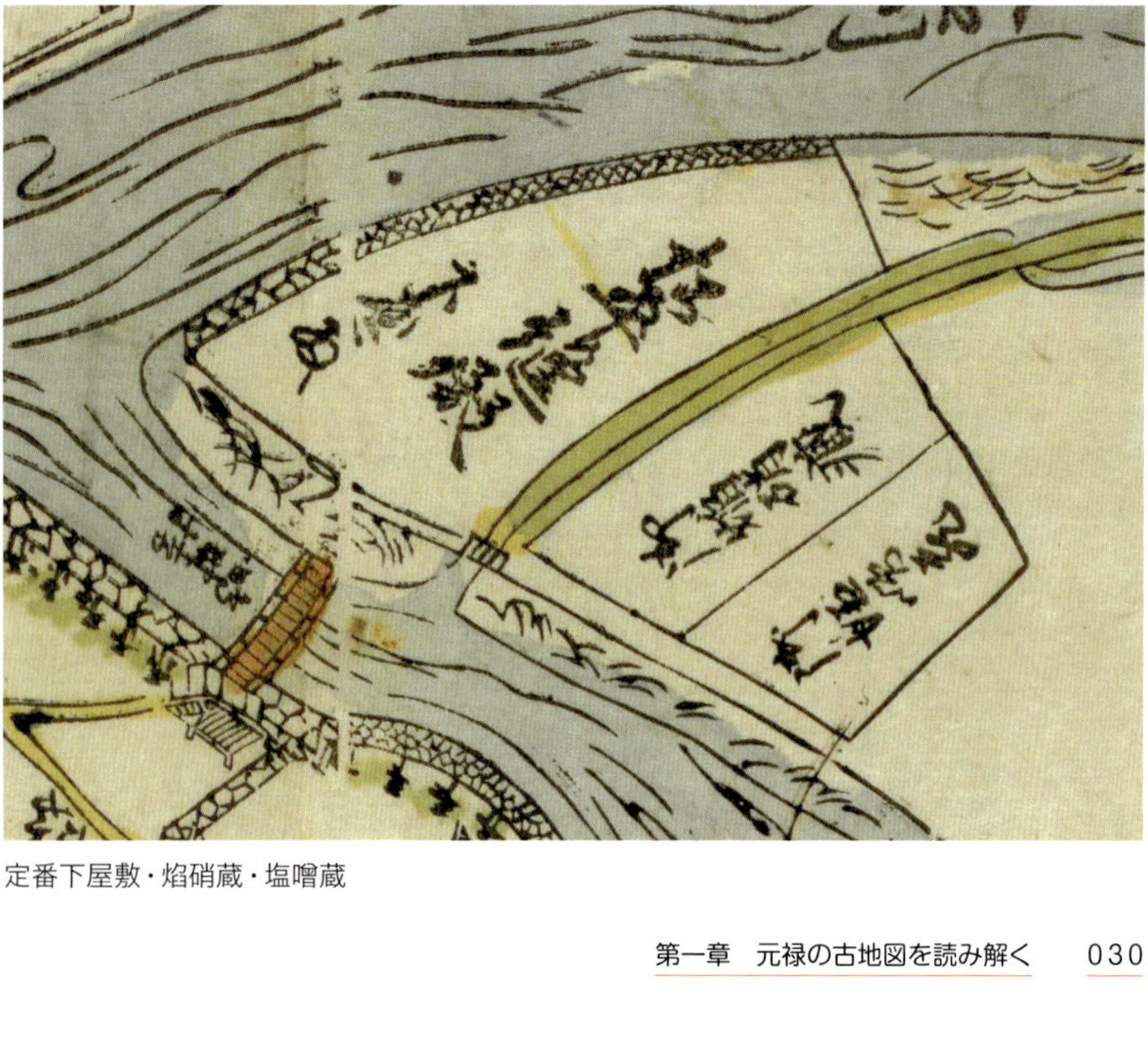

定番下屋敷・焔硝蔵・塩噌蔵

大和川を見下ろす城

城の北で大川と大和川が合流している（左図）。大川には寝屋川と鯰江《なまずえ》川*3が、大和川には平野川と猫間川*4がそそぎこんだ。川は、城の北と東で天然の堀になり、城と大阪湾、京都、平野郷を結ぶ水運のルートになった。

大和川が現在のように大阪と堺の境界を流れるようになったのは、宝永元年（一七〇四）の付け替え工事完了以後である。工事開始は元禄十六年（一七〇三）で、本地図改訂の元禄九年（一六九六）からは七年後だ。旧大和川の最後期の姿がここにある。

大和川は天井川で、付け替え前は洪水がたびたび起きた。延宝二年（一六七四）～貞享三年（一六八六）の十三年間だけで六回、大和川の堤防が決壊している。河村瑞賢の川筋普請も行われたが効果がなく、被害に悩む村々の長年にわたる治水工事嘆願を受け、幕府もようやく決断した。新井白石の『畿内治河記』に、

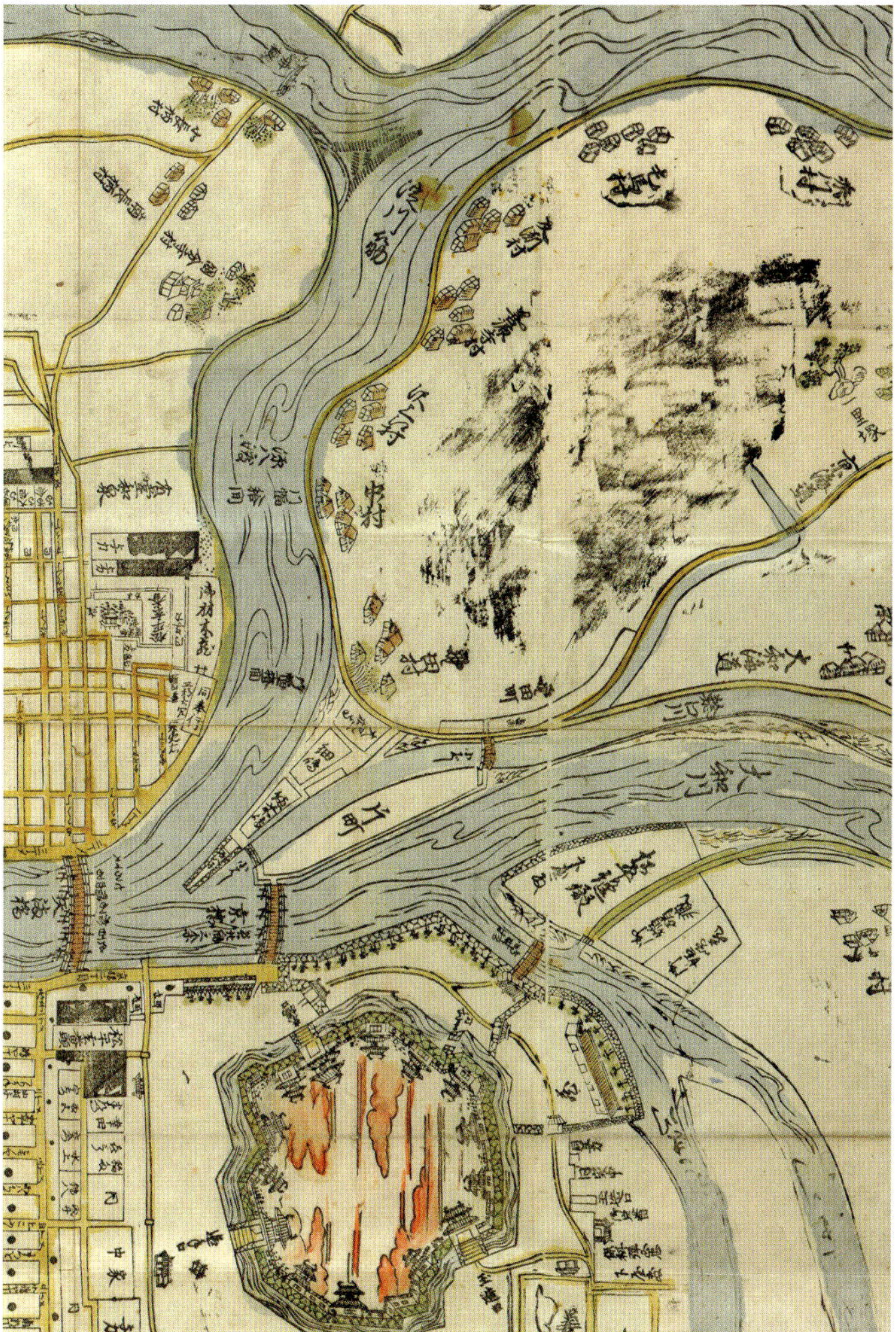

城、大和川と大川

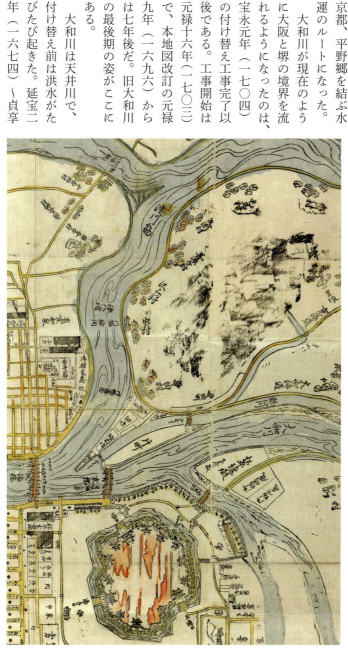

「淀川（大川）は多くの河川を集めて海にそそいでいる。ほとんどは上流地域で流入しているのに、ひとつ大和川だけが下流で会し、しかも横から流入している。これが溢水の原因となる。両川は流れにまかせてぶつかり水勢を争い、共にまともには海にそそがない。そこで、大和川を別の流れに変えれば、水勢が分殺されて両川はその拠り所を得て流れる」と記されたように、洪水の抜本的な対策には大和川付け替えが必要だった。工事は八か月の短期間で、宝永元年（一七〇四）に完了した。旧大和川がなくなった跡の地は、新田や綿花の耕作地に生まれ変わった。

前頁図を見れば、大坂城は旧大和川と大川の合流地点という、最も水害を招きやすい位置にある。しかし、城は被害を受けなかった。大坂城は上町台地の最も高い場所にあって、川を見下ろしていたからである。高層ビルのなかった江戸時代、城は町のどこからでも見えた。東が上の元禄絵図でも、大坂城は上段中央に鎮座している。

＊3　鯰江川……大川、寝屋川の合流地を流れる。湿地の排水のために開削された。

＊4　猫間川……平野川の西を流れる支流。大坂の陣では平野郷から兵糧を運ぶ水路になったという。

二、武家屋敷と大坂の陣の記憶

次頁図で見るとおり、武家屋敷は大坂城の南と西にならび、特に南に集中している。なかでも大きな面積を占めているのが城代の家臣たちがいる「土岐《とき》伊《い》豫守《よのかみ》家中」の屋敷群だ。城代は将軍に代わって大坂城を預かり、大坂と堺の支配、大坂在勤の幕府諸役人の統轄、西国の諸大名*1の監視を行い、西国三十三か国の訴訟の裁断権も握っていた。幕府の西国統治の要となる重職である。

城代が領国から引き連れてきた家臣たちは城外の家中屋敷に住んだ。城代のいる上屋敷は城内にあったが、別邸の「土岐伊豫守下屋敷」（次頁図の左下）は城の西南で、家臣団の屋敷とともに厚いブロックをかたちづくっている。

大坂冬の陣、夏の陣では、徳川方の主力は城の南側から押し寄せた。大坂城は北に大川、東に大和川、平野川、猫間川の三川が流れ、西は船場をはさんで大阪湾が広がっている。三方を水で囲まれているため、寄せ手はつねに奈良街道、紀州街道を通って南から侵攻してくる。大坂城の最高責任者である城代とその家臣の屋敷群は、いざとなれば城を守る盾になる役目もになっていた。

しかし、備えは生かされなかった。慶応四年（一八六八）

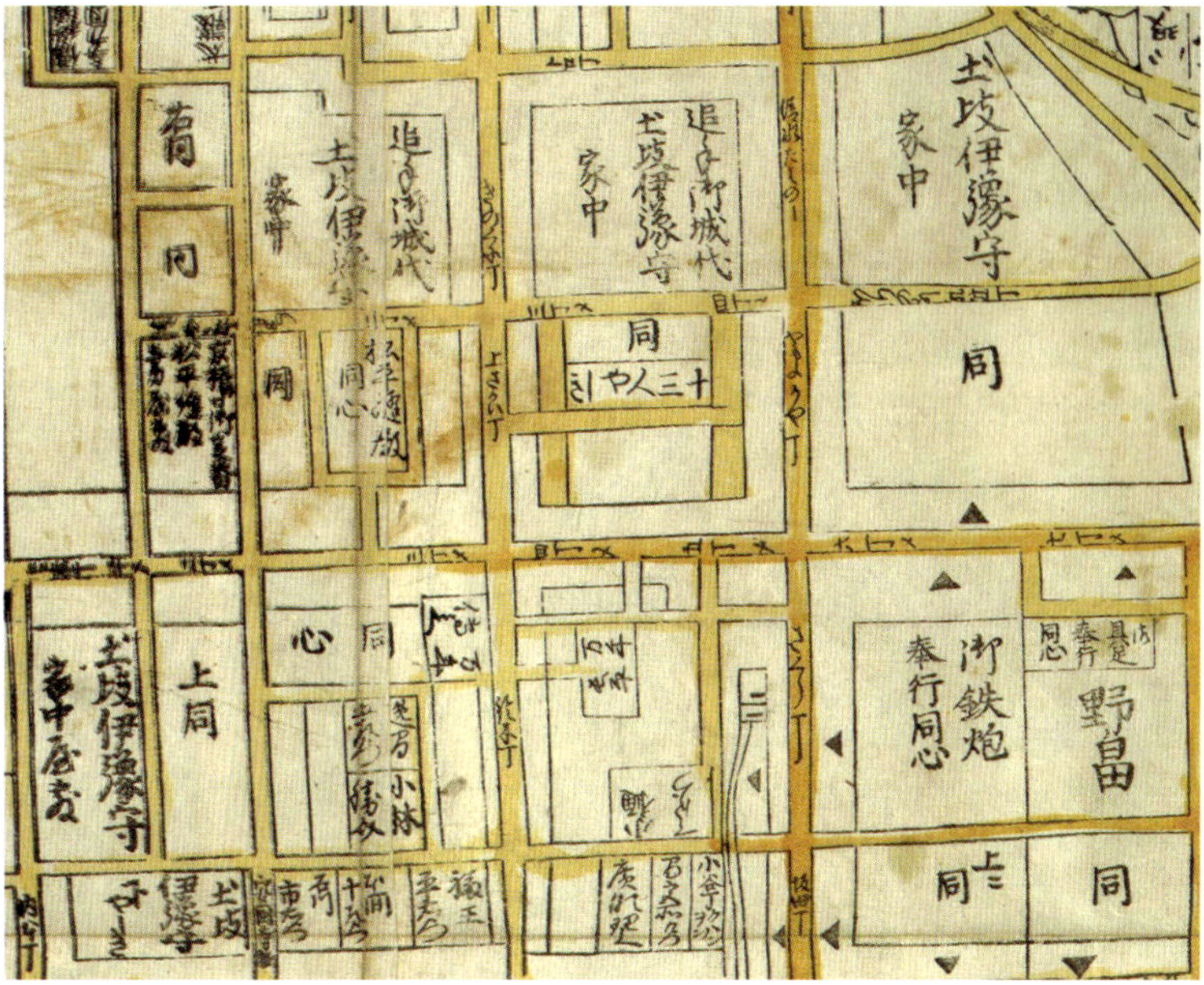

城代下屋敷・家中屋敷

一月九日、徳川慶喜追討令にしたがい新政府軍が大坂城に入ったときには、旧幕府側の多くの将兵がすでに大坂を離れていた。そのとき城内から火が出て、翌日には火薬庫が爆発。城は燃え落ちた。戦わずして城をあけ渡すのを潔しとしなかった幕臣が、火を放ったと伝えられている。

＊1 **西国の諸大名**……関ケ原合戦のあと、東軍についた旧豊臣系の大名の多くが西国に配属され、毛利、島津などの外様大名も西国にあった。

城の西、大手門は海に通ず

城の西側の武家屋敷は、定番の部下にあたる与力とその家臣の屋敷（次頁図）が、城を警護するかたちでならんでいる。南側のような厚みはないが、西の備えも重視されていたのがわかる。

時代は下り、大坂に黒船の脅威[*2]が迫る幕末になると、大阪湾に面した城の西側の防衛が問題になってきた。『浪華百事談』によれば、安政年間（一八五四〜一八六〇）、追手口に土堤と石垣が築かれ、大砲が据えられた。ところが黒船来航を知る巷《ちまた》では、そのあわてぶりでは戦う前から不覚をとっていると、うわさしたという。

元禄泰平の武士たちは、そんな時代が来るとは夢にも思わない。大坂城を訪れる大名は、街道から堺筋を通り抜け、

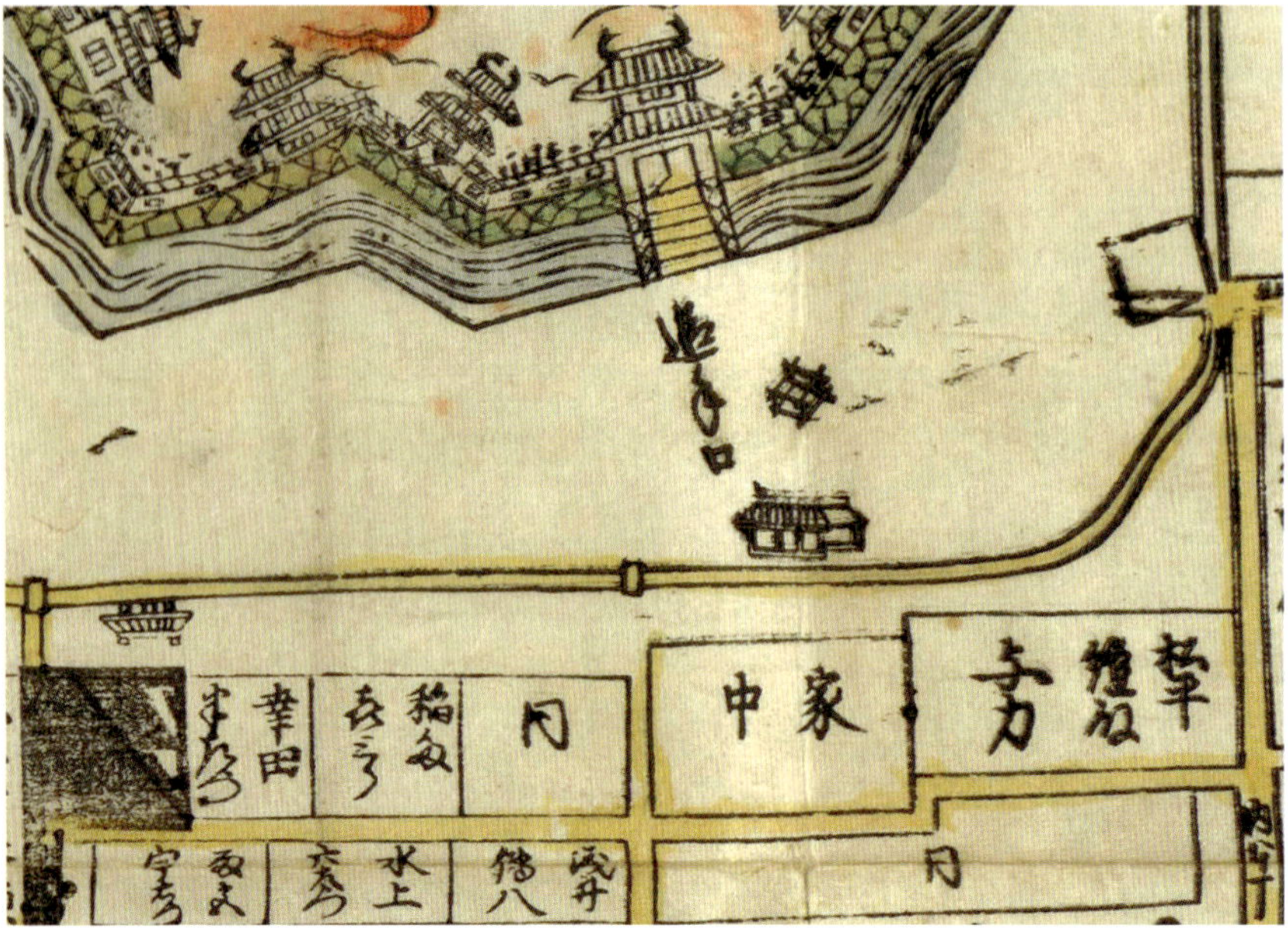

追手口・大手門

高麗橋を渡って、東西奉行所と西町奉行下屋敷の間を抜けて城に入った。そこから大手門（追手口にある門）をくぐり、本丸へ向かった。大手門は城の正面玄関だ。寛永十一年（一六三四）、大坂の陣の戦火から復興してまもない大坂城を訪れた三代将軍家光もここから入った。幕末の十四代将軍家茂、十五代将軍慶喜、そして黒船に乗った欧米各国の使節もまた、この門をくぐったのである。

＊2　**大坂に黒船の脅威**……嘉永七年（一八五四）、天保山沖にロシアの黒船、ディアナ号が開国の交渉のためにあらわれた。

玉造稲荷と秀頼と城の妖怪

南側の武家屋敷のはずれに見える「玉造稲荷」（次頁図）は、大坂城と深い縁がある。

城の北、「京橋口」から城内に入ると京橋口定番の上屋敷があり、東の半分は化物屋敷[*3]と呼ばれていた。そこには古くから妖怪が住むといわれ、屋敷の者は高熱にうなされ、命を落とす者が少なくなかった。代々の定番は稲荷社を屋敷の庭に奉納したが、享保十年（一七二五）に定番として下野国《しもつけのくに》から赴任した戸田大隅守《おおすみのかみ》忠囿《ただその》は習わしに従わないばかりか、庭の社をまとめて玉造稲荷に移してしまった。たちまち家臣数十人が高熱を出し、昼夜とわず幽霊が髪ふ

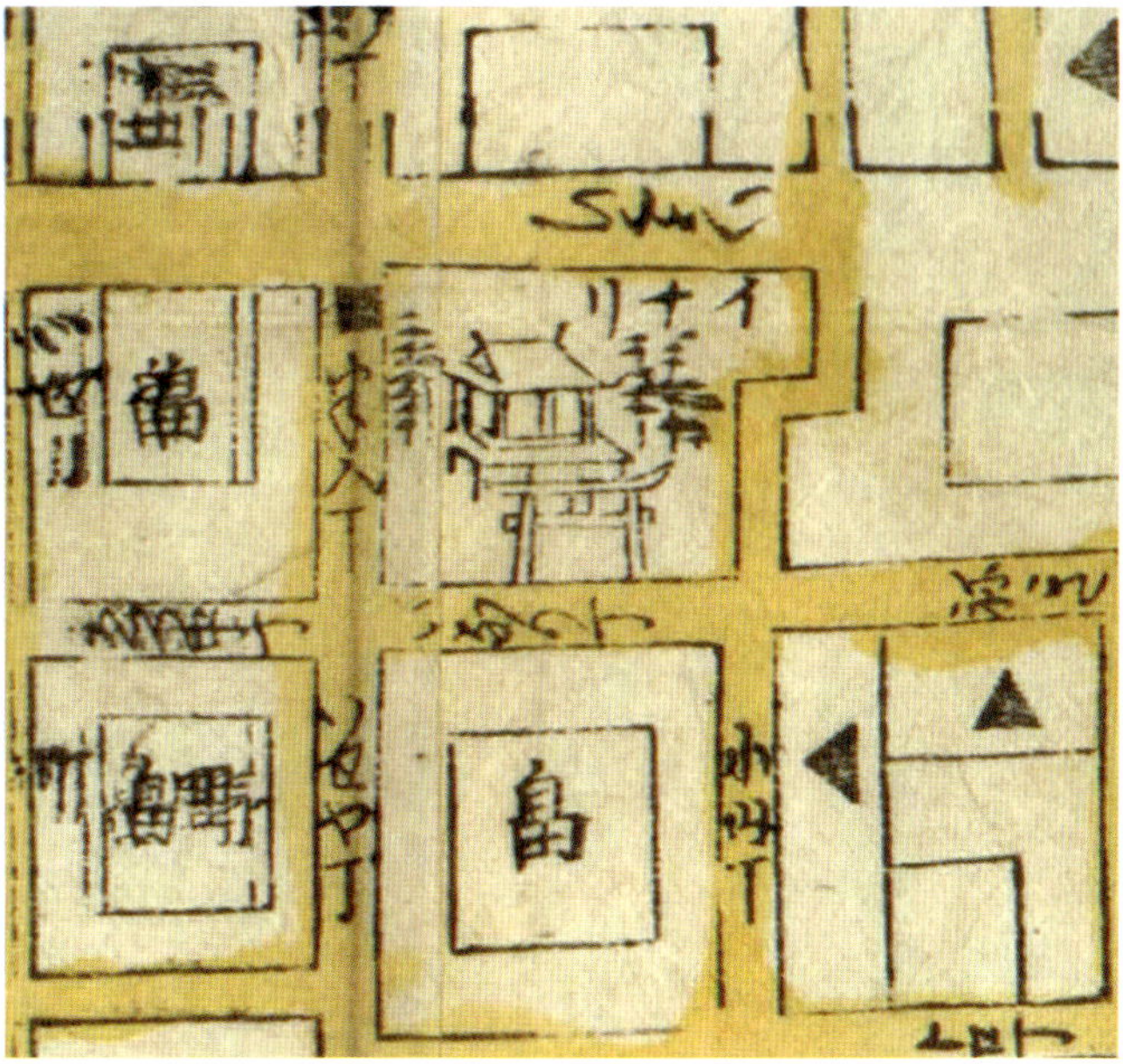

玉造稲荷

り乱してあらわれ、家中は大騒ぎに。忠圗は化物が出るという書院に陣鎌をたずさえ、一人で籠もった。三日目の夜、化物が出現。激闘のすえ退治したが、忠圗も全治四、五十日の重傷を負う。化物の正体は七尺八寸（約二・四メートル）の大狐だった。忠圗の傷を癒すと、享保十七年（一七三二）まで無事に定番をつとめたという。

　以上は文化年間（一八〇四〜一八一八）の『金城《きんじょう》見聞録』が伝える話である。ちなみに同書には大手門近くの西大番頭屋敷に残る豊臣秀頼の幽霊の奇談をはじめ、城にまつわる豊臣家の亡霊の話がいくつかおさめられている。また玉造稲荷は大坂城の鎮守の社で、社伝によると再興したのは豊臣秀頼であった。

＊3　**化物屋敷**……城内を描いた絵図「大坂錦城《きんじょう》之図」（江戸後期）に化物屋敷の名で記載されている。

手代屋敷に見る武家の格

城の西南に「御鉄砲奉行同心」「御具足奉行同心」（次頁右図）の屋敷がある。その西に「御金奉行同心」*4「御蔵手代」（次頁左図）と書かれた屋敷も見える。いずれも城内の施設、備品の管理を役目とした武家である。

　大坂城の職制は、城代を頂点に、定番、加番、大番の三役があり、さらにその下に鉄砲奉行、具足奉行、弓奉行、金奉行、蔵奉行、材木奉行（破損奉行）の六役があった。城代・定番・加番は譜代大名、大番は旗本から選任された。六役の奉行は旗本が任じられ、二人から四人を定員とした。鉄砲・具足・弓の各奉行は六人から三十人の同心を配下とし、金・蔵・材木（破損）の各奉行には手代と呼ばれる部

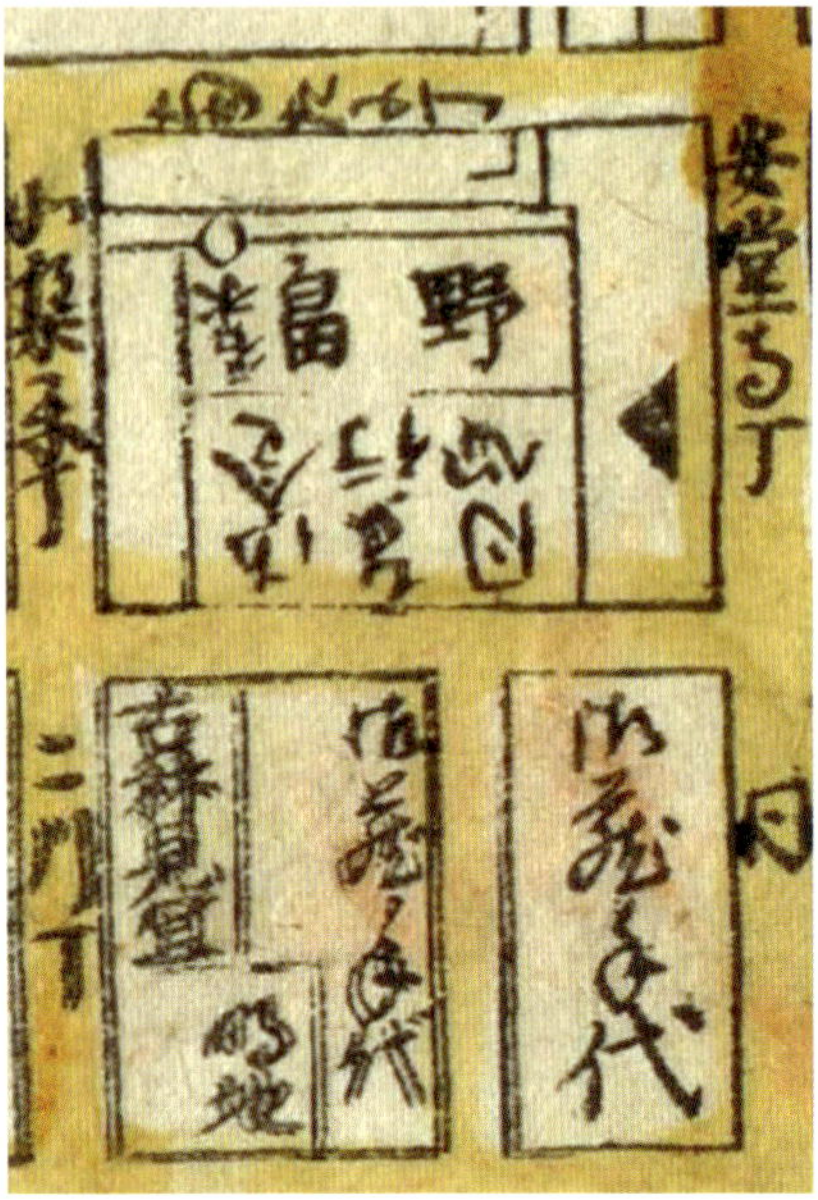
手代屋敷

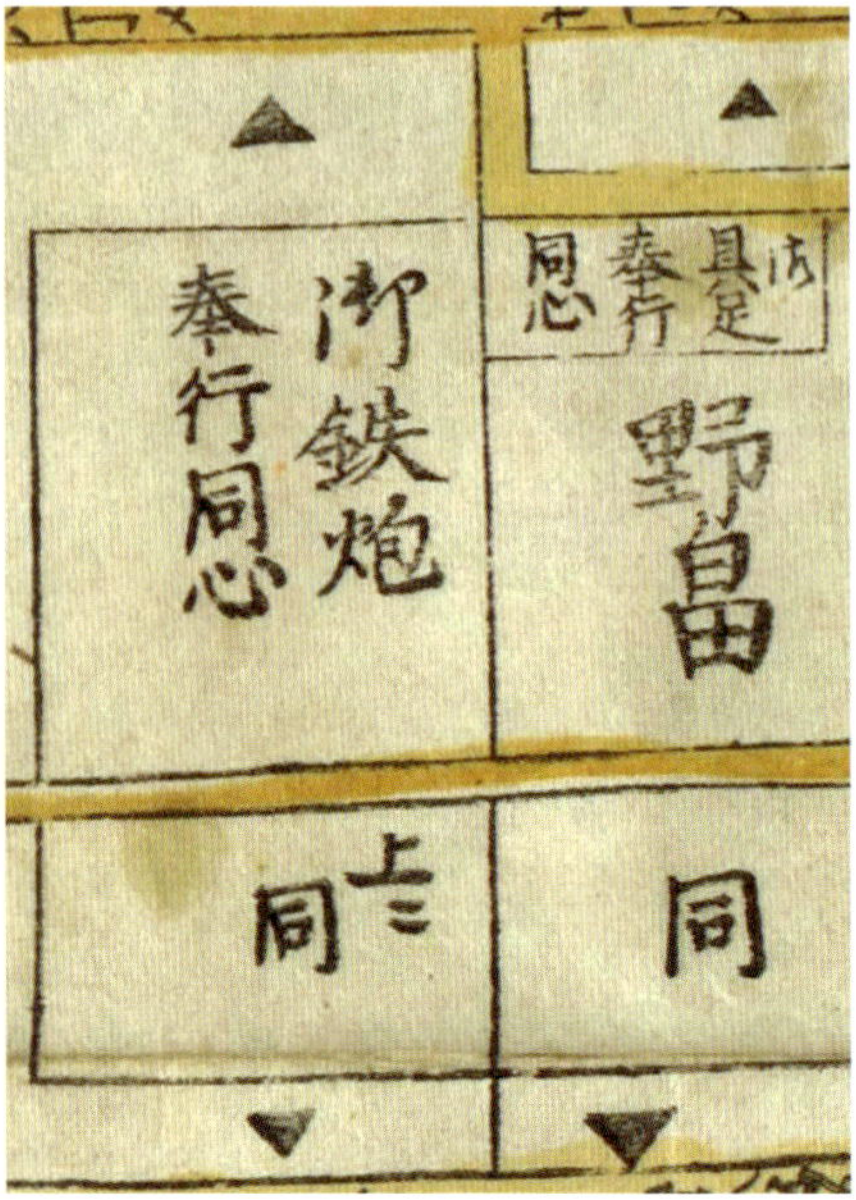

奉行同心屋敷

下が二人から十二人、配された。屋敷には「奉行同心」「手代」と記されており、同心、手代の衆が、ひとつの敷地でまとまって住んでいたのがうかがえる。

それにしても図の「御蔵手代」の小さいこと。武家屋敷は城に近く、敷地が広いほど、屋敷の主の格が高かった。同心・手代の屋敷を、定番など三役とその家中の屋敷と見くらべると、一目瞭然のちがいがある。

＊4　**御金奉行同心**……本文にあるように、職制では同心でなく手代。地図上の表記には当て字、誤字がときおり見られる。

家康の御用瓦屋

手代屋敷の南に「瓦屋」（次頁上図）の敷地がつらなっている。徳川家康の御用瓦師だった寺島氏が元和元年（一六一五）、東横堀から生玉筋あたりまでの土地を拝領し、配下の瓦師を住まわせたのがはじまり。元和六年（一六二〇）から寛永五年（一六二八）まで三期にかけて行われた大坂城再築の大工事など、幕府の御用を一手に引き受けた。この「瓦屋」の敷地は、寛永七年（一六三〇）に、三町人[*5]に数えられた寺島藤右衛門が賜った瓦土取場である。武家屋敷群と競うような広さに驚くが、この頃には大坂城再築も終わり、それまで城や寺院に限られていた瓦が、町家に普

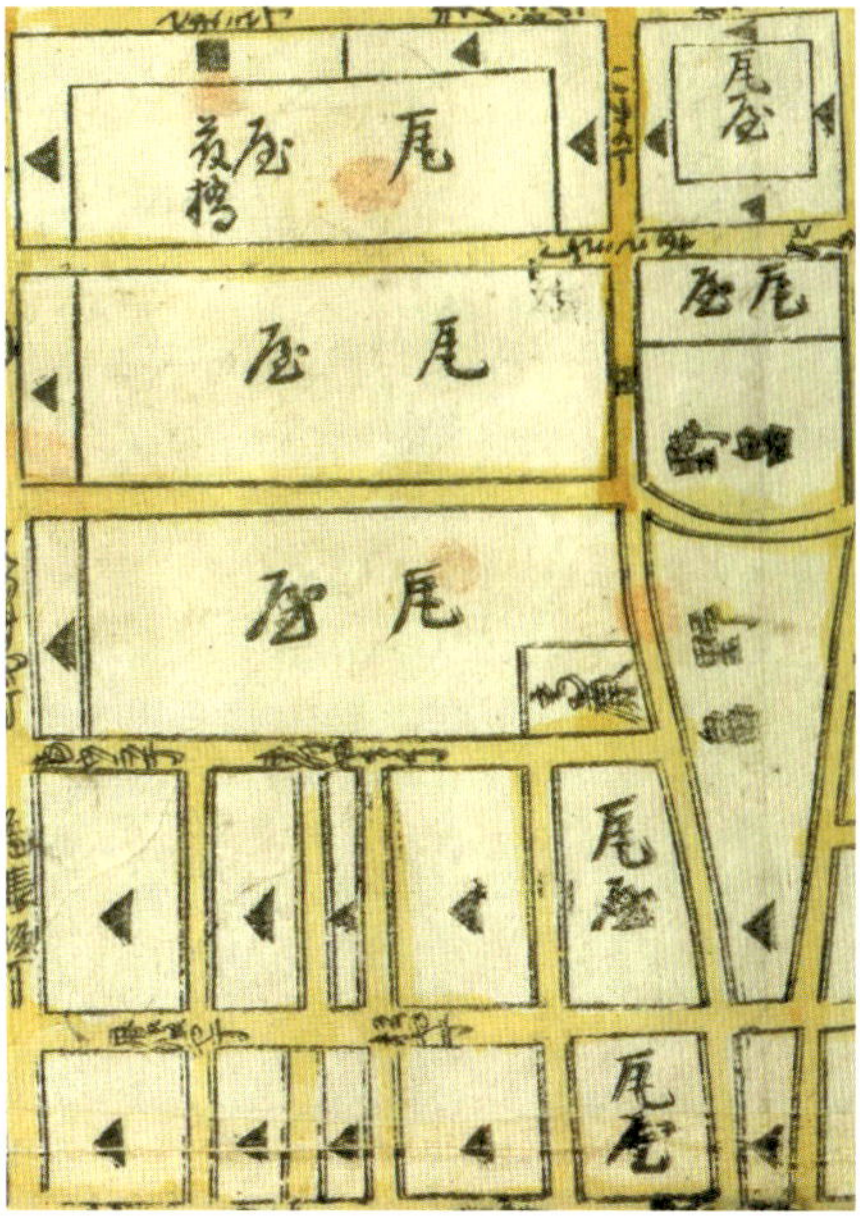

瓦屋

及しはじめたのである。大坂は人口が増え、都市化がすすみ、火災予防の面からも瓦の使用が奨励された。大坂名産の高津瓦はこうして広まった。

「御具足奉行同心」と「瓦屋」のあいだに「札辻」（右下図）と小さく記されている。お触れを書いた札が掲げられる辻である。札辻は武家屋敷のはずれにあり、その向こうに住む町人にお触れを示す場所であった。

＊5　**三町人**……瓦職人を統率した寺島藤右衛門、大工職人を統率した山村与助、商人頭的存在だった尼崎又右衛門の三人は幕府の御用町人で大坂の三町人といわれた。

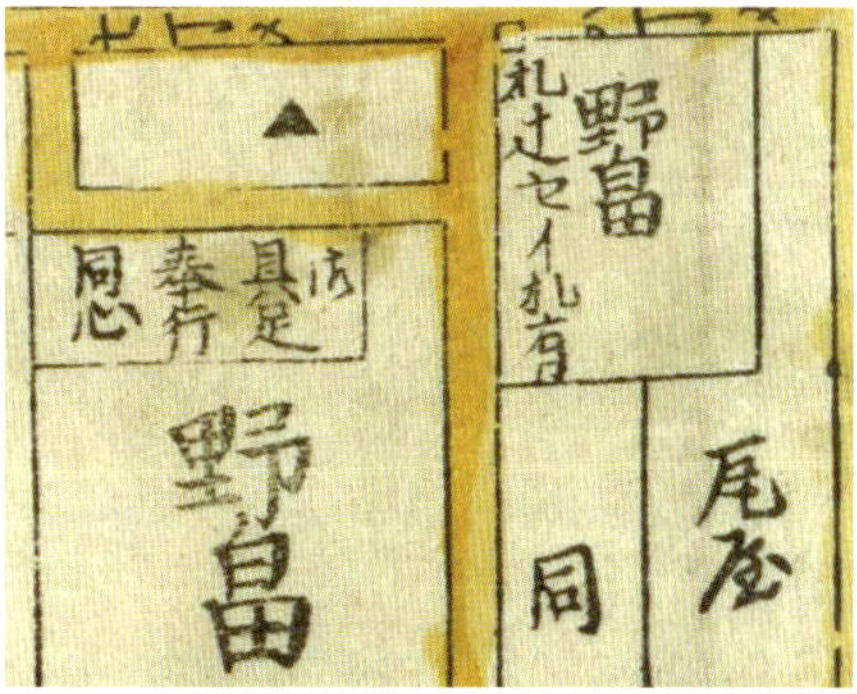

札辻

三、町奉行は、なぜ東西ふたつあったのか

大坂城の北西角に、東町奉行（黒塗り）・西町奉行（松平玄番頭）の屋敷がある（次々頁図）。奉行は城代の配下にあって、主に大坂三郷（北・南・天満）を支配[*1]し、役所と裁判所と警察署の三役を兼ねていた。寛永十一年（一六三四）に大坂の地子銀（税金）が免除されるまでは、町人から地子銀を徴収。幕府の法令や盗賊手配書などの触れ渡しの仲介役もつとめ、町奉行自身も三郷の人々に向けて触書を発

令した。その目で見れば、両奉行所が大坂城と三郷をつなぐ要の位置にあったのがわかる。

東・西の奉行所といっても地図上は南北に配置されている。町を東西の管轄に分けて支配していたわけでもない。ふたつ設けて、ひと月ごとの交替制を敷いていたのである。一方が月番で新規の公事・訴訟をひきうける。もう一方は非番で大門をしめ、潜り戸だけを開き、新規の訴願を受け付けないで、月番のときに担当した仕事を処理した。

内寄合といって、ふたつの町奉行は協議も行った。幕府老中への伺書《うかがいしょ》などは単独でできず、必ず両方の町奉行が同意のうえ連名で出さなければならなかった。ふたつあるため政務が繁雑になる一面もあったのである。

それでも町奉行は原則としてつねに東西の二人いた。西国統轄の要所、大坂の治安は幕府にとって重要課題だった。町奉行の強大な権限を一人に預けず、東西に分けて互いに牽制させるのが幕府のねらいで、統治の知恵だったのである。新任者の赴任時に政務を停滞させないという実務的な利点もあった。

京都、江戸でも町奉行は二人制だった。大坂町奉行の東西併置が廃止され、東町ひとつに集約されたのは慶応三年（一八六七）のこと。翌年は明治維新である。

＊1　**大坂三郷を支配**……直接的な支配地域は三郷だったが、享保七年（一七二二）までは摂津・河内の二か国、同年以後は和泉・播磨をくわえた四か国を支配国として管轄地域は広く、種々の権限を持っていた。

奉行所移転は危機管理のため

天保新改摂州大阪全図（第二章第三図参照）には、本町橋近くに移った西町奉行所が載っている。東町奉行所はもとの場所にある。享保九年（一七二四）の大火（妙知《みょうち》焼け）でふたつの奉行所が一度に焼けたのを教訓に、幕府は新たな東西の奉行所を離れた場所に設けた。これなら一方が被災しても、もう一方は免れる確率が高い。大災害にそなえての危機管理である。宝暦九年「摂州大坂画図」には、東町・小濱周防守、西町・中山遠江守と、それぞれの奉行の名が見える。

元禄十二年大坂大絵図では東町奉行が松平中固、西町奉行が氷見重直。一方、元禄九年大坂大絵図では、東町奉行の名が黒く塗りつぶされている（次頁図）。出版時に人事が未定だったためである。

お奉行の名さえ覚えず年暮れぬ

とは元禄期の俳人、小西来山の句。大坂町人にとって奉行がなじみの薄い存在だったと示す例として、しばしば引用される。人口百万人の半分が武士だった江戸とくらべ、

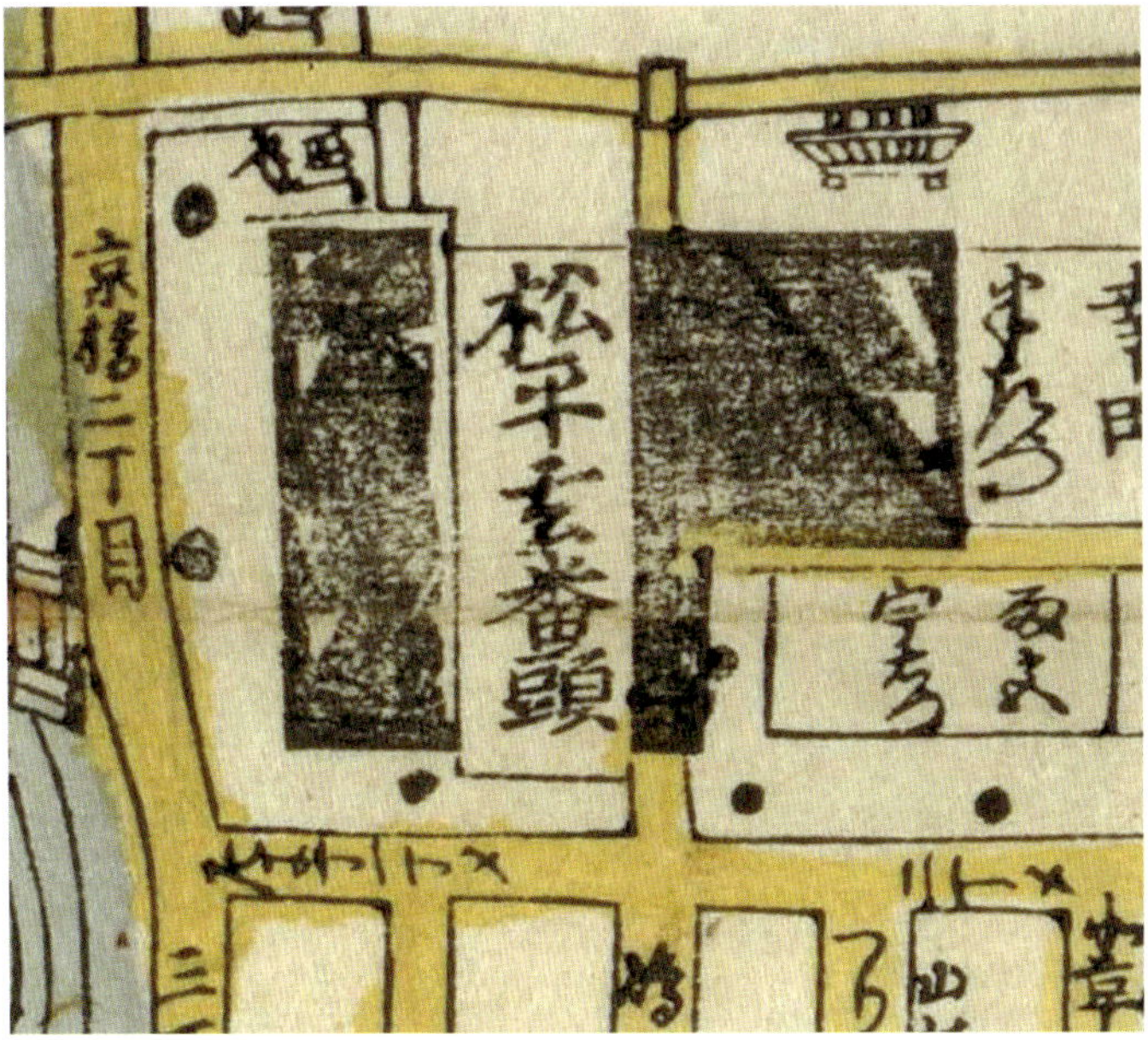

東西奉行所

大坂は元禄期に四十万人あった人口のうち武士は八千四百十人（第一章古地図の見方四参照）で、町人が大多数を占めていた。地子銀が免除になったのも、武士の支配を実感する機会を遠ざけた。人々が奉行の名を忘れてしまったのも、安定した町政、平穏な暮らしのおかげである。奉行の名が塗りつぶされたまま発行された元禄九年大坂大絵図も、そんな時代の産物といえるかもしれない。

小西来山はこの句のために、その筋のお叱りをこうむり、大坂市中を出て今宮に蟄居《ちっきょ》したとの説があるが、定かではない。もっとも、元禄を過ぎれば、まもなく享保の改革。数々の禁止令が出て、町人生活も一転、窮屈になっていく。

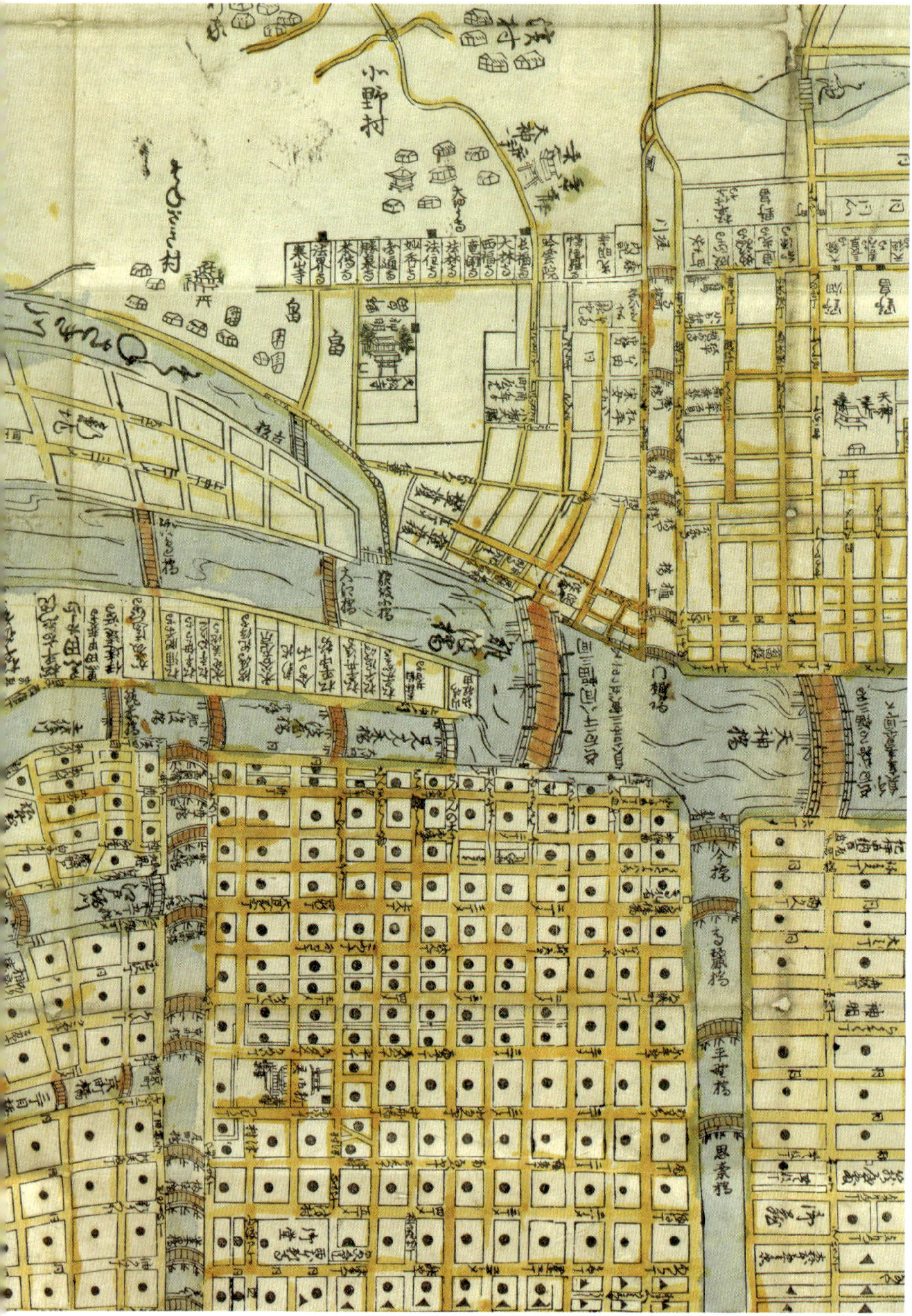
小野村
天神橋
難波橋

一、蔵屋敷に見る豪商の盛衰

下図で見るとおり、中之島には諸藩の大名の名がならんでいる。国もとから送られた年貢米を収納し、市場で換金するための蔵屋敷である。江戸時代のはじめは、藩から派遣された蔵役人が運営管理していたが、しだいに町人の蔵元と掛屋に委託されるようになった。流通管理を行う蔵元、販売代金の出納を担当する掛屋の多くは両替商で、当時の有力商人である。蔵屋敷からあがる利益をめぐっては、大名と大商人のあいだには後に述べるような共存と闘いの緊張関係があった。

元禄の末には天満、土佐堀、江戸堀、上町など市中に合計九十五の蔵屋敷があり、そのうち最多の四十が中之島に集中していた。以下、「元禄十年の蔵元・掛屋」「蔵屋敷分布図」[*1]（『新修大阪市史』）を参照しながら、蔵元・掛屋の商人が確認できる二十九の大名蔵屋敷を東から順に挙げる。石高は宝暦九年「摂州大坂画図」に記載の「大坂御蔵屋敷所附」によった。

加賀・金沢藩　前田氏（百二万石）　肥前屋・木屋（蔵元）
伊予・松山藩　松平氏（十五万石）　天王寺屋・誉田屋（掛屋）

中之島蔵屋敷

甲斐・谷村藩　秋元氏　小橋屋（蔵元）
豊後・竹田藩　中川氏　藤江（蔵元・掛屋）
豊後・府内藩　松平氏（二万二千石）　塩屋（蔵元）伊丹屋・平野屋（掛屋）
備前・岡山藩　池田氏（三十二万五千石）　鴻池屋・倉橋屋・伊勢屋（蔵元）吉文字屋（掛屋）
肥前・平戸藩　松浦氏（六万二千石）　平野屋（掛屋）
伊予・大洲藩　加藤氏（六万石）　天王寺屋・千草屋（掛屋）
筑前・福岡藩　黒田氏（五十二万石）　榎並屋・大文字屋・京大文字屋・河内屋（蔵元）
因幡・鳥取藩　池田氏（三十二万五千石）　平野屋・天王寺屋（蔵元）天王寺屋（掛屋）
安芸・広島藩　浅野氏（四十二万六千石）　鴻池屋・天王寺屋（蔵元）辻（掛屋）
肥前・五島藩　五島氏　野田屋（蔵元）
豊後・森藩　久留嶋氏（一万二千石）　平野屋（掛屋）
播磨・明石藩　松平氏（六万石）　京秋田屋（蔵元）かがや（掛屋）
播磨・林田藩　建部氏　天王寺屋（掛屋）
周防・岩国藩　吉川氏（六万石）　塩屋（蔵元）
筑後・久留米藩　有馬氏（二十二万石）　深江屋・大串屋（蔵元）鴻池屋・天王寺屋（掛屋）
越後・村上藩　榊原氏　京ひのや・日野屋（蔵元）
播磨・竜野藩　脇坂氏（五万三千石）　炭屋（蔵元）鴻池屋・京日野屋（掛屋）
筑後・柳川藩　立花氏（十一万五千石）　鍋屋・福嶋屋・安田屋（蔵元）
相模・小田原藩　大久保氏（十一万三千石）　淀屋（蔵元）くまのや（掛屋）
讃岐・高松藩　松平氏（十二万石）　天王寺屋（掛屋）
阿波・徳島藩　蜂須賀氏（二十五万石）　阿波屋（蔵元）天王寺屋・鴻池屋・三谷（掛屋）
讃岐・丸亀藩　京極氏（六万三千石）　天王寺屋・尼崎屋・若狭屋（蔵元）天王寺屋（掛屋）
肥後・宇土藩　細川氏（三万石）　炭屋（蔵元）
豊後・杵築藩　松平氏（三万三千石）　深江屋（蔵元）辻（掛屋）
伊予・今治藩　松平氏（三万五千石）　深江屋・仁和寺屋（蔵元）天王寺屋（掛屋）
播磨・宍粟藩　本多氏　橋本屋（蔵元・掛屋）
豊前・中津藩　小笠原氏（五千石）　鴻池屋・堺屋（蔵元）長浜屋（掛屋）

五千石の小藩から数十万石、百万石の大藩まで、西国大名が多い。蔵元・掛屋は大藩をかけもちする鴻池屋、天王寺屋など大商人が目立つ。なかでも注目したいのは小田原藩の蔵元、淀屋である。

＊1　**蔵元・掛屋**……蔵元は蔵屋敷で商品の売買を代行した商人。掛屋は蔵物売却代銀を預かりつつ金融に応じた商人

中之島、淀屋の夢のあと

淀屋は江戸時代初期を代表する豪商である。中之島も、もともと淀屋がひらいた。初代の淀屋常安が幕府に開発を出願、常安請地を開拓し元和五年（一六一九）に竣工したのが、のちの中之島蔵屋敷群に発展したのである。淀屋は最初の町人蔵元でもあった。元和八年（一六二二）に二代目を継いだ个庵《こあん》が西国諸藩の蔵元になり、中之島の対岸の北浜にあった自分の店先で米市を開設した。およそ一万坪を占める広大な店の門前で、米市も大いに賑わった。

下図の淀屋橋は、米市に集まる人々の便をはかって淀屋が自費でかけたものである。淀屋は疑いなく、江戸時代初期を代表する豪商だった。しかし元禄十年（一六九七）に、米市は堂島に移転する。前掲の一覧（元禄末）でも淀屋はすでに主役を退き、鴻池屋、天王寺屋などの新興勢力がとってかわった。淀屋の決定的な没落は宝永二年（一七〇五）と伝えられている。五代目の淀屋広当《ひろまさ》が遊廓通いの末に二千両を工面するために犯した印判偽造で罪に問われ、闕所《けっしょ》（財産没収）、所払い（大坂追放）となった。四代目の重当《しげまさ》も書院を金張りにし、天井はガラス張りに金魚を泳がせて涼むなど豪奢な生活ぶりで、町人に過ぎたるものと幕府ににらまれていた。

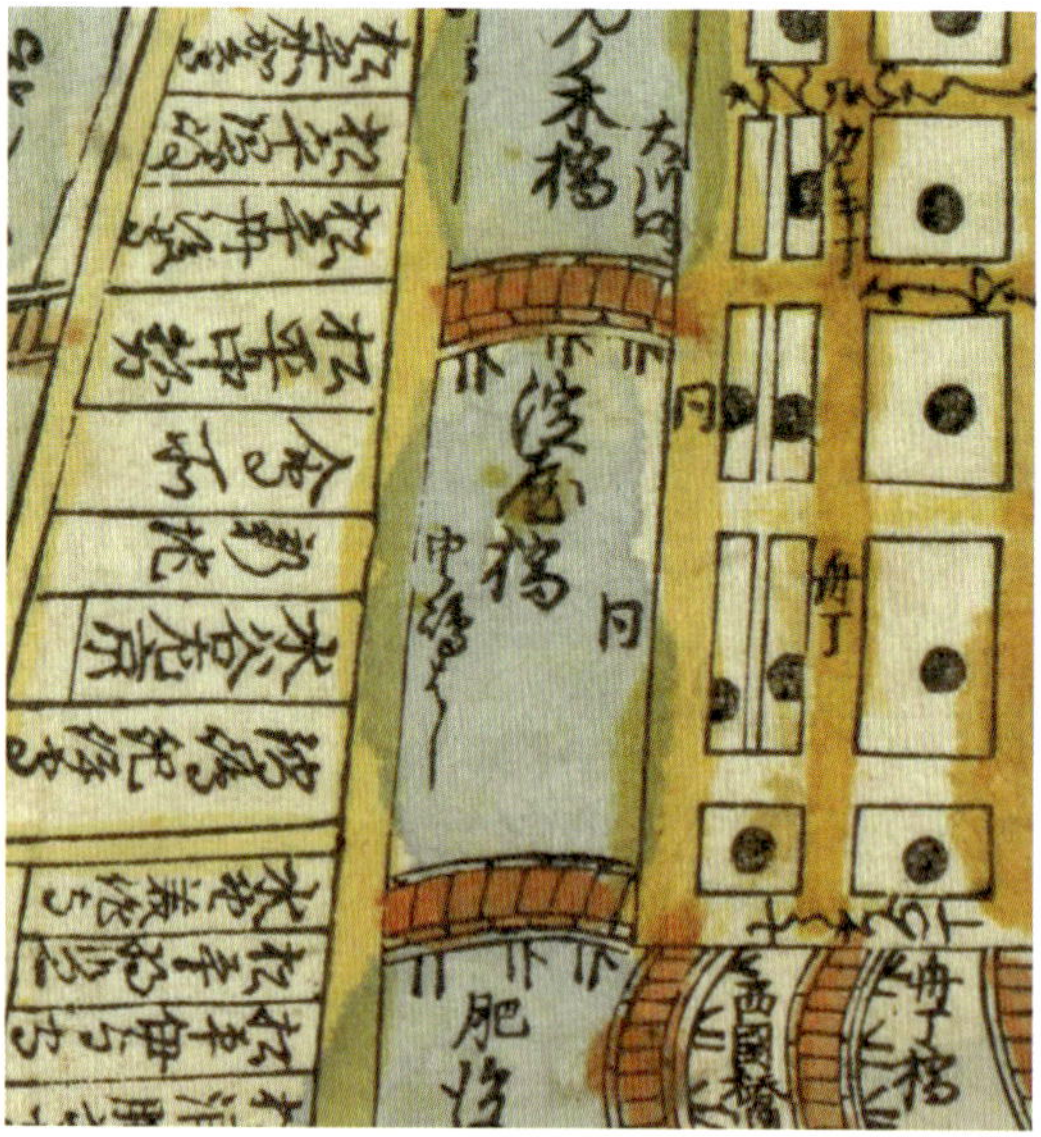

淀屋橋

先に挙げた小田原藩蔵元の淀屋とは、初代常安から数えて四代目にあたり、重当・広当とは別家の当主、淀屋常隆をさしている。かつては中之島を自家の庭のようにして繁

栄した淀屋の名が、一覧の隅に追いやられているのに時のうつろいを感じる。

難波橋は反橋《そりはし》である

下図の難波橋の絵を見れば、橋桁に反りがある。中之島を中心に大川、堂島川、土佐堀川は諸国の米、物産をつんだ船の往来が多く、帆柱がつかえないように橋桁の中央を高くしていた。高低差は二間（約三・六メートル）。『浪華のながめ』によれば、難波橋の上に立てば、東西に十六の橋が連なる水都の風景が見渡せた。

蔵屋敷は中之島だけでなく、難波橋の北側の天満にもならんでいた。まわりを問屋街が囲み、天下の台所の活気があふれていた。「難波橋より西見渡しの百景、数千軒の問丸、甍《いらか》をならべ、白土雪の曙をうばう。杉ばえの俵物、山もさながら動きて、人馬に付おくれば、大道轟き地雷のごとし。上荷、茶船[*2]かぎりもなく川浪に浮かびしは、秋の柳にことならず」とは、貞享五年（一六八八）刊行の西鶴『日本永代蔵』の有名な一節である。この年、年号は貞享から元禄に変わる。

図には難波橋の長さ百二十八間（約二百三十メートル）、幅三間（約五・四メートル）と記されている。幕府直轄の公儀橋で、天満橋、天神橋とならぶ浪華三大橋のひとつに数えられるにふさわしい威容である。

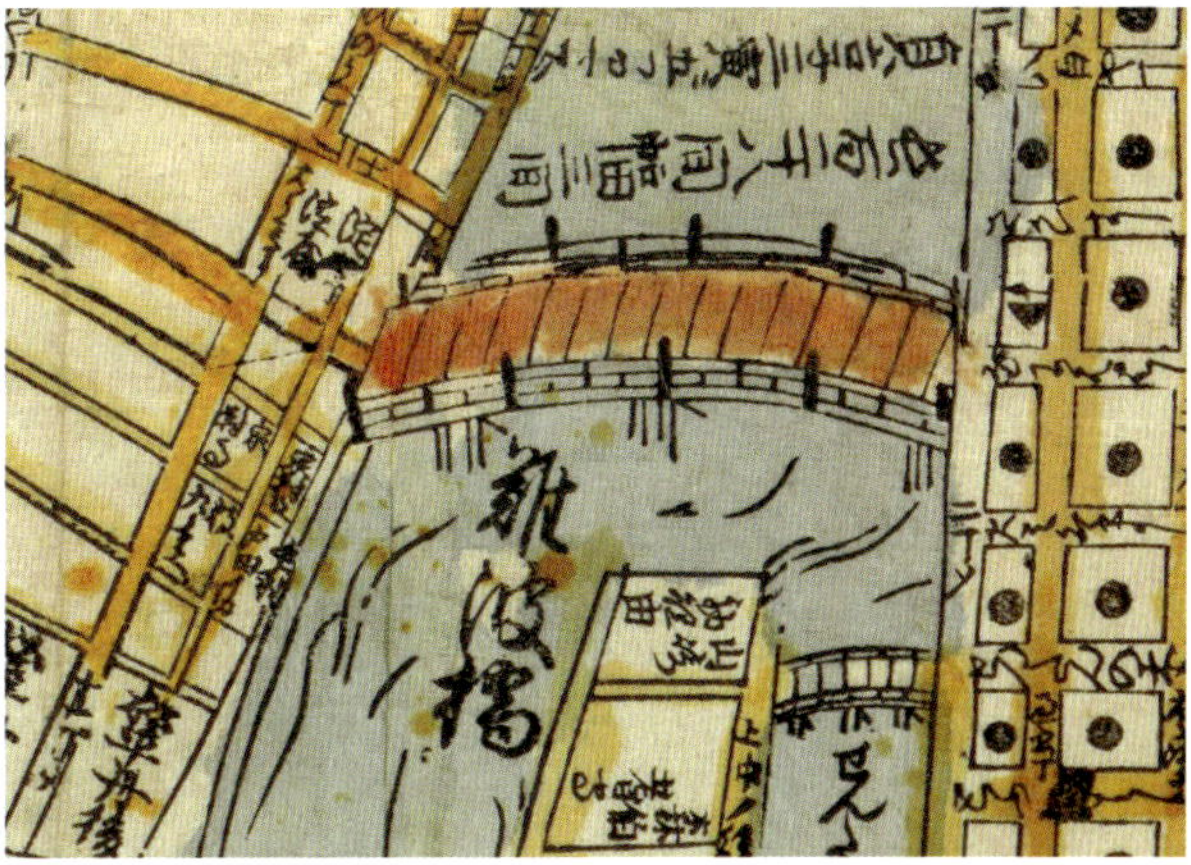

難波橋

図に見える橋は東から、船場と中之島の間に栴檀木《せんだんのき》橋、淀屋橋、肥後橋、筑前橋、田辺屋橋、越中橋、中之島から堂島へ大江橋、渡辺橋、田蓑《たみの》橋、玉江橋。中之島の東端、山崎の鼻[*3]は土砂堆積のため後年しだいに東にのび、明治以後は埋め立てもあって、難波橋を過ぎて天神橋の先まで達している。
＊2 上荷、茶船……諸国から来た物産を小分けして蔵屋敷に運ぶ川船。上荷船は二十石積、茶船は十石積。
＊3 山崎の鼻……備中成羽藩の山崎氏の蔵屋敷があり、こう呼ばれた。剣先ともいう。

二、堂島、米市と新地と蔵屋敷の深い関係

下図の堂島は東側一帯が区割りされ、大きく「新地」と記されている。貞享二年（一六八五）に河村瑞賢が曽根崎川を改修し、元禄元年（一六八八）に堂島の新地開発がはじまった。貞享四年（一六八七）大坂大絵図では、堂島はほとんどが空き地である。そこへ新たに茶屋が集まり遊里が生まれた。町の外縁の新開地に遊里はつきものだったが、堂島新地にとっては目と鼻の先にならぶ中之島蔵屋敷が大きな存在になった。蔵役人たち、それに蔵元、掛屋の商人たちが、遊興と接待の場につかったのである。

元禄十年（一六九七）には、北浜にあった米市（第一章第二図の一参照）が、堂島新地の南岸、大江橋から渡辺橋の間の浜に移転した。堂島米市では中之島はもちろん、天満、土佐堀、江戸堀、上町など各所の蔵屋敷の米の売買が行われた。取り扱い高の増大にともない、現物の米ではなく米切手をもちいて迅速に売買ができる正米取引が広まった。さらに帳簿上で数字だけを動かして行える帳合米取引も行われたが、じつはこれが世界ではじめての先物取引である。大規模な取引に対応した機動力に富む仕組みの形成が、堂島米会所を全国一の米市場にしたのである。

帳合米取引は享保十五年（一七三〇）に幕府の公認となった。翌年には米仲買株[＊1]が許可され、堂島米会所が仲買の商人、そして蔵元、掛屋の商人の活躍の場だった。まず蔵屋敷で掛屋が

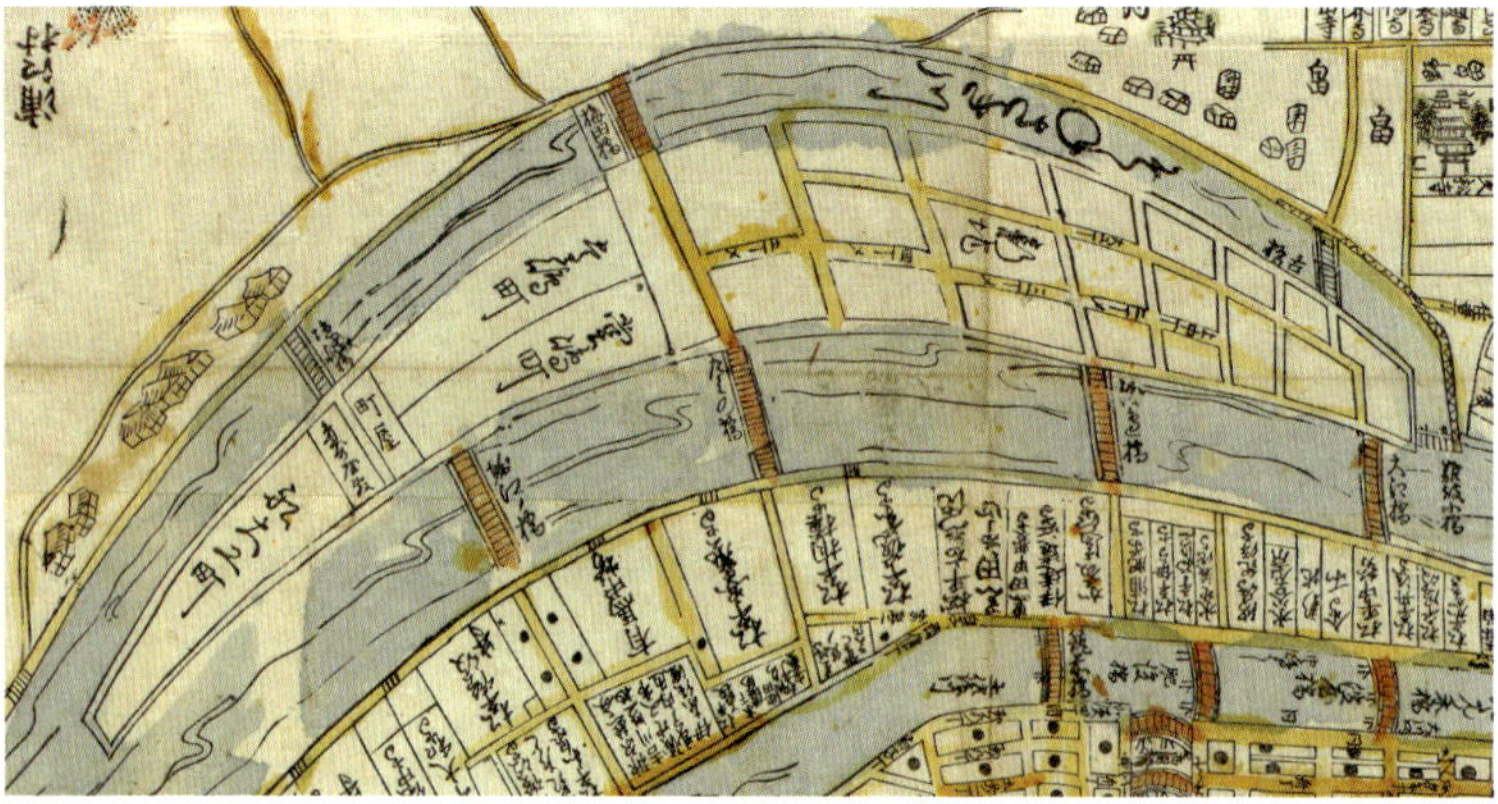
堂島新地

米の入札を行い、落札した仲買に銀切手を発行する。仲買は蔵屋敷で銀切手を米切手と交換し、米会所で他の仲買との間で売買する。そのとき、たとえば正米取引で買ったのと同額を帳合米取引で売っておけば、米価格の乱高下[*2]の影響を受けない商いができた。その後、米切手は蔵米問屋に売られ、蔵元で米と交換される。米はさらに搗米屋《つきまいや》などを経て消費者に渡る。一方で蔵屋敷は、売買で得た代銀を国もとに送る。各藩の江戸屋敷への送金は、掛屋が代行した。こうして、堂島は諸国を結ぶ米の経済と消費のネットワークの中心になった。

米市とともににぎわった堂島新地だったが、その繁栄は短かった。皮肉なことに、米市の華々しい発展が新地の灯を堂島から曽根崎へ移させたのである。

＊1　**米仲買株**……米仲買株を得た者だけが、米仲買の商いができた。

＊2　**乱高下**……帳合米取引のリスク回避の仕組みは、現代のヘッジ取引と同じである。

堂島新地は元禄とともに

米会所の取引が行われる市は先述の堂島の浜にあったが、会所（事務所）と消合場（精算所）は西端の船大工町（下図）に設けられた。元禄十六年（一七〇三）には、渡辺橋から西側に、肥前の鹿島藩・大村藩・唐津藩、備中松山藩、備後福山藩、肥後人吉藩、豊後臼杵藩の蔵屋敷がならぶようになった。同じ年、対岸に曽根崎新地が開発されると、正徳年間（一七一一〜一七一六）から堂島新地の茶屋や煮売屋（飲食店）がしだいに曽根崎にうつっていく。堂島新地は米市場や蔵屋敷とあまりに近すぎた。

川をへだてた北の曽根崎新地が新たな遊里として成長していく。延享年間（一七四四〜一七四八）には、全国一の米市場の繁栄を背景に、北の新地が名をあげる。堂島新地のにぎわいは元禄にはじまり、元禄最後の年にあたる元禄十六年（一七〇三）の曽根崎新地誕生とともに終わりに向かう。近松門左衛門『曽根崎心中』は、そんな時代のはざ

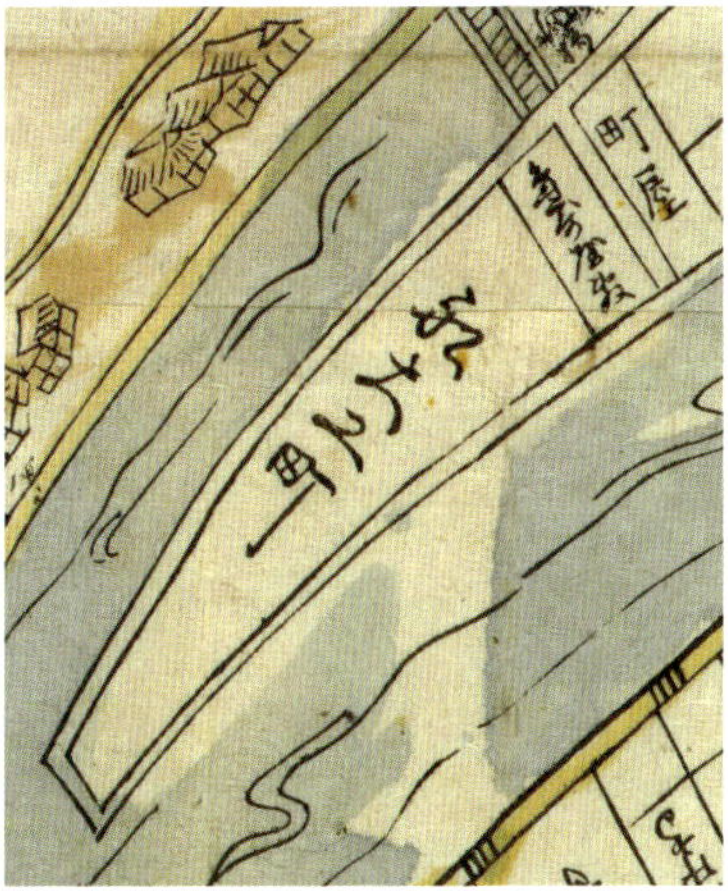
船大工町

まに咲いた花である。主人公の遊女、お初が居たのは堂島新地、心中したのは曽根崎の天神の森。初演は奇しくも元禄十六年（一七〇三）であった。

三、曽根崎、村々のゆたかさ

左下図に見るとおり、元禄九年（一六九六）の曽根崎はまだ村である。家屋の絵が十軒ほど描かれているが、軒数は村の規模と一致しない。曽根崎村の年間の石高《こくだか》は江戸時代を通じて五百～六百三十石だが、近くの大仁村（左上図）は五百石弱で八軒、浦江村（左上図）は千石で六軒だけだ。家屋の絵は村落の装飾的な表現なのである。

　ちなみに、曽根崎村の享保十六年（一七三一）の人口は約千五百人。石高にくらべて人口がかなり多いのは、大坂市中向けの商品作物で得た高収入が背景にあると思われる。商品作物とは、木綿、煙草、青物（牛蒡《ごぼう》、大根、茄子などの野菜）をはじめ販売して換金できる作物である。米は主に年貢として納められたが、商品作物の栽培は江戸時代中ごろからさかんになり、農家をゆたかにした。下図を見れば、曽根崎村は曽根崎川を隔てて橋で堂島と結ばれ、天満組の市街とも隣接している。村は町場と地続きの地の利を生かしたのである。

　曽根崎新地が開発された後、村は大坂三郷に編入された。江戸時代後期の地図では（第二章第三図参照）大きく姿を変えた曽根崎の姿が見られる。新地と天神社が曽根崎を大坂名所に生まれ変わらせたのである。

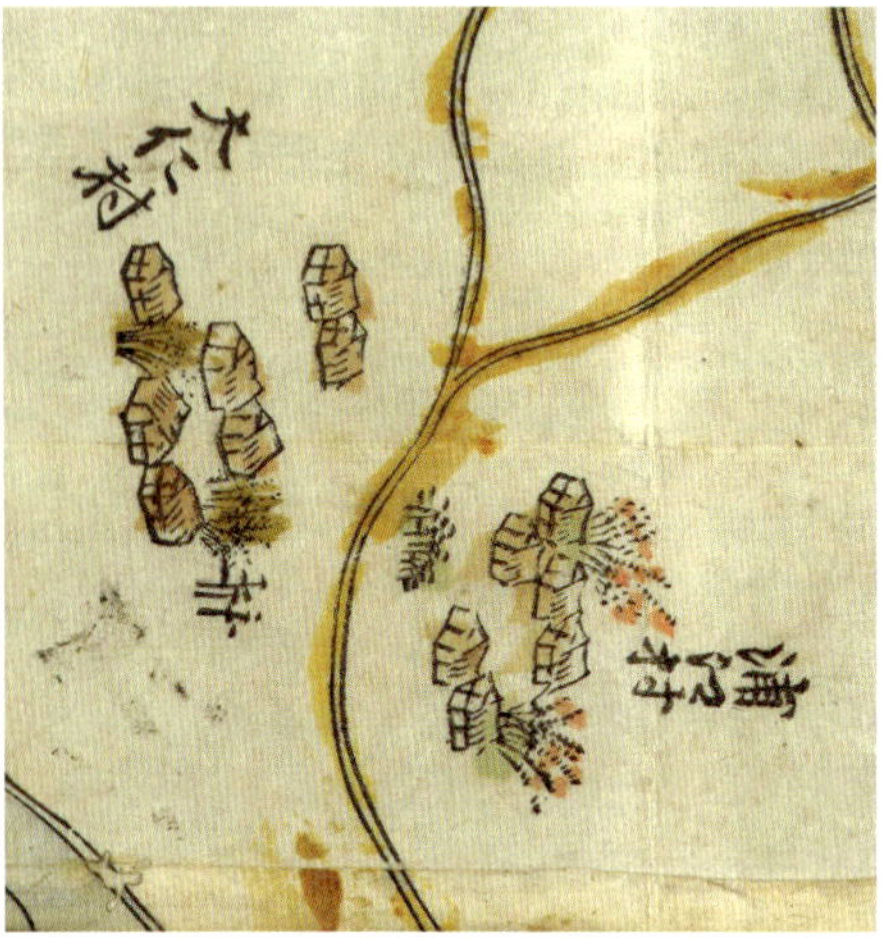

大仁村・浦江村

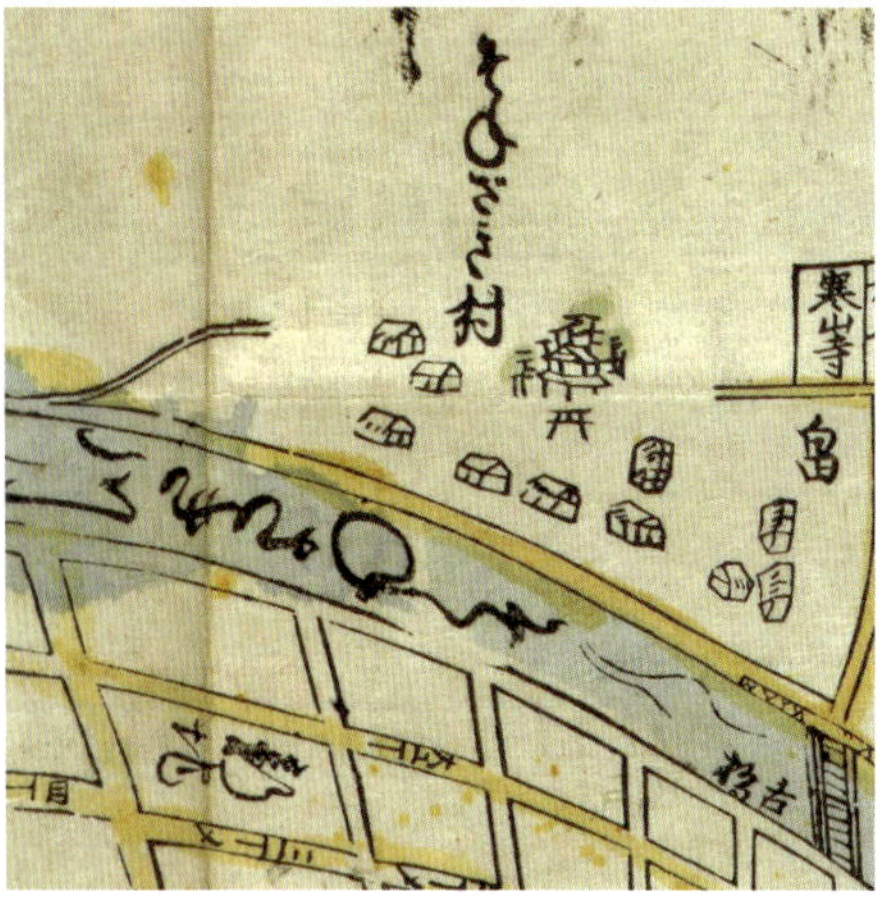

曽根崎村と露天神

名所露天神と北の新地

村落の中央に神社の絵が見える（前頁下図）。露天神《つゆのてんじん》とよばれた天神社である。『摂津名所図会』には名の由来として、菅原道真が都を去り筑紫に向かう途中、大坂で大融寺に参詣したところ、道の辺の露の深さに思いにふけったという逸話を紹介している。

露と散る涙に袖は朽ちにけり都のことを思いいずれば

とは、そのときに詠んだ歌。それで当地に天神社が建ち、露天神と号したが、江戸時代には曽根崎天神とも称したと『摂津名所図会』は伝えている。

曽根崎新地については「俗に北の新地」とよばれたと図会は記している。「夕暮より両側には軒の懸行灯《かけあんどん》かがやかして、紅顔雪肌《こうがんせっき》の輩《ともがら》ゆききして、楼上には琴曲糸絃《きんきょくしげん》の音麗しく、芝居あり、射場《しゃじょう》あり、西の町端《まちはずれ》を編傘《あみがさ》茶屋というて、江鮒《えふな》を製して雀鮓《すずめずし》と名づけ、名産とす。みなこれ天満《あめみ》つる神の余光《よこう》なるべし」と解説文はつづく。「編傘茶屋」は福島にあった茶屋の名で、このあたりまで曽根崎の圏内だった。「雀鮓」は現在も大阪の名物として知られている。「天満つる神」は天満天神とかけており、「余光なるべし」は神の恩恵で境内や門前が繁栄するという名所図会の決まり文句。北の新地の艶やかなにぎわいぶりである。

曽根崎に新地ができる少し前、元禄十六年（一七〇三）四月七日、ここには森があり、堂島新地天満屋の遊女お初と、内本町の醤油屋平野屋の手代徳兵衛が心中した。事件をもとに近松門左衛門が『曽根崎心中』を書き、わずか一か月後の五月七日に道頓堀の竹本座で上演して、大当たりをとった。心中と同じ年の十一月に新地が開発されたが、当初はさびしい場所だったという。

近松の『心中天網島』に登場する茶屋、河庄も北の新地にあった。曽根崎と近松の縁は今に至るまでつづき、露天神は『曽根崎心中』の遊女の名にちなみ、お初天神の通称で親しまれている。中之島蔵屋敷の遊興と接待の場だった堂島新地、その堂島は米相場を動かす町へとうつりかわり、曽根崎が新たに北の新地の座を占めた。大阪の今を代表する盛り場、キタの前史である。

四、土佐堀で薩摩と長州、肩をならべる

土佐堀は名前のとおり、土佐と縁が深い。秀吉が大坂城を建設し、諸大名の屋敷が城下の各所に配置されたとき、当地は土佐の長宗我部氏がひらいた。土佐商人が郷里の物産を商う土佐座ができ、徳川の時代になってからは、新たな土佐の支配者となった山内氏が管轄した。対岸の中之島よりも開発は早く、やがて蔵屋敷が立ちならんだ。

元禄末には土佐堀の北岸に、薩摩鹿児島藩、長門萩藩の蔵屋敷があった。薩摩は越中橋（左図）、長州は田辺屋橋（左図）のたもと。図では「松平サツマ」「松平長門守」と記された場所で、両者のあいだの浜が土佐座のあった船着場の浜である。藩主はそれぞれ島津氏、毛利氏だが、ともに将軍より松平姓を賜っていた。地図に記載されている蔵屋敷、武家屋敷の大名の名を見ていけば、ほかにも松平姓が多いのに気がつくが、そのなかには島津氏、毛利氏と同様のケースがかなりあった。ともあれ、薩摩と長州、明治維新の原動力となった両藩が、薩長同盟の橋渡しをした坂本龍馬の出身地、土佐藩ゆかりの地で肩をならべているのは奇遇である。もとをたどれば、島津氏、毛利氏、長宗我部氏は関ケ原合戦の西軍方であった。

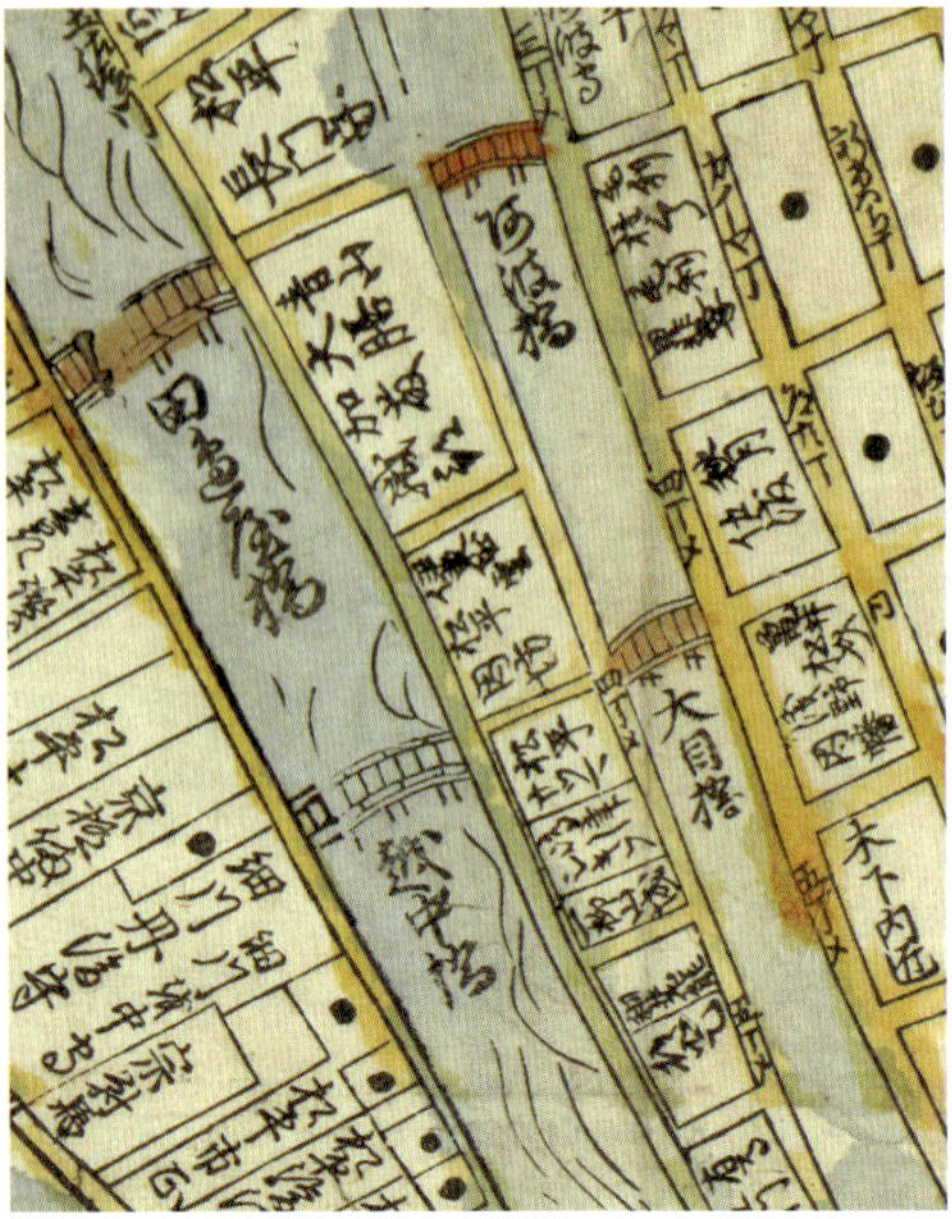

土佐堀

そのほか、土佐堀には出雲松江藩、肥前蓮池藩、岩見浜田藩、豊後日出藩、摂津尼崎藩、伊予新谷藩・小杉藩、日向飫肥藩・佐土原藩・延岡藩の蔵屋敷があった。その南の江戸堀へと、蔵屋敷群はつづいた。

大坂の江戸と伏見

土佐堀が土佐藩ゆかりの地なら、その南の江戸堀の江戸、京町堀の京町は何をさしているのだろう。

江戸堀は、大坂夏の陣のあと、慶長二〇年（一六一五）、大坂城主となった松平忠明《ただあきら》が元和三年（一六一七）に開削した江戸堀川沿いの地名である。戦火で荒れ果て、豊臣氏の恩恵の記憶がのこる大坂の統治と復興を、徳川家康は自身の外孫にあたる松平忠明に託した。忠明は城には住まず、天満橋の南の屋敷に居て、城よりも市街の再生に力をそそいだ。復興とともに生まれた江戸堀の江戸は、豊臣氏に代わる新たな大坂の主をさしている。

松平忠明は惣構《そうがまえ》三の丸[*1]の市街地化、道頓堀川[*2]の完成など行ったのち、元和五年（一六一九）に大和郡山に移封され、大坂は幕府直轄領になった。同年、将軍秀忠により、大坂の振興策として、伏見の町人に大坂への移住が命じられた。富裕な伏見町人の手で開削されたのが京町堀川である。京町堀の地名は、伏見京町から移ってきた人々が住んだのが由来という。伏見町人はこのほか、上町の伏見両替町、北船場の伏見町・呉服町、長堀心斎橋などに住んだ。長堀川も伏見町人が開削した。

伏見は豊臣秀吉が晩年に伏見城を建設し、市街を整えて、天下ににらみをきかせた地である。徳川時代になって、大坂城再築を見据えて伏見城は廃止となり、伏見町人の移住が大坂の町の復興に大きな役目を果たした。これもまたひとつの奇遇だろう。

元禄末の江戸堀に、長門清末藩・長府藩、日向高鍋藩、岩見津和野藩、備後三次藩、豊後立石藩の蔵屋敷がならんでいたのは、図に記されたとおり。京町堀から西岡橋（下図左下）を渡って、河口付近には、小さく「ざこば」の文字が複数見える。雑喉場《ざこば》魚市である。

＊1　惣構三の丸……豊臣時代の惣構および三の丸のうち、谷町筋から東横堀川のあいだを町割りし、下水溝を整備して、市街地とした。

＊2　道頓堀川……豊臣時代に開削がはじまり、松平忠明のときに完成した。

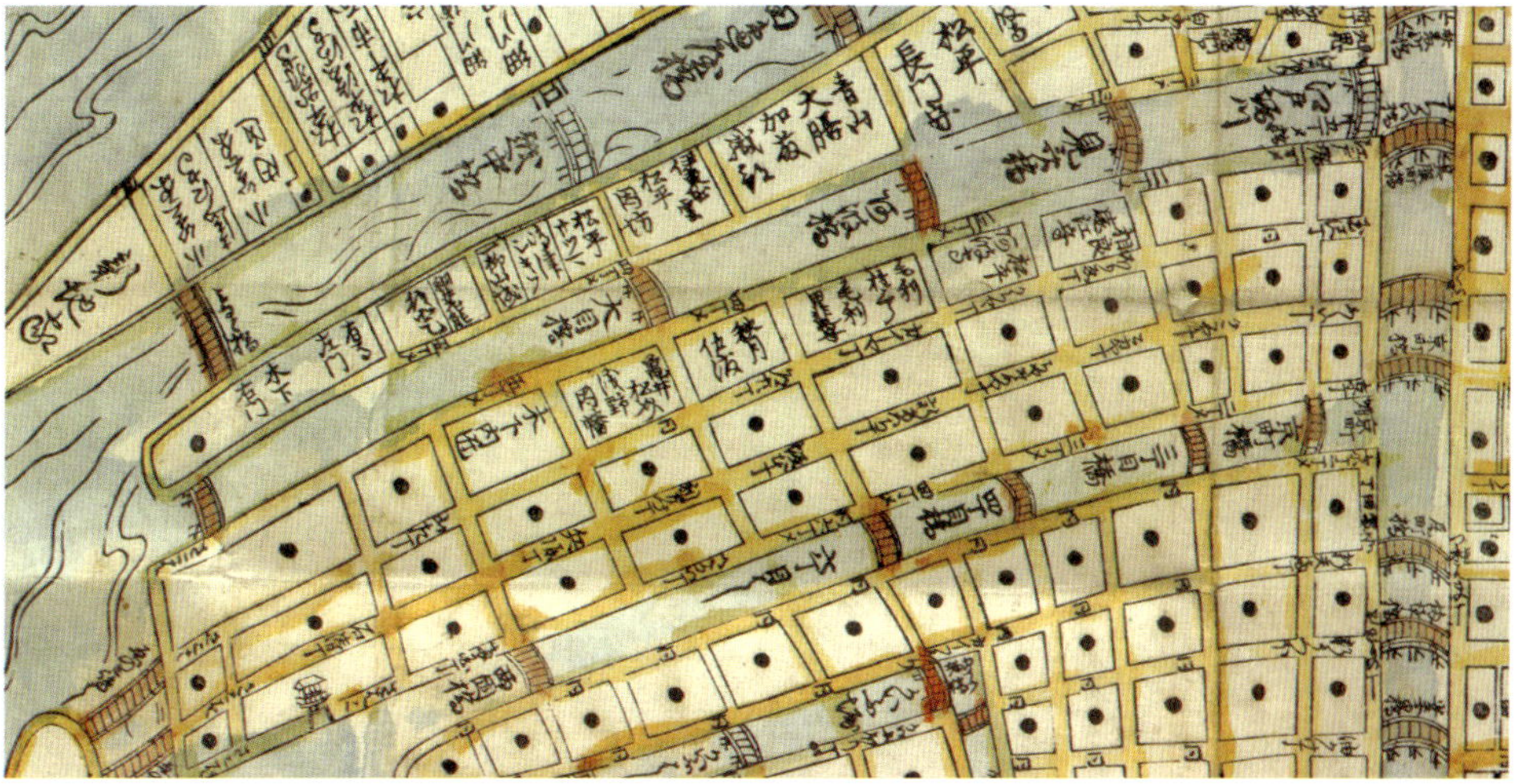

江戸堀・京町堀

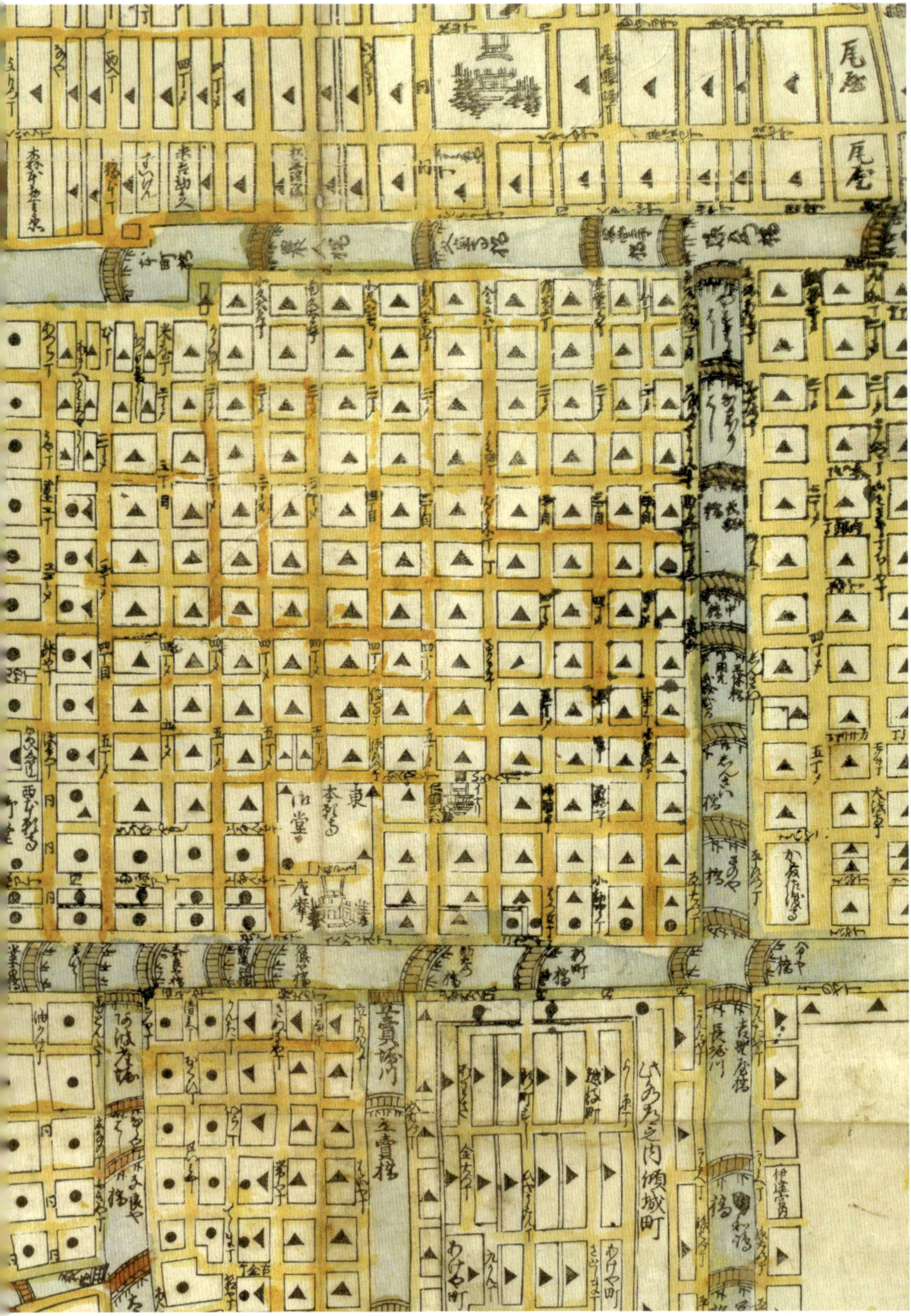

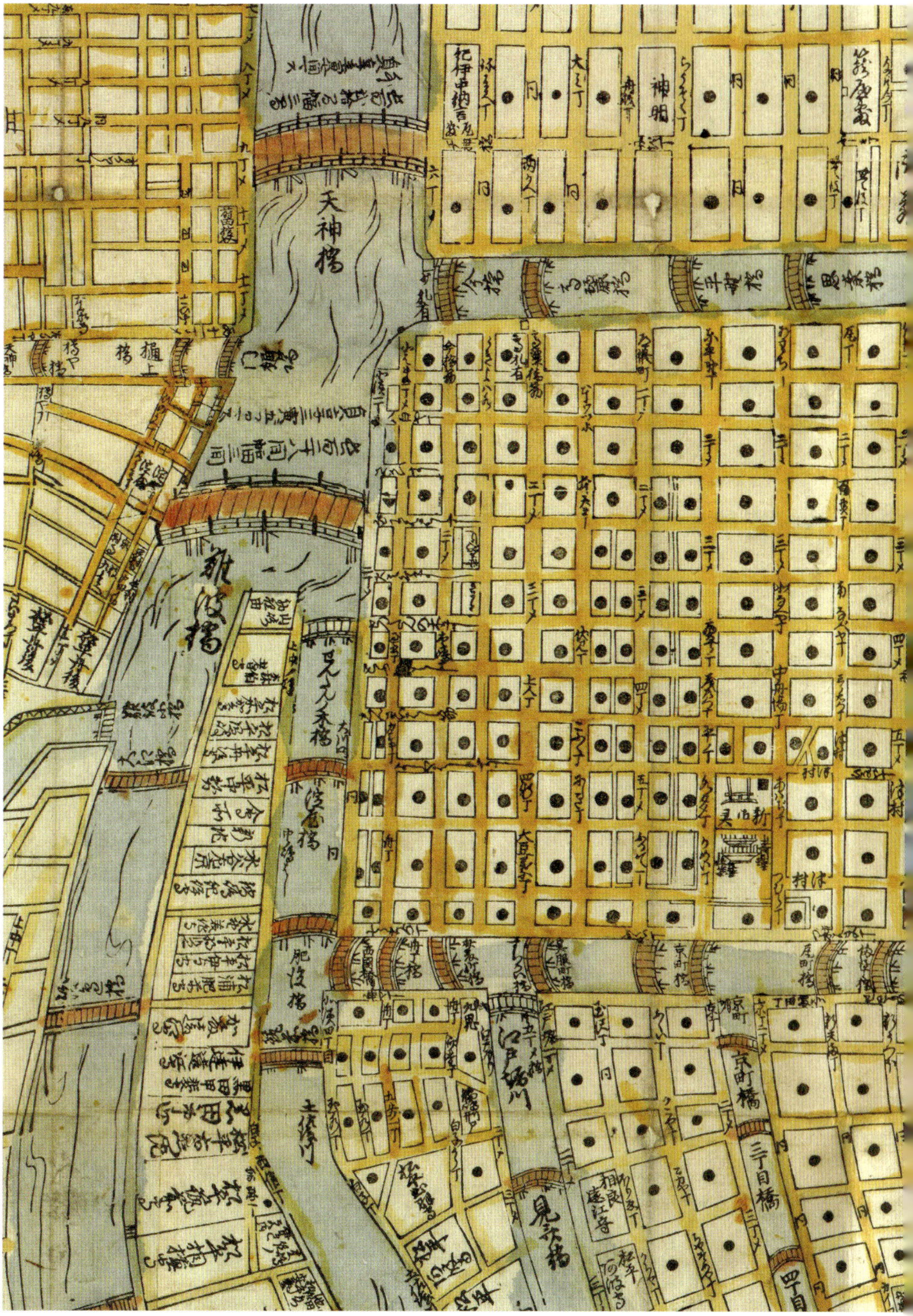
天神橋
神明
京町橋
三丁目橋

一、船場の通りは町の顔

長堀川、大川、東横堀川、西横堀川の四つの川で囲まれた町域を船場という。江戸時代の大坂を象徴する商業地で、多くの豪商が店屋敷をかまえた。

船場は本町通りで北組と南組に分かれている。下図の●印が北組、▲印が南組。大坂の陣で焼けた町の復興政策の一環として、松平忠明（第一章第二図の四参照）が元和二年（一六一六）に船場を南北に二分した。それぞれに町人の元締衆を指名し、寄り合いをひらくための惣会所を設けて、町政を行わせた。船場は広域で、人口も多い。ひとつに統括しようとするより、分けた方がまとまりがよかっただろう。北組、南組と大川より北の天満組とを合わせて大坂三郷という。

さて、下図で本町橋の西につづくのが本町通りである。先に「船場は本町通りで北組と南組に分かれている」と書いた。大阪の歴史について書かれた本でしばしば見受ける表現だが、これは現代風の住居表示に合わせたもので、厳密に言うと正しくない。図を見るとよくわかる。本町通りの北側で、ひとつのブロックに●▲の両方が記され、東西につづいている。●と▲のあいだが北組・南組の境界線で、そこでは背割《せわり》下水*1をはさんで建物が背中合わせにつらなる風景があった。

北組・南組のあいだだけではない。町と町の境界には、それと同じ風景があったのである。現代なら町と町との境はブロックとブロックのあいだにある。通りは境界線となり、両側に建物の正面がむかいあってならぶが、それぞれ別の町に属している。

このちがいは大きい。つまり、江戸時代の通りの両側の家々は必ず同じ町に属していた。丁目についても通りの両側がつねに一致している。江戸時代の人々は、通りをふくんだ両側をひとつの同

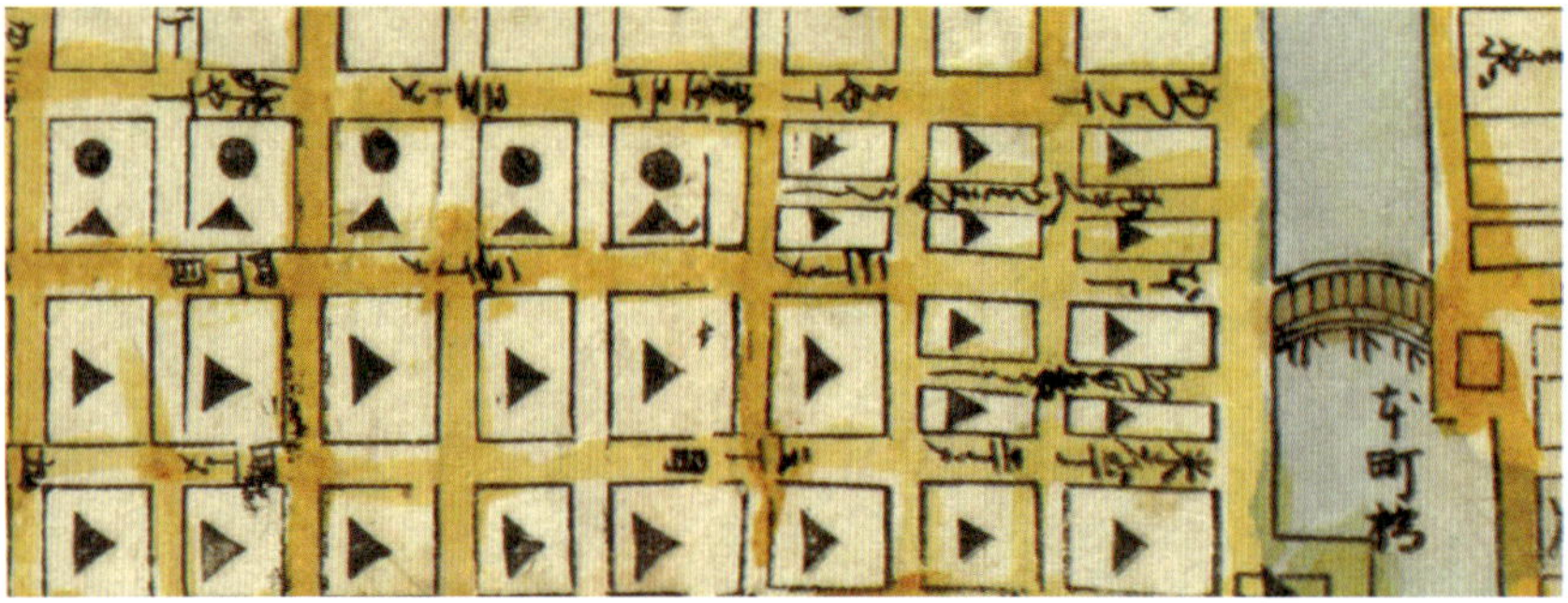

本町橋と本町通り

じ町の風景として見ていたのである。東西の通りは、単なる道路ではなく、統一感を持った町の顔であった。名所絵でしばしば見られるように、通りはつねに町の人々の目線がそそがれ、ときに仕事や生活の場であり、立ち話で人が交わる場でもあり、子供の遊び場であった。祭の日には屏風を飾った家々が戸を開けて通りと一体にもなった。通りをはさんだ住人の暮らしにとって、通りはいわば居住空間の一部であり、共有の大切な財産であった（第一章第三図の二参照）。

現代の大阪は御堂筋をはじめ南北の筋を中心に成り立っている。江戸時代の大坂は東西が中心で、標準的な道幅も通りが幅四間（約七・二メートル）に対して、筋は三間（約五・五メートル）。かつての船場は、通りごとに特色ある町が、南北に層をなして重なっていたのである。

＊1　**背割下水**……秀吉時代は下水溝を背割線として宅地造成が行われた。太閤下水ともいう。

長者町から夜店通りまで

船場を大きくふたつに分けて、北組にあたる区域を北船場、南組の区域を南船場という。中央を中船場とよんで、三分割する場合もある。しかし、船場は町ごとに、あるいは小エリアごとに見た方が面白い。北から南へ、順にたどってみる。

見開き図（五二〜五三頁）を見れば、船場の北端は蔵屋敷のある中之島、土佐堀、江戸堀の対岸にあり、米市のある堂島に近い。淀屋、鴻池屋、天王寺屋、平野屋、升屋、三井など武家にも一目おかれた豪商たちの店屋敷がこの区域に集中している。北船場の異名は長者町だが、その名にふさわしいのは、北浜・今橋・高麗橋の三つの町のエリアである。

その一角、今橋通り（次頁図では「今橋筋」）の尼崎町で元禄からまもない享保九年（一七二四）に、五人の富裕な町人が私財を投じて懐徳堂をひらく。懐徳堂は江戸時代を代表する学問所で、中井竹山、中井履軒、山片蟠桃、富永仲基、草間直方など独創的な町人学者を輩出した。今橋通りからほど近い過書町では、江戸末期に緒方洪庵が適塾をひらく。福沢諭吉、大村益次郎などがここで蘭学を学んだ。長者町の商人たちは学問所を財政面で支えた。

伏見町には加賀屋を名のる唐物問屋が集まった。唐物とは中国・朝鮮・オランダなどからの舶来品の総称。豊臣氏の唐産茶番御用をつとめた加賀国の斉藤九郎右衛門が当地に土地を賜り、加賀屋の名で唐物扱いの業をはじめたのが最初という。

呉服町は、呉服商人の町である。呉服商人たちは秀吉時代に伏見から玉造に移住し、大坂城中の御用達をひきうけ、江戸時代にも業を発展させた。より広い土地を求めて船場にうつってきたのは、元禄年間である。

道修町には畳屋、簞笥屋、墨屋の集団がいたが、有名なのは薬種商の町としてだった。道修町の御三家とよばれた武田、田辺、塩野義は、現在でも名の知られた製薬会社のルーツである。

平野町には先述の北組惣会所があった。北船場の人々の日常の買物のための商店が集まる町でもあった。西の端には御霊神社があり、江戸時代には船渡御《ふなとぎょ》が行われて、神輿が京町堀、江戸堀を経て、淀屋橋で船に移され、土佐堀川を下った。川筋の蔵屋敷では盛大に大篝火を焚いて迎えたという。北船場一帯の氏地では、家々に幕を張り提灯をかけ、町々では俄《にわか》芝居が演じられ、渡御行列には武者行列が出た。町人地も武家屋敷もともに御霊神社の夏祭を楽しんだ。

本町には享保の妙知焼けの大火で南農人町に移転するまで南組の惣会所があった。近江商人の呉服、雑貨の大店舗がならぶ界隈でもあった。本町から南に行くにつれ、大店がある一方で職人長屋がふえ、仲買、問屋もまじりあい、船場の多様性がますますきわだってくる。

淡路町、本町、南本町から安土町、備後町にかけては、

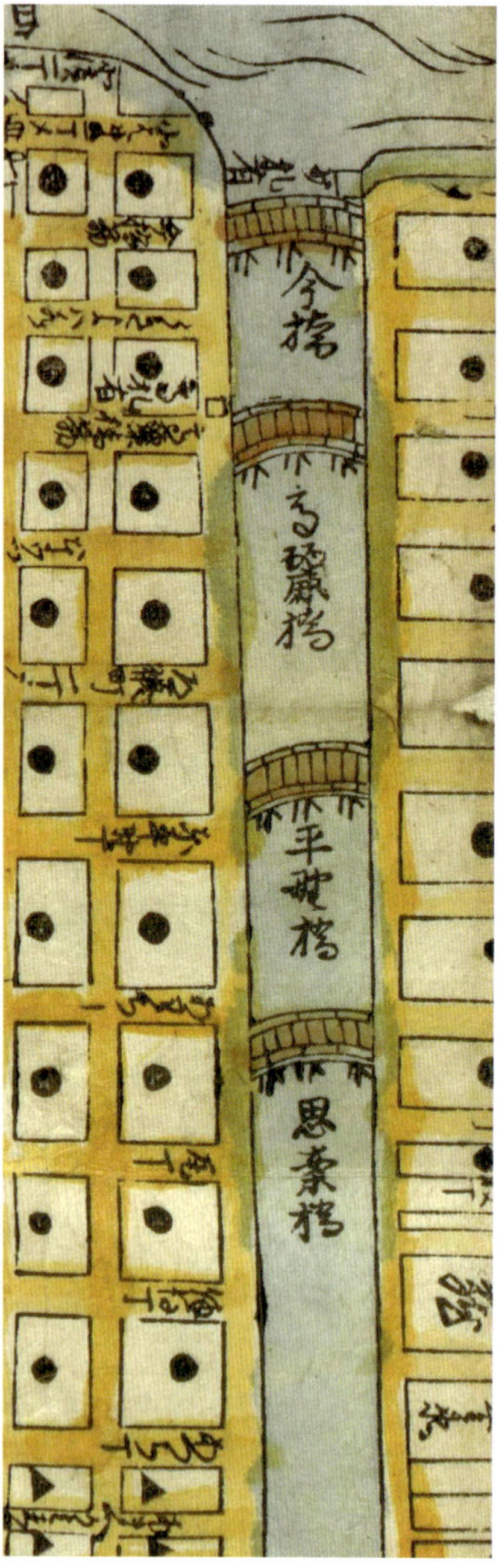

東横堀川より西方に町名（通り名）が記されている

呉服・太物[*2]の仲買、反物屋、古手屋（古着屋）などが集まり、油、鉄、絹、木綿などの問屋が目立った。中船場ともよばれたこの一帯には、十人両替の一人に数えられた安土町の炭安《すみやす》をはじめ大小の両替屋も繁盛した。備後町、安土町のあいだは鳥屋、鳥の市でにぎわい、鳥屋町ともよばれた。南北の久太郎通りを中心に唐物町、博労町で花簪《はなかんざし》、鼈甲《べっこう》、元結、葛籠《つづら》、組紐などの小間物問屋街が繁盛したのは、新町の遊廓、道頓堀芝居町の需要が背景である。淡路町・瓦町・備後町の角細工と金物屋、唐物町の革細工、久太郎町の塗師《ぬし》と漆屋、久宝寺町の紙子屋、組紐屋、白粉屋など、それぞれに特色のある手工業品で知られていた。

順慶町通りは新町遊廓への通路で、夜店で有名だった。『摂津名所図会』に「夕暮より万灯《まんどう》てらし種々《くさぐさ》の品を飾りて、東は堺筋、西は新町橋まで、両側尺地《せきち》もなく連《つら》なりける」とにぎわいぶりが描かれ、身装品、袋物、家具調度、陶器、金物、傘、合羽、履物、魚、野菜、菓子、仏具など、ふだんの買物はここで用が足りた。

金物商の多い安堂寺町を経て塩町に入ると商業地のにぎわいが影をひそめる。船場はここが南端。長堀川をはさんで対岸は島之内、道頓堀である。

二、「筋」よりも「通り」が主役

大坂の古地図は、城のある東が上である。東西の道が「通り」、南北を「筋」とよぶ。城を上にして見ると、「通り」の「一丁」「二丁」の文字がちょうど縦向きになり自然に読める。「筋」の文字は横向きで読みにくい。表記が東西軸を基準にしている。

江戸時代の大坂はじっさい、東西の通りが主役で、南北の筋は脇道だった。船場の町々も東西に細長くつづき、中央を通りがつらぬいている。だから町と通りは同じイメージで結ばれる。しかし南北の筋は異なる顔の町々を縦断し、ひとつのイメージが描けない。

ただし、例外はある。日本橋と大川を結ぶ堺筋は、名前のとおり堺へ通じる道で、紀州街道へとつづき、紀州徳川家の参勤交代の行列の通り道にもなった。ふだんも往来が多い筋で、道沿いに特色ある店が集まった。筋の北側では唐薬問屋から派生した砂糖屋[*1]、南側では河内・和泉・大和の木綿を扱う店が目立った。そのほか、呉服と真綿の店が多い本町をはさんで、北は塗物・家具、南は小間物・炭・木綿・傘などの店がならび、買物町をかたちづくった。

現在、難波橋（次頁図）は堺筋の北端にあるが、江戸時

＊2　**太物**……綿織物・麻織物の総称。絹織物（呉服）に対するよび名。

代には一本西の筋に架かり、こちらを難波橋筋とよんでいた。堺筋と似た店ならびだったが、提灯屋が多いのが特色で、やはり筋としての顔とにぎわいをもっていた。

堺筋と難波橋筋は船場の東にある。次は西に目を向けてみる。現代の大阪のメインストリート、御堂筋は元禄時代、どんな顔を見せていただろうか。

＊1　**唐薬問屋から派生した砂糖屋**……もともと砂糖は唐物（舶来物）扱いの唐薬とされた。

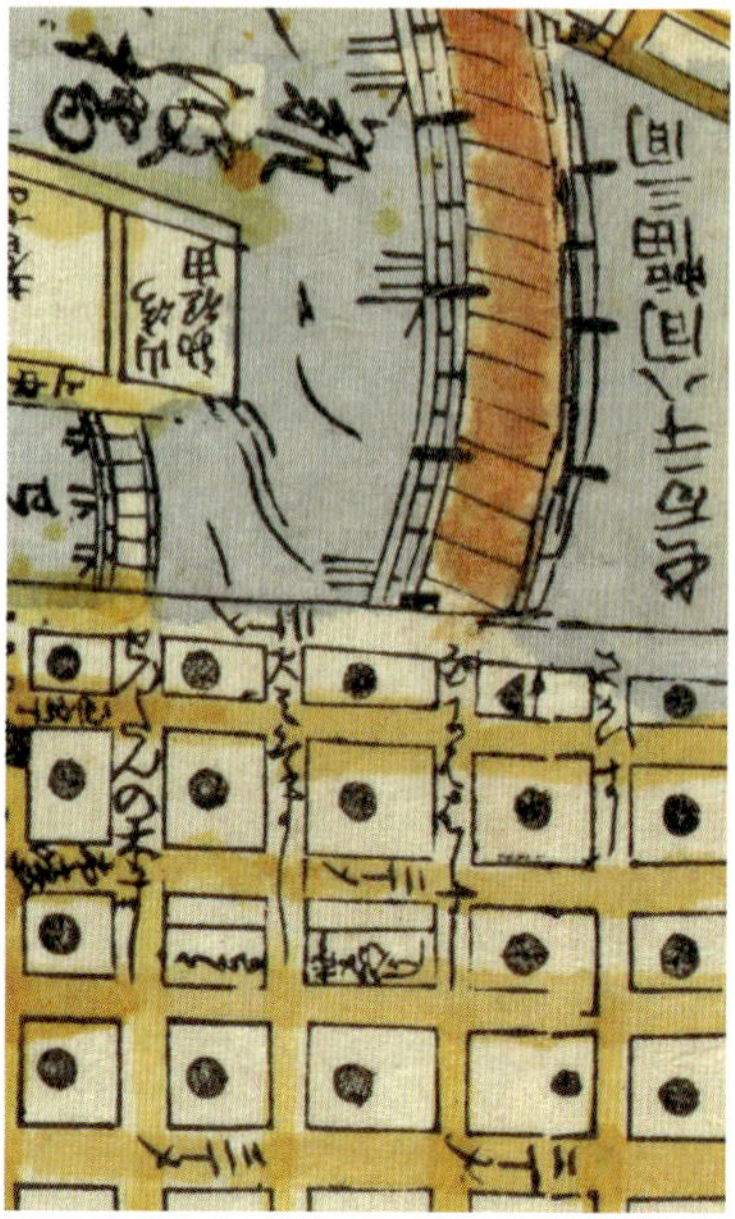

難波橋南詰から始まる堺筋と難波橋筋

ふたつの御堂と御堂筋

図にふたつの「御堂」が見える。北にあるのが西本願寺（下右図）、南が東本願寺（下左図）。ともに市中随一の大寺

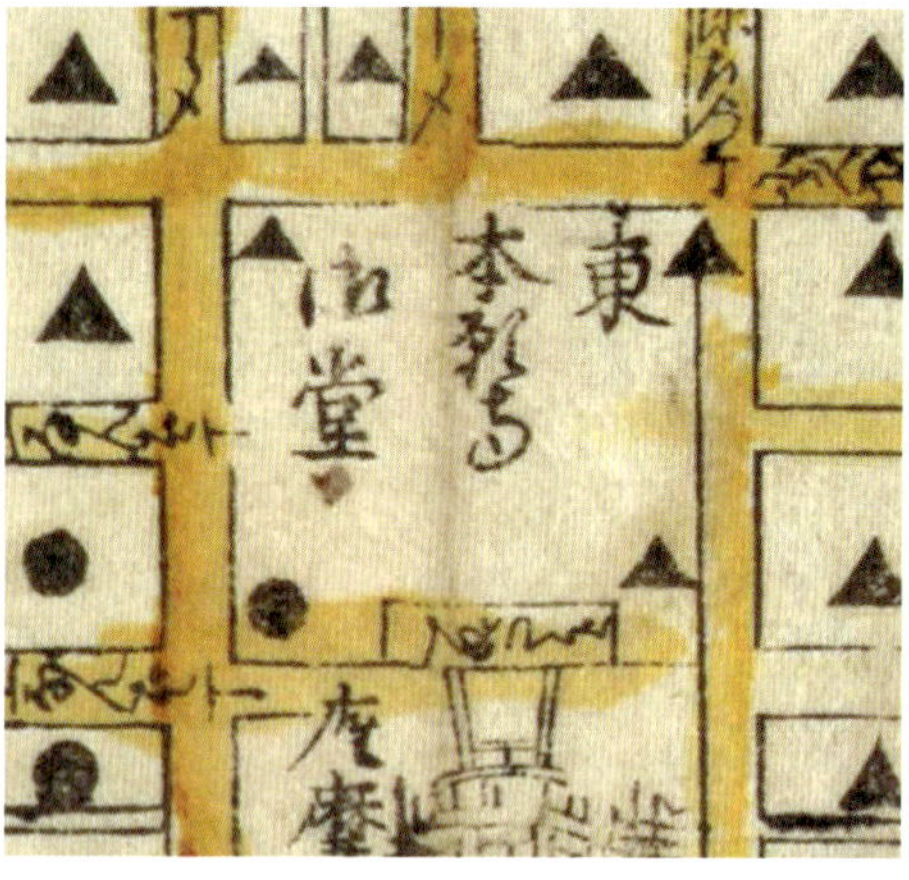

南御堂

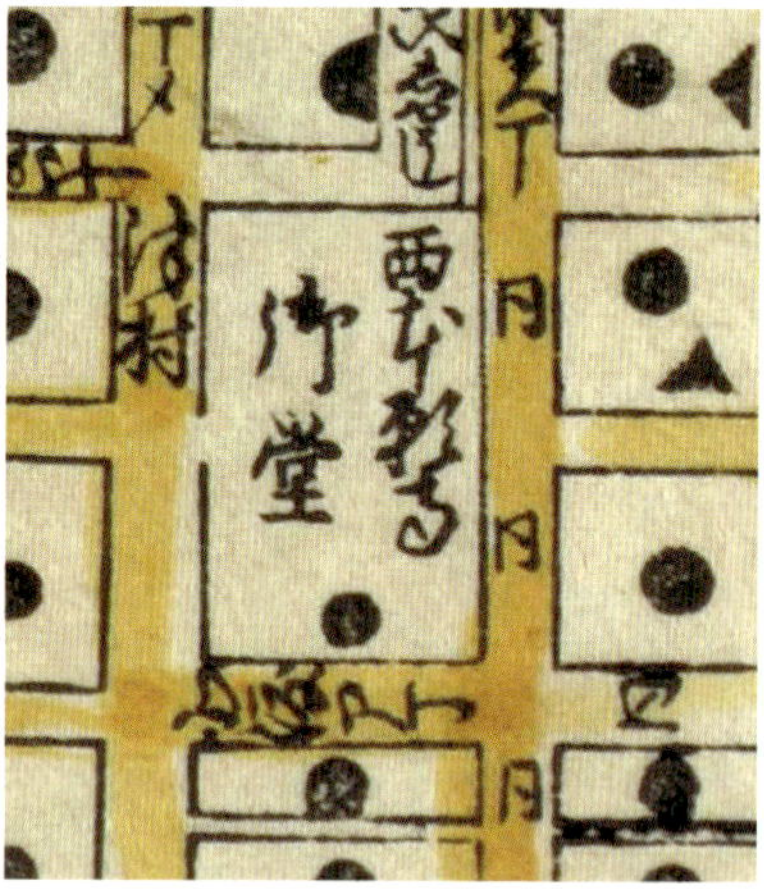

北御堂

院で、「御堂」と尊称された。もともと御堂筋とは、ふたつの御堂の眼前、備後町から北久宝寺町までの道のよび名である。図にも淀屋橋から西本願寺に向かう道に「よどやばしすじ」(左図)と別の名が記してある。

淀屋橋筋を北から歩くと、淡路町のつきあたりで少し西に折れて御堂前につづいていた。図では「よどやばしすじ」からまっすぐの道が西本願寺(北御堂)の前までつづいているが、じっさいは道折れのところで見通しがきかなくなっていた。それでも地図としての支障はなかったようだ。元禄十二年大坂大絵図でも、この箇所は訂正されていない。

ふたつの御堂の前の筋には、人形店が多かった。『守貞謾稿』には二月二十五日より三月四、五日ごろまで雛市と称して江戸・京都・大坂の市中に雛商人の店が出たとあり、「大坂は、御堂の前を専《もっぱ》らとす」としている。御堂の前の人形店とよばれるほど、よく知られていた。

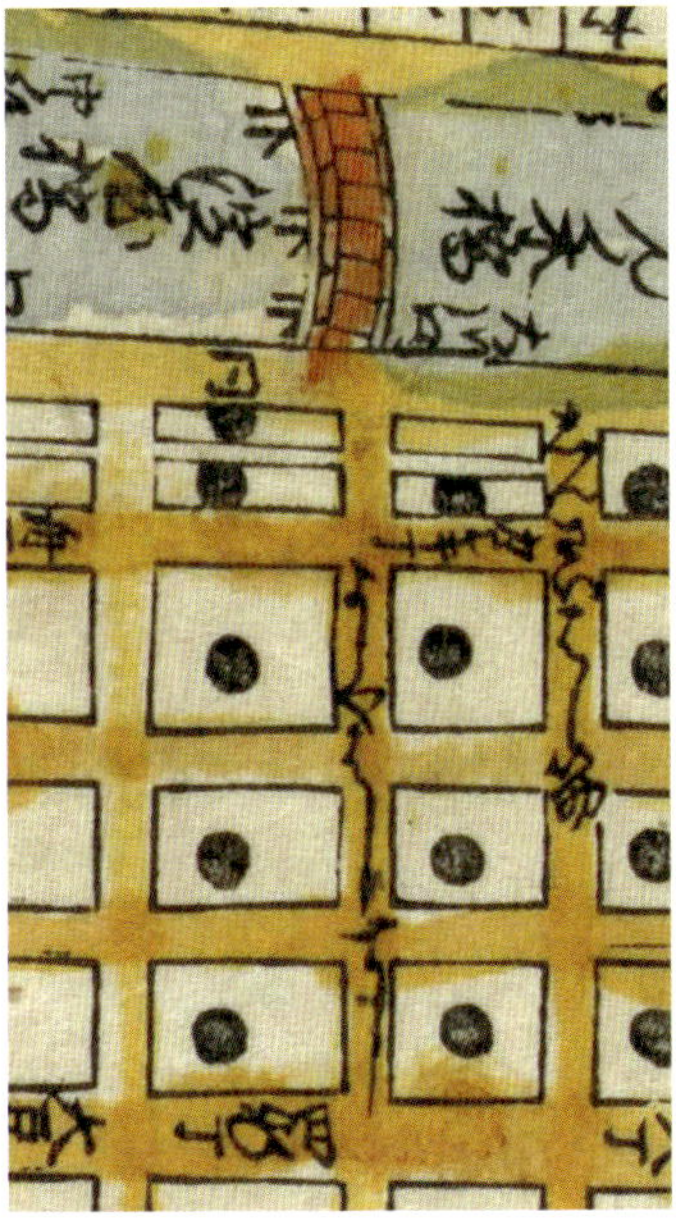
淀屋橋南詰から始まる淀屋橋筋

『摂津名所図会大成』は、南御堂の門前から北久太郎町通りにかけて毎朝花作りの農夫が四季の草木の花をもち来たり、地上につらねて「御堂前花市」をひらいたとも伝えている。人形も花も生活行事、人々の祈りと関わりが深い。ふたつの御堂の門前にふさわしい風景といえる。ちなみに元禄七年(一六九四)に亡くなった芭蕉の終焉の地は南久太郎町の花屋裏で、『摂津名所図会大成』には「花屋仁右衛門といえる切花をあきなう者の家にして裏に風流なる座敷のありしを貸屋として」いたとある。現在、南御堂の境内に芭蕉の「旅に病んで夢は枯野をかけ廻る」の句碑が建てられているのは、御堂と花が結んだ縁である。

ふたつの御堂は町の中心部にあって、「南北両御堂とも荘《しょう》厳艶麗《ごんえんれい》にして、他に比類あらず」「景勝として、市中第一の仏閣なり」(『摂津名所図会』)とされた。図でも大きな面積を占め、ならび建っているところに、両御堂の前をつなぐ筋がひとつの門前をかたちづくる土壌があった。

面白いのは江戸時代からそれぞれの御堂に、対になった別名がいくつかあることだ。西本願寺・東本願寺はもちろんそれぞれの京都の本山の名称。北御堂・南御堂は、両御堂の位置関係をあらわしたもの。津村別院・難波別院は、津村が建立地の古い地名をとり[*2]、難波はここが大谷派（東本願寺派）の大坂御坊ともよばれたことからきている。表御堂・裏《おうら》御堂は、西本願寺を表、東本願寺を裏としている。理由は定かでないが、西が秀吉、東が家康の後援によって建立されたとの経緯を思うと、表裏のよび名を考えたのは秀吉びいきの人々ではないか。北御堂・南御堂、津村別院・難波別院、表御堂・裏御堂の名はいずれも『摂津名所図会』に記載されている。そのうち南・北、津村・難波は今も使われているが、表・裏の御堂という呼称はすたれた。時代とともに名前もうつろうものである。図では「西本願寺　御堂」「東本願寺　御堂」と記されている。いろいろ経緯はあるが、どちらの本願寺も仲良く「御堂さん」のよび名で親しまれていたのも、また面白いところではある。

＊2　**古い地名**……地名の円江《つぶらえ》のつぶらが津村となり、津村別院となった。

坐摩と稲荷の賑わい

南御堂の西に坐摩神社（下図）がある。図では御堂とおなじく絵になって描かれている。江戸時代には、このあたりで転んだりすると、「ざまみどう（坐摩御堂）」とひやかした。ざまみろう、のしゃれである。坐摩神社では富くじが催され、『東海道中膝栗毛』にも弥次郎兵衛・喜多八が坐摩の当たりくじを拾ったと喜んで新町遊廓で散財したあと、じつはハズレで大弱りという話が載っている。天保・文久年間（一八三〇〜一八六四）には人形浄瑠璃の小屋もあっ

坐摩社

た。坐摩前から南の博労町までは店屋も軒をつらね、買物客が集まった。

　その博労町に、左図では「イナリ」の字が見え、社の絵がある。イナリとは博労稲荷のこと。『摂津名所図会』には上難波仁徳天皇宮の項に「上難波町にあり。社説に云《いわ》く、世人《よのひと》博労稲荷と称するは訛《あやまり》なり」と記している。本来ここは難波神社、あるいは仁徳天皇をまつることから仁徳天皇宮とよばれた社で、博労稲荷はその境内にある末社なのだが、江戸時代には「博労町の稲荷さん」の名で庶民に親しまれ、こちらの方が有名だった。夜店の順慶町（第一章第三図の一参照）、新町（第一章第六図の四参照）に近く、芝居、見世物も出て、参詣人の姿も絶えなかった。文化八年（一八一一）には常打《じょううち》の浄瑠璃小屋もでき、「稲荷の芝居」とよばれて、文楽座を創始した植村文楽軒の子孫が代々の興行をおこなった。

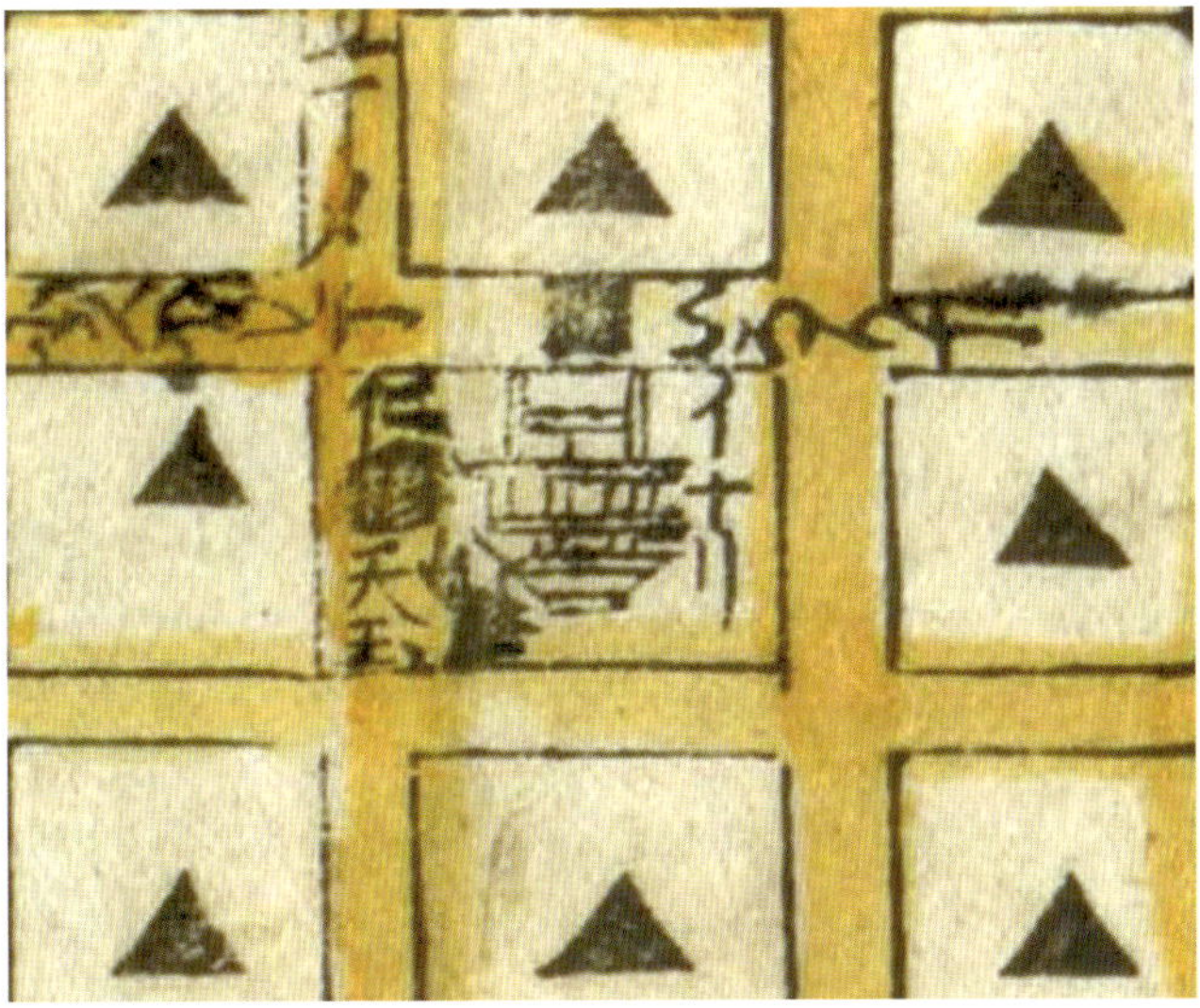

博労稲荷

　江戸時代の寺社はしばしば遊興と結びつく。境内、門前の賑わいは神仏の余慶《よけい》といわれ、めでたいものとされた。御霊神社、北御堂、南御堂、坐摩社、博労稲荷とつづく賑わいと彩りは、商人町船場のもうひとつの顔だった。

三、橋の数、東より西が多いのは

　船場の図（次頁）を見渡すと、東西の橋の密度のちがいに気づく。東横堀川に九本、西横堀川は十六本。倍ちかいひらきがある。

　東横堀川は、大坂城の外堀の役目をはたしており、防衛を考えると橋の増加にはおのずと制限があった。西横堀川はその点、城から離れており、川をへだてた西船場の開発がすすむにともなって橋が次々と架けられた。東に城、西に町場という大坂の構造が、船場のふたつの堀川の橋の数に差をうんだのである。

　もうひとつ、ちがいを言えば、東横堀川には公儀橋があり、西横堀川にはない。公儀橋とは寛永十一年（一六三四）、将軍家光が来坂したのをきっかけに重要な橋として選定されたもので、大坂城代・大坂町奉行が管理した。改修や修繕に公金がもちいられ、江戸の幕府の認可と指示が必要だった。

　大坂では市中と周辺に十二の公儀橋があった。大川の天神橋・天満橋・難波橋、大和川の京橋、平野川と猫間川の合流点の鴫野橋、鯰江川の野田橋・備前島橋（御成橋）、道頓堀川の日本橋、長堀の長堀橋、そして東横堀川の高麗橋・本町橋・農人橋である。日本橋と長堀橋は紀州街道の通り道、ほかの公儀橋は大坂城に近く、ともに軍事上の要所に

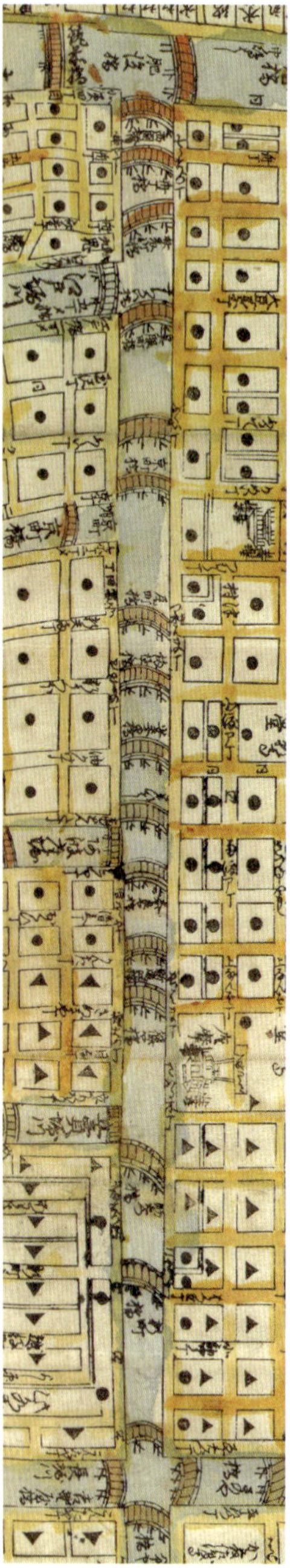
西横堀川

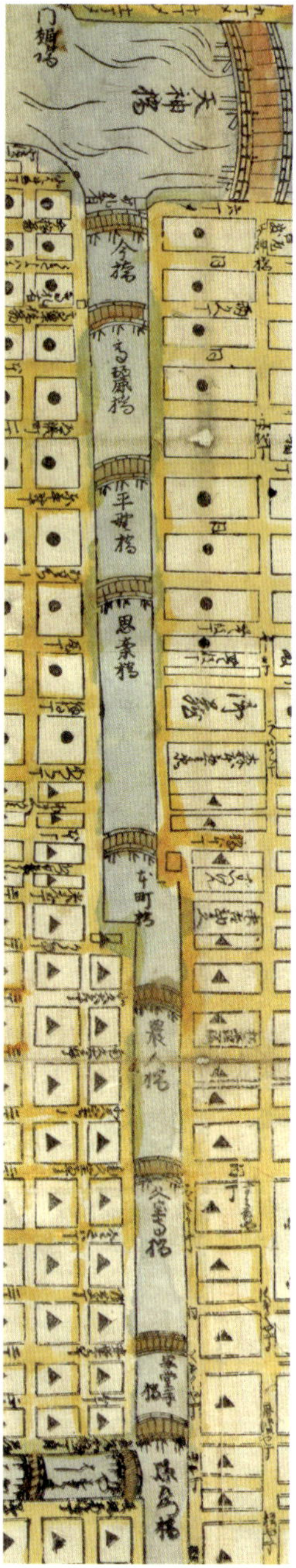
東横堀川

あった。
城から離れた西横堀川には公儀橋がなかった。ただし、この話は江戸、京都とくらべたとき、もう少し複雑になる。幕府直轄地という格、戦略上の重みを考えるなら、大坂の公儀橋はもっと増えてもおかしくない。江戸の公儀橋は百六十から百七十、京都も百以上あったから、大坂の十二はいかにも少ない。

公儀橋以外は町橋といって、改修などの費用はすべて町人が負担した。橋が架かることで利益を得る町々から、余内銀と称して資金を集めたのである。元禄十四年（一七〇一）刊の『摂陽群談』によると、大坂三郷とその周辺には百三十六の橋があった。江戸時代の末になると、さらに二百近くに増える。当時の橋は木製で二十年に一度は大改修を要し、町によっては複数の橋の改修費を負担した。町々にとっては相当の出費になった。幕府は大坂の公儀橋を最小限の数に定め、あとの橋の維持費捻出を大坂町人に頼ったのである。商都のゆたかな経済力は、こうしたかたちで幕府の政策に反映された。幕府は大坂に地子銀（税金）の免除など経済的な優遇措置をとりつつ、その果実も一方で得た。幕府が大坂の富裕な商人たちにたびたび課した莫大な御用金も、一例である。

船場の三つの公儀橋

東横堀川の三つの公儀橋のうち、高麗橋（左図）は城と市中をむすぶメインストリートに、本町橋（次頁下図）は大手筋の本町通りに架かっている。あとひとつの農人橋（次頁上図）は、南御堂からつづく北久太郎町通りに通じていた。南御堂は朝鮮通信使の宿泊所になり、家康と関わりが深かった。

高麗橋は大坂の十二の公儀橋のなかでも特に重視された。東は大坂城に直通し、京街道の起点であり、大坂から各地への里程をはかるときの起点にもなった。付録の元禄九年大坂大絵図で、右下隅の里程一覧に、京へ十二里、伊丹へ

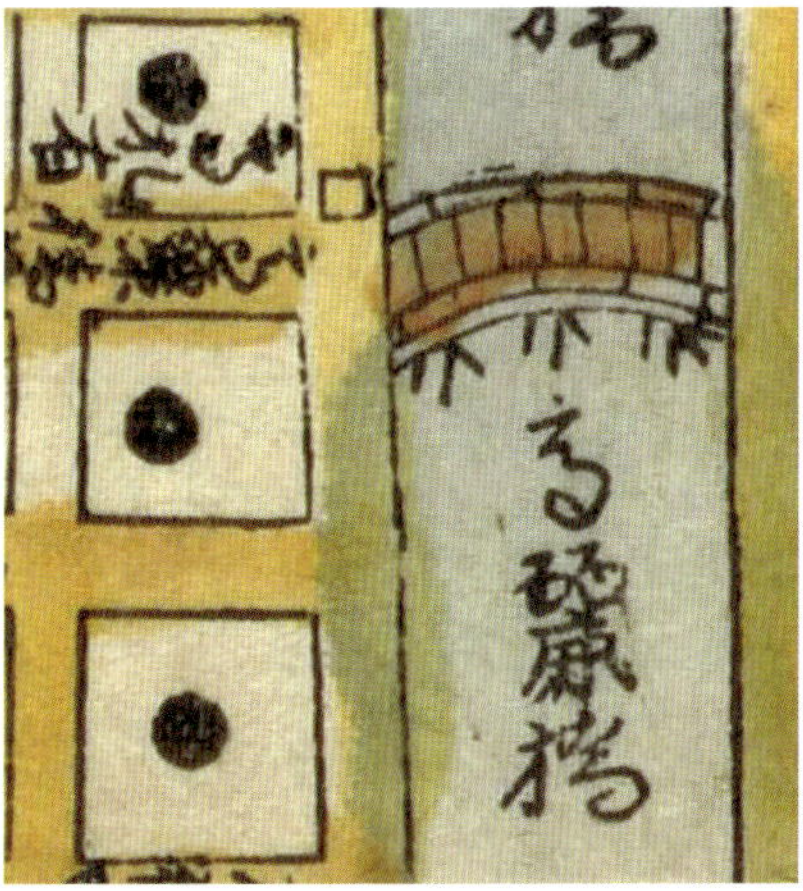

高麗橋と高札場

四里、住吉へ二里などとあるのは、すべて高麗橋からの距離である。

高麗橋の西詰には高札場[*1]があった。宝永五年（一七〇八）の大火で一帯が焼失したとき、牡蠣《かき》船の船頭で五郎左衛門という者が、焼けそうになっていた高札を船に積んで避難した。町奉行はこれを賞して、大坂一円の牡蠣船の営業権をあたえた。冬の川面を彩る風物詩になった牡蠣船のはじまりである。公儀橋に掲げられた高札が、どれほどの威光を持っていたかを物語る逸話でもある。

＊1　高札場……掟書《おきてがき》などを記して高く掲げた板札を高札という。

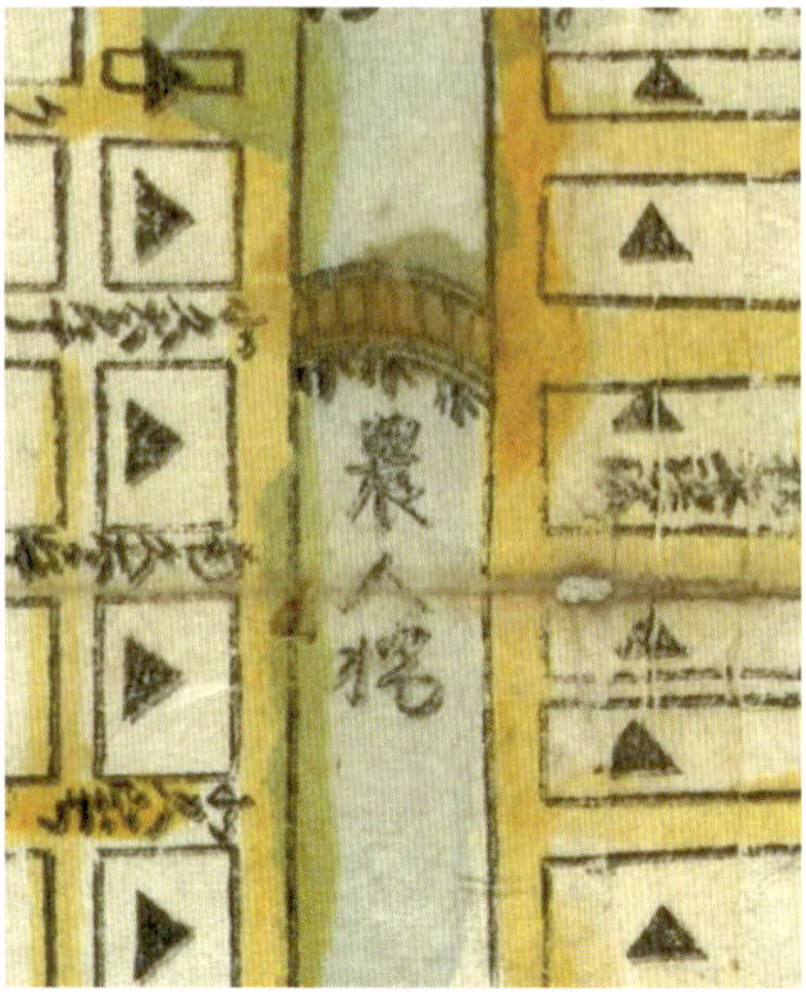

農人橋

本町曲がりの河童と遊女と藍染と

東横堀川は、本町橋の南で曲がっている。本町の曲がりといって、秀吉が天正年間に大坂城三の丸の外堀として開削したとき、浄国寺という寺にさまたげられ、川筋を曲げたのだという。しかし、もとからあった大川の排水流路を改修してできた川ともされ、曲がりははじめからあった可能性もあり、真相は定かでない。地図上ではほんのわずかな曲がりだが、町の風景には大きなアクセントだった。

曲がりの箇所では流れが岸にぶつかり、つねに渦をまい

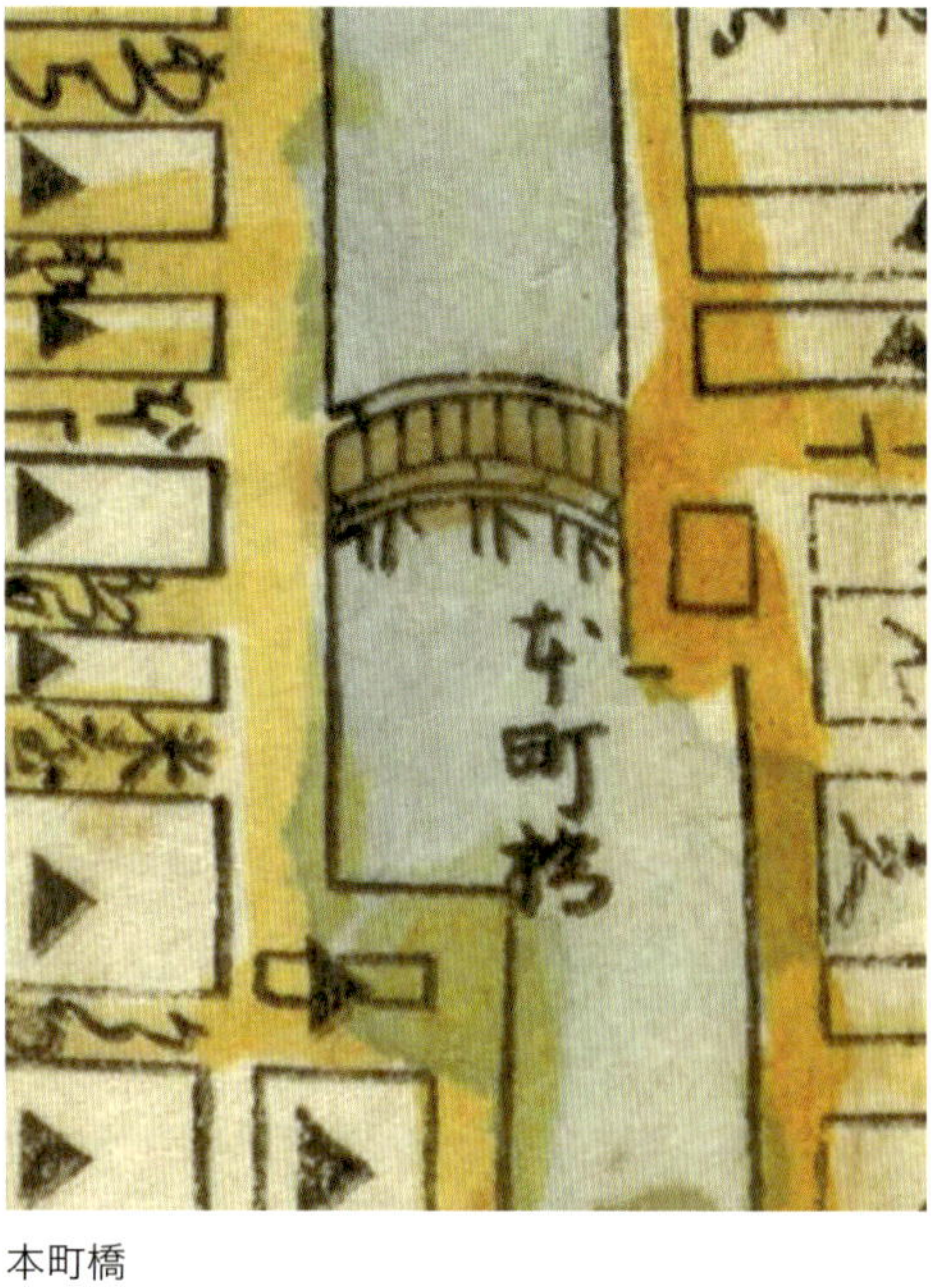

本町橋

た。それを見て、入水をはかる者があらわれ、年々あとをたたず、身投げの名所にもなった。渦の底にはガタロ（河童）が住んでいるともいわれて、恐れられた。見かねた地元の人々が水難除けの地蔵尊をまつった。唐物町に建てられた地蔵堂がそれである。

のちに曲がりは歓楽地の代名詞にもなった。文政十三年（一八三〇）の船場・上町の大火のあとの復興のとき、曲がりの浜に遊女のいる待合があらわれた。総嫁（そうか）ともよばれて、まちあいしだいに数が増え、曲がりといえば当地の遊所を暗に意味するようにもなった。

入水、ガタロ、遊女と、いずれも日常の外の世界のものばかりだが、もうひとつ江戸時代の曲がりを語るのに欠かせない風物詩があった。藍染の手拭いが数えきれず風にたなびく干し場の光景である。一帯は手拭染屋が多く、なかでも藍染がさかんだった。こればかりは、曲がりの渦とは関係がない。本町界隈がこのころから繊維の町だったことを物語る逸話である。

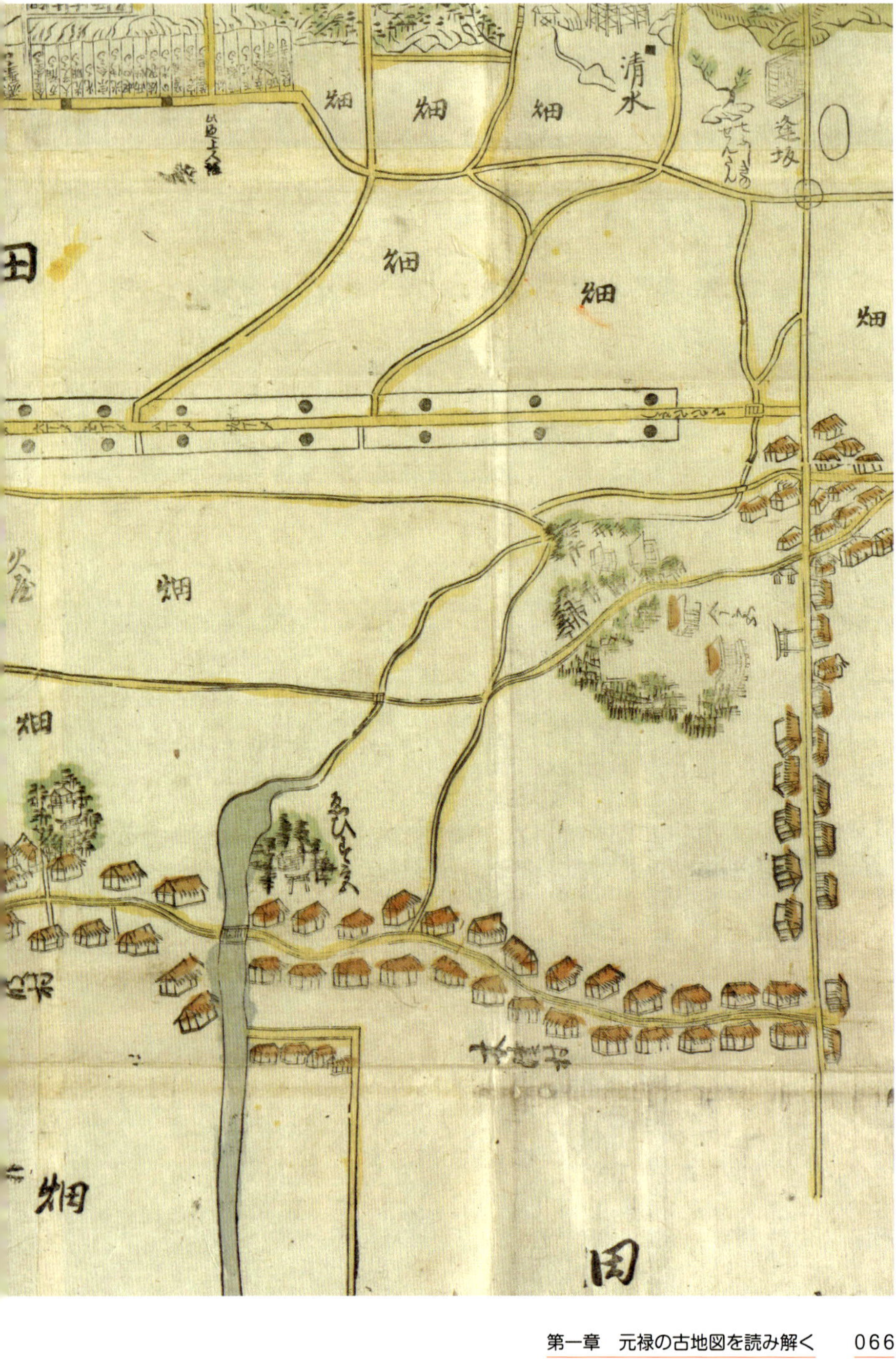
清水
逢坂
畑
田

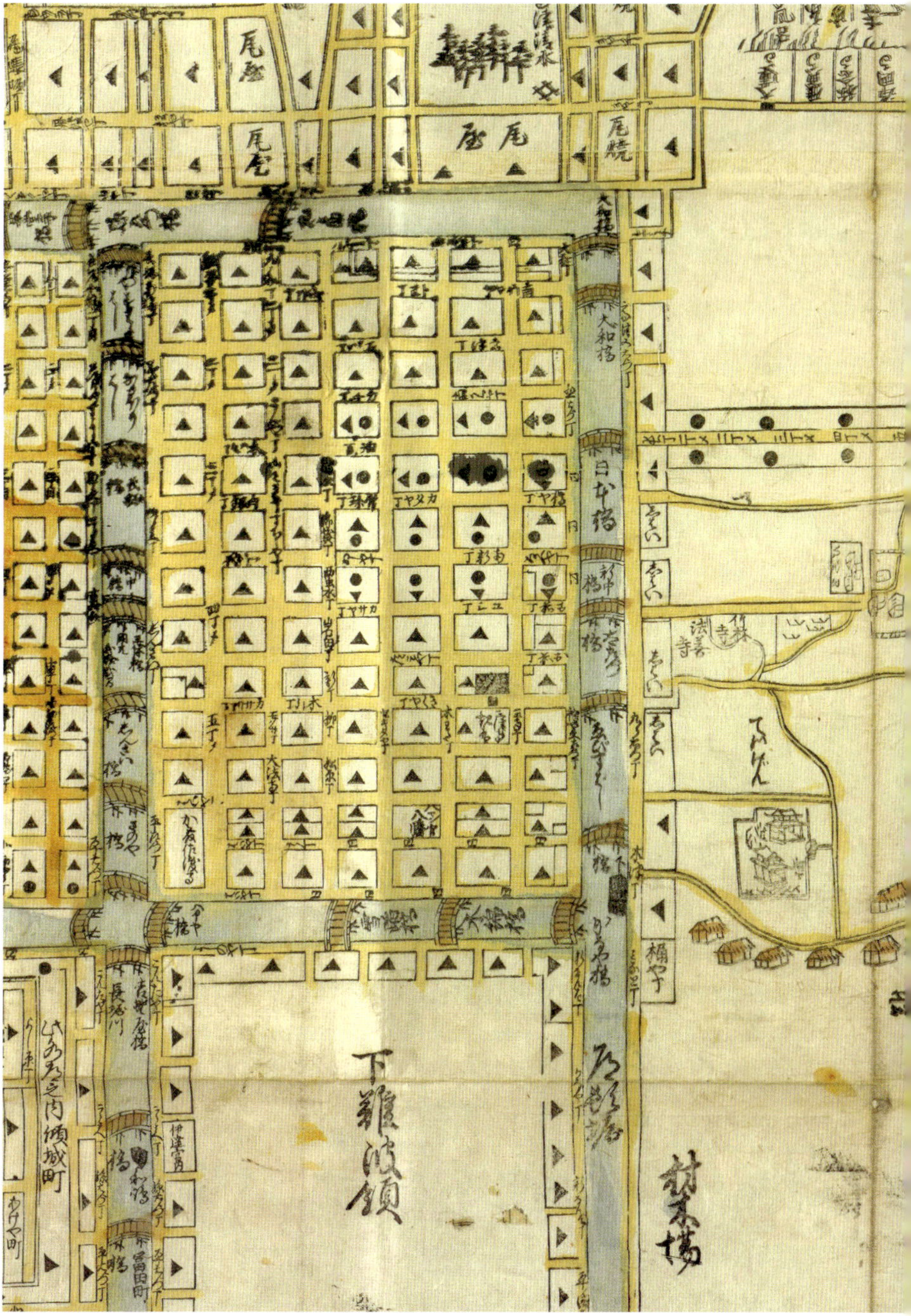
下難波領
材木場

一、島之内は島である

東横堀川、西横堀川、長堀川、道頓堀川に東西南北を囲まれた区域を島之内という。江戸時代のはじめは、市中にふくまれない、空き地がめだつ村落だった。地名の「島」は、先に市街地化していた船場から堀川越しに望んだ風景をあらわす言葉である。

大坂では川岸をさして「浜」という。川を海のつづきのように見たのは、大坂湾を抱えこみ、川にも汐の干満があったから。江戸で河岸《かし》、京都で河原とよんでいたのとは、川の見方がちがう。島之内とは、川という名の海に浮かぶ「島」のイメージであった。

島之内の開発は、大坂夏の陣のあとの復興政策の一環として、松平忠明の命で行われた。当地繁盛のため、遊所の開設、芝居の興業が許されたが、市街から堀川をへだてた「島」の立地は粋どころに向いていた。橋を渡れば別世界。近隣の商人、職人たちは、島之内でのしばしの遊興に浮世を忘れたのである。大坂では遊所を島場所ともいう。江戸で岡場所といわれたのと対照的である。島之内とはその名からして艶があった。

島之内があとから開発された区域であるのは、図からも

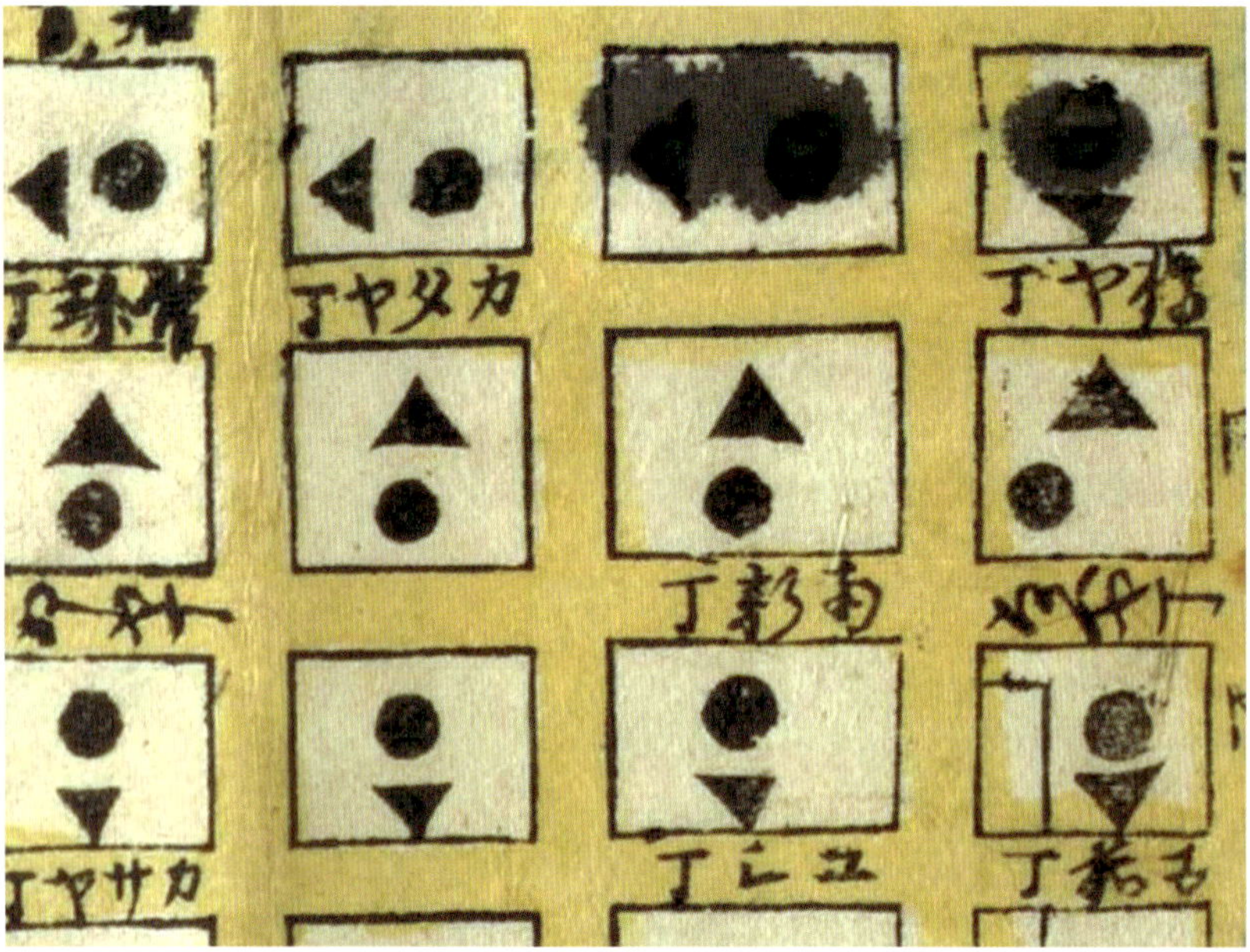

●と▲の混在する町

見てとれる。町なかに●と▲の印がまじりあっているのに気づかれただろうか（前頁図）。●は大坂三郷の北組、▲は南組に属している印。船場は、本町通りの北側を境に北側が北組、南側が南組とされ、上町、西船場もほぼこれにならっている。後発の島之内は、南組に編入されて当然のところだが、おそらくはふたつの組のあいだで綱引きがあったのだろう、一部が北組に割り当てられた。

北組、南組は単に区域のちがいだけでなく、町々の性格、住人の構成にもそれぞれの特色があり、張り合うものがあってもおかしくない。▲のなかに飛び地のようにして●があるのは、そんなわけである。

色里は筋が主役

江戸で「通り」といえば単に大通りをさし、方角とは関係がないが、大坂では大いにあった。しかも島之内と船場で、関係の仕方がちがっていた。「通り」だけでなく「筋」の問題もからんで、こみいっているが、それぞれの特色が出ていて面白い。

船場では、大坂城からつづく東西の道を「通り」とよんで主役とし、南北は「筋」といって脇道とした。慣用的に「通り」は大道、「筋」は細い道との意味合いがあり、船場はこれを東西南北の方角と対照させた。天満、上町、西船場の道にも同じ原則が生きている。ここから、一般に大坂は東西が「通り」、南北が「筋」といわれる。

ところが、島之内には原則に反して八幡筋、三津寺筋、周防町筋など東西の「筋」がある。南北にも「筋」があり、方角との対照性はうすい。そればかりか、「筋」は脇役にとどまらず、しばしば主役にもなった。

島之内には三筋といって、よく知られた花街があった。南塗師屋町（中橋筋）、御前町（太左衛門筋）、布袋町（畳屋町筋）の三つの筋である。島之内には風呂屋といって、

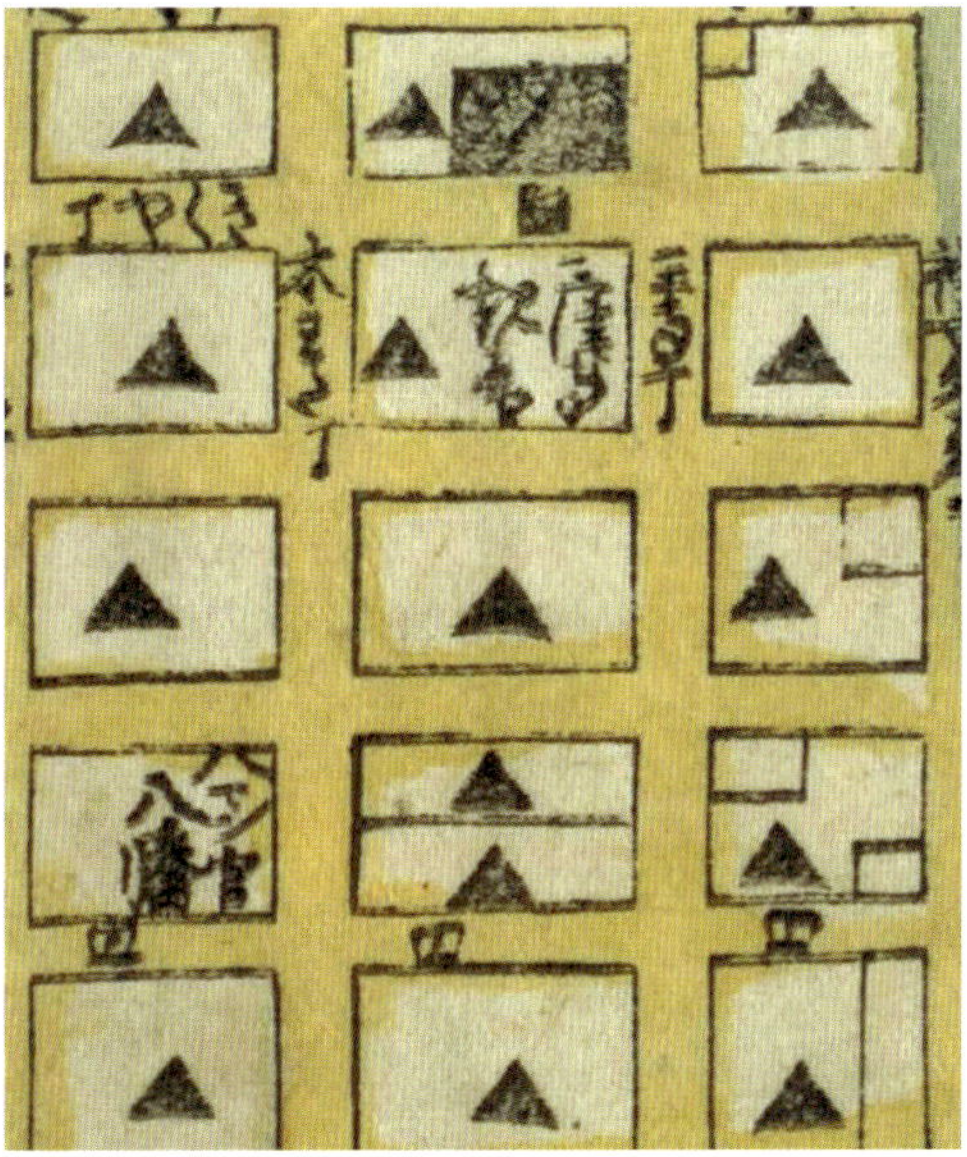

三津寺、八幡（御津八幡神社）にちなみ現在の三津寺筋・八幡筋になった

垢すり女、髪洗い女ともよばれた湯女《ゆな》のいる店が多かった。

元禄のころには柳風呂、額風呂など十四軒があり、小三という名高い湯女もいたという。近松門左衛門『心中天網島』の小春も島之内の湯女から曽根崎新地の遊女になった。

元禄十六年（一七〇三）には、先の三筋の町と道頓堀宗右衛門町・同久左衛門町・玉屋町・畳屋町・南傘屋町・菊屋町のあわせて九町に茶屋株が許可された。ここでいう茶屋とは水茶屋や料理茶屋ではなく、酒色を楽しむ、いわゆる遊び茶屋の意味である。色里としての島之内の新たな発展がはじまる。

年を経て文化文政時代（一八〇四～一八三〇）の島之内について、『大阪繁花風土記』には「道頓堀南側、畳屋町、太左衛門橋筋をさしていう（三筋のこと＝筆者注）。この地は花やかなる事を主とせし所なれば、流行事、はやり詞、衣装の好み、首のかざり、身のまわりの事まで一段はやく、この里より口切りす。身じまいうるわしくして、気取り早く」と記された。当地が流行の発信源になっていたのである。「何にはあれ、浪花の本舞台というて可ならん」と『大阪繁花風土記』はつづけ、有名茶屋が何軒もあったとしている。道頓堀の芝居町と目と鼻の先という華やいだ空気もあっただろう。島之内は粋好みの人々が通う粋どころとよばれた繁栄の地だった。

職人町の色も濃く

島之内は粋どころではあったが、遊所一色に染まっていたわけでもない。地名を見れば、当地のもうひとつの顔がうかびあがってくる。

見開き図（六七頁）で島之内の南側エリアに目をやると、宗右衛門町、久左衛門町、菊屋町、玉屋町、常珍町などの地名が見える。町の開発者などにちなんだ名である。

一方で、北側エリアには鍛冶屋町、錺屋《かざりや》町、白銀町、石灰町など金物に関連した地名がならぶ。燃料の供給地を意味する炭屋町もあった。寛永年間（一六二四～一六四四）に平野屋、泉屋の銅吹所が長堀にでき、そのころ開発途上だった島之内に関連業種の人々が集まったのである。元禄四年（一六九一）には、船場の淡路町から長堀に本宅を移した住友家が、長堀の浜に屋敷と銅吹所を建て、長堀は銅精錬基地として定着し、島之内との連携が強まった。

そのほか、畳屋町、木挽《こびき》町、竹屋町、南紺屋町、南錦町、笠屋町、南木綿町、南塗師屋町など、職人の居住地を思わせる地名も多い。船場の商業地を支える人たちが、後発の開発地である島之内に多く住んだ。見開き図（六七頁右下）には、道頓堀川の南岸、芝居町の西に「材木場」とあるのが見える。堀江の開発で元禄十二年大坂大絵図からは消えたが、材木の取り扱いはつづき、島之内の賑わいの背景に

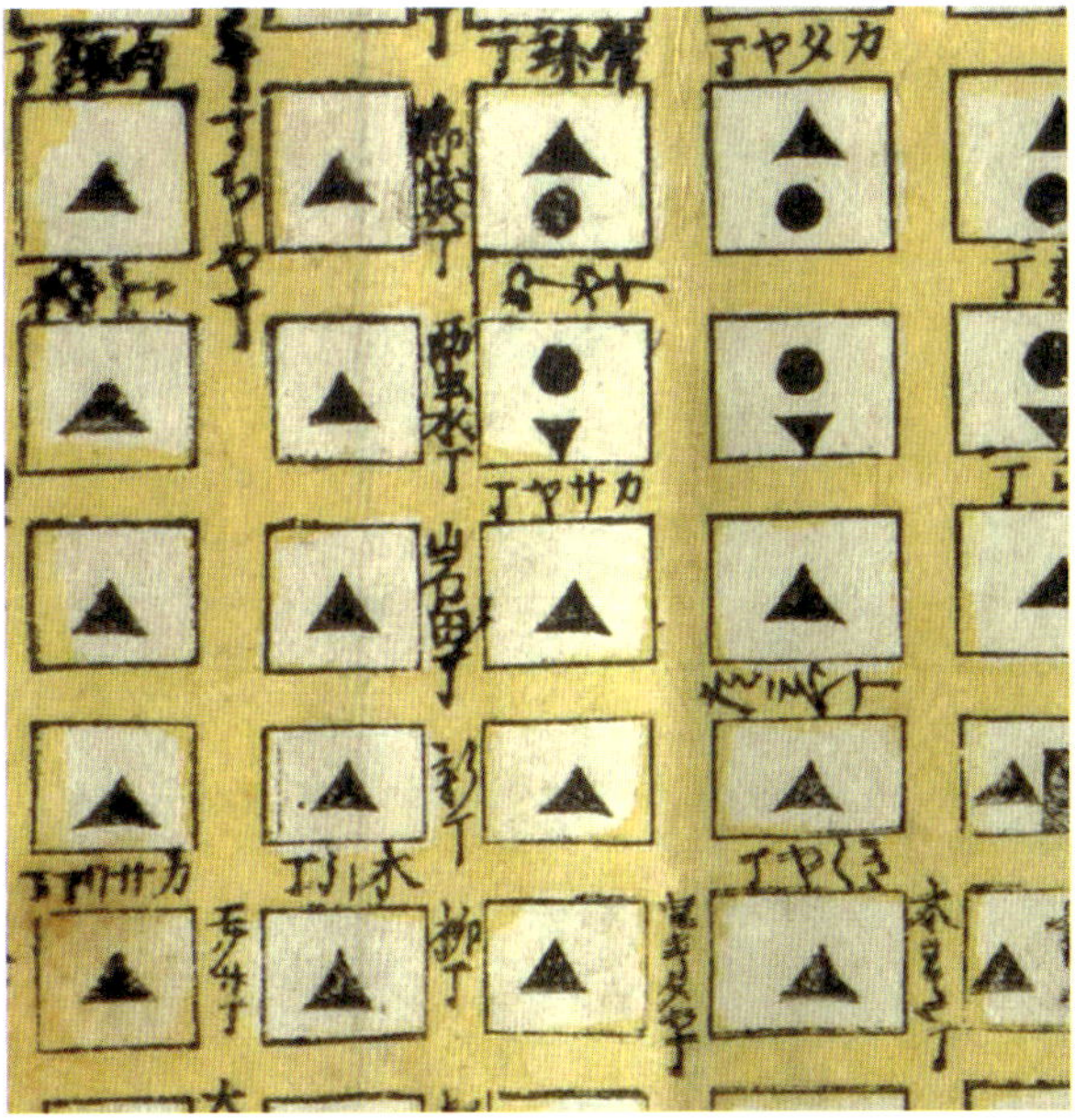

笠屋・錺屋・木挽・雪駄（せきだ）など職人を彷彿させる地名

なった。

北船場は武家屋敷・蔵屋敷を相手にする大商人が目立ち、南船場は大小の商人と職人がまじりあう。対して、島之内は職人町の色が濃い。船場とは堀川をへだてた「島」であり、独立した町との気風がある。色里もあり、芝居町ともつながっている。それらが重なりあい、渾然一体となって島之内の活気あるまちなみができあがった。

道頓堀の陰に大坂の陣

道頓堀は道頓堀川の南側沿い、東は日本橋から、西は戎橋までの一帯を中心に生まれた歓楽地をさすよび名である。見開き図（六七頁）を見れば、元禄時代の道頓堀は、船場、島之内とつづく市中の南端に細長くつらなっている。さらに南は法善寺・竹林寺があるものの、あとは図のとおり火屋と畑、村落がひろがる。火屋とは火葬場・墓所。その東側には刑場があり、死刑囚の首がさらされたりもした。西鶴や近松が活躍し、芸能史にのこる芝居町となった道頓堀は、そんな辺地に接していた。

秀吉が大坂市街の開発を行ったとき、芝居小屋は南船場の堪四郎町（現在の安堂寺橋通り）にあつめられていた。道頓堀への移転、新たな芝居町の誕生には、じつは大坂夏の陣が関係している。

もとをたどれば、道頓堀川が開削される前、東横堀川と西横堀川の南端は堀留で水が汚れ、両川を結んで木津川につなげる新たな運河が必要になった。慶長十七年（一六一二）、豊臣家の命をうけた成安道頓が起工したが、道頓は大坂夏の陣で戦死。工事は安井道卜《どうぼく》、平野次郎兵衛らに引き継がれ、元和元年（一六一五）に完成した。はじめは新川とよばれていたが、大坂復興の推進者だった松平忠明が道頓の死を悼んで道頓堀川と命名したという。

そのあと安井道卜は幕命をうけ、島之内一円の家の建造や、道頓堀沿岸の川八丁（大和町・御前町・九郎衛門町・久左衛門町・立慶町・吉左衛門町・宗右衛門町・湊町）の開発にもとりくんだ。芝居と遊所の開設許可を得ると、夏の陣で焼失した堪四郎町の芝居小屋を寛永三年（一六二六）に、こぞって道頓堀の南岸に移した。葦や荻が繁っていたさみしい土地が生まれ変わった。

芝居小屋が出揃う元禄期

次頁図で道頓堀川沿いに「志ばい」の文字が四箇所に記され、芝居小屋がならんでいたのを示している。本図が刊行された元禄九年（一六九六）の時点では、歌舞伎の中の芝居、角の芝居、大西の芝居などが出揃い、浄瑠璃では当地最古参の出羽座が人気を博し、後発の竹本座が追いかけていた。竹本座が近松門左衛門の『曽根崎心中』で大当たりをとるのは、元禄十六年（一七〇三）のこと。同年には豊竹座もでき、浄瑠璃は最盛期を迎える。

芝居町のにぎわいが増し、庶民を観衆とした新しい芝居ができあがっていく過程で、幕府は*1何度か禁令を出した。寛永六年（一六二九）にはかぶき踊りに代わって流行していた遊女歌舞伎を風致を乱すとして禁止し、つづいて盛んになった若衆歌舞伎も承応元年（一六五二）に禁止。そのあと、女形が登場し、現在見られる歌舞伎のかたちができあがっていく。

浄瑠璃でも慶安元年（一六四八）に出羽座が上演禁止、『曽根崎心中』のヒット後の享保八年（一七二三）にも、心中を題材にした出版・上演が禁止された。人形遣い三人で一体の人形をあやつる今のような浄瑠璃がはじまったのは、それからしばらく後の享保十九年（一七三四）、竹田出雲『芦屋道満大内鑑』上演のときである。

芝居を通して高まった庶民のエネルギーはしばしば幕府によって抑えられたが、道頓堀では浄瑠璃・歌舞伎の芝居小屋、見世物小屋、からくり、さらに元禄十二年（一六九九）に免許を得たいろは茶屋*2が軒をならべて、芝居町の灯をともしつづけた。享保五年（一七二〇）には芝居町のスポンサーとなる旦那衆が集まったひいき連、笹瀬連が登場。その後も大手連、藤石連、花王《さくら》連など有力な連が結成されて、江戸時代後半の道頓堀を大いに活気づけた。

遊興の地は新しく開発された土地の振興策としてひらかれるのが常である。道頓堀の芝居町も同じだが、もともと市中にあったものが当地に移されたのは、庶民のエネルギーの発散を町の外に向けるためでもあっただろう。図の道

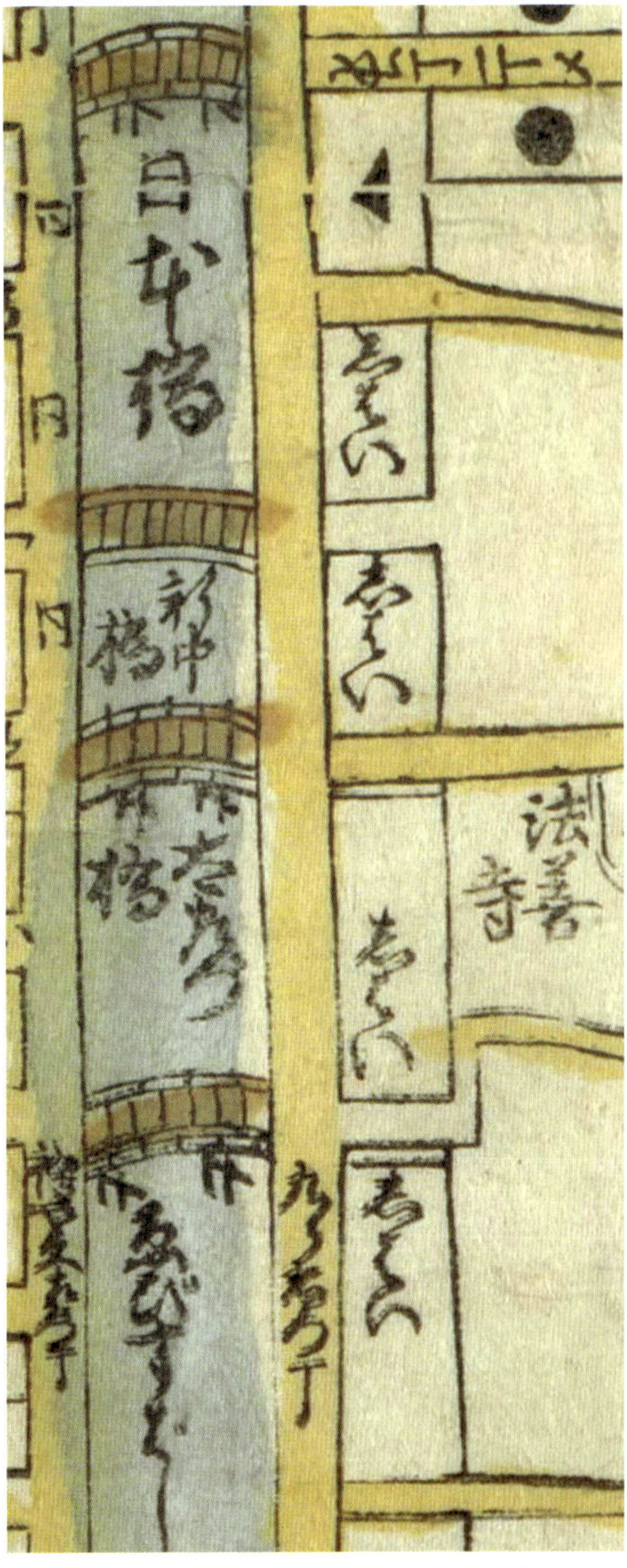

道頓堀南岸に居並ぶ芝居小屋。その南に法善寺も

頓堀は、船場、島之内の南に細長くぶらさがっているように見える。このあと道頓堀は大いに繁盛し、難波新地をはじめ周辺の花街を生むのである。

＊1 **かぶき踊り**……出雲の阿国《おくに》がはじめて大流行し、歌舞伎の原型とされる。

＊2 **いろは茶屋**……芝居客が飲食、休憩に利用した茶屋で、四十七軒あった。

二、墓巡り・千日念仏・戎参りが流行

見開き図（六七頁）で見るとおり、道頓堀の南は町はずれの辺鄙な土地である。しかし、人の流れはここにもおよんだ。遊里があったわけではない。寺社と墓が名物だった。

墓は、次頁図の火屋が大坂の七墓に数えられて有名だった。七墓とは江戸期の『大坂宮寺巡』によれば、梅田・浜ノ寺・吉原・野江・小橋・鳶田・千日の七箇所の墓地（七

墓の場所は時代により変わる)。千日とは千日前の墓地をさし、これが火屋である。貞享・元禄のころからは七墓巡りがさかんになった。盂蘭盆の宵から夜明けにかけて鉦《かね》・太鼓をたたき、念仏回向して七墓を巡拝すれば、千仏供養にあたるとされたのである。死んだあとの葬式で雨風にたたられない功徳があるとの俗説もあり、老若男女ぞろぞろと夏の夜に墓から墓へ歩きまわる風習は明治のはじめまでつづいた。七墓巡りと同様に、江戸時代の中ごろから大坂では七福神巡り、三十三観音巡り、大師巡り[*1]など行楽をかねた寺社巡拝が流行し、吉野参詣、熊野参詣など遠方へも足をのばすようになる。全国的な旅行ブームともかさなっているのだが、町はずれの墓所が巡拝ルートとして人気があったのが面白い。

下図で、火屋と道頓堀の「志ばい」のあいだに見えるのが、法善寺・竹林寺である。法善寺は寛永十四年(一六三七)に寺町から当地に移築された。同二十一年(一六四四)からはじめた千日念仏回向の興行により千日寺の名で有名になり、千日前のよび名の起こりになった。境内の金毘羅堂、子安地蔵は、昼夜とも参詣人が絶えなかったという。竹林寺は慶安元年(一六四八)、浄業院の名で建立され、寛文六年(一六六六)からは千日念仏回向を興行した。大師堂があり、毎月の大師参りの信者をあつめた。

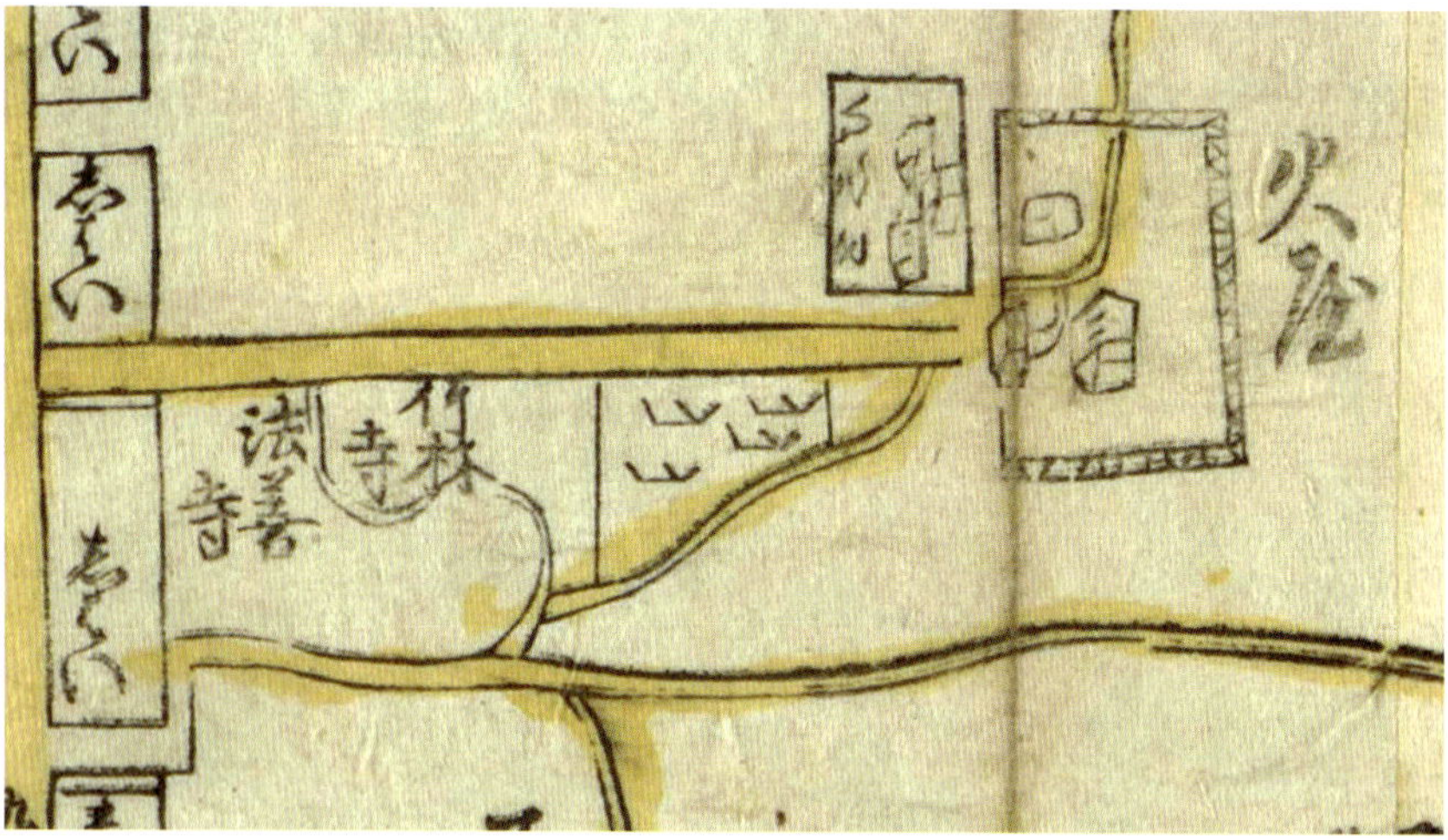

火屋・竹林寺・法善寺

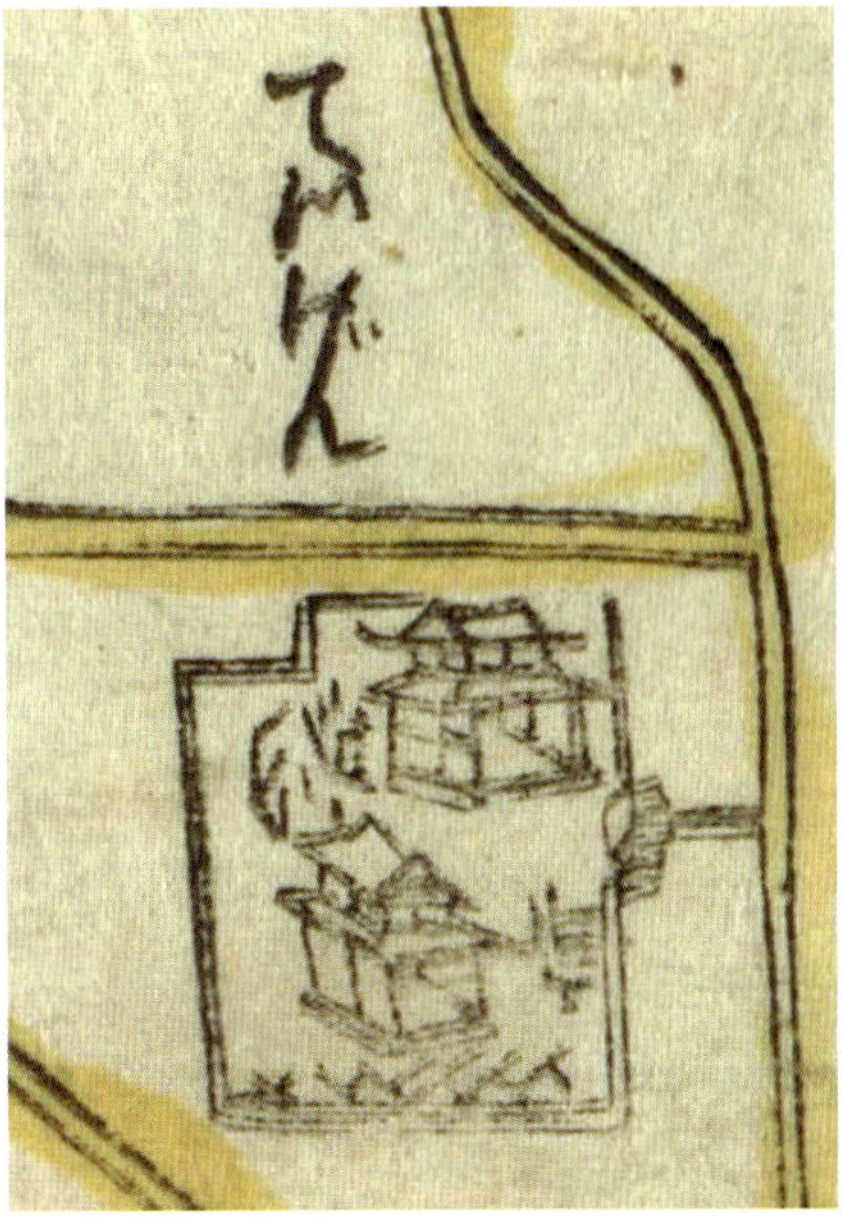

鉄眼寺（瑞龍寺）

法善寺・竹林寺の西に見える「てつげん」（右図）の文字は、下の絵の瑞龍寺《ずいりゅうじ》を指している。「てつげん」とは寛文十年（一六七〇）に瑞龍寺を中興開山*2した鉄眼《てつげん》和尚のこと。鉄眼は日本ではじめて大蔵経の翻刻をやりとげ、延宝六年（一六七八）に六九二三巻の木版を完成した。元禄時代になっても、名声いよいよ高く、寺名も鉄眼寺の通称でよばれるようになり、地図にも和尚の名が記されたのである。

＊1　大師巡り……毎月二十一日の弘法大師の忌日に太融寺をはじめ大師ゆかりの寺を巡拝した。

＊2　中興開山……それまで薬師寺とよばれる一字だけがあり、

鉄眼が中興し、瑞龍寺としてひらいた。

寺社と名産地が広がる近郊風景

道頓堀川の「日本橋《にっぽんばし》」（次頁右図）の文字が、ほかの橋より大きく記されている。幕府が管理する公儀橋だからである。堺・泉州・紀州への街道筋だけに大名行列の通り道にもなり、旅人や馬がひっきりなしに往来した。橋の北詰は道頓堀・島之内を開発した安井道卜の屋敷、南詰には鮮魚の市があり、その南には「長町」（次頁右図）が細く長くつづく。長町には旅宿・駕籠屋がならび、分銅河内屋、瓢簞河内屋など名の知られた宿屋があった。大坂の南の入口であり、出口であった。

「えびすばし」（次頁左上図）は延宝九年（一六八一）の「道頓堀古図」では「操り橋」となっている。橋の南詰で操り浄瑠璃の小屋があったためといわれるが、貞享・元禄のころには、今宮戎への参詣道という意味の戎橋が通り名となった。

「今宮戎」（次頁左下図）が大坂三郷の商売の守り神になり、とりわけ十日戎には『摂津名所図会』に「この日浪花の市中稼穡《かしょく》を休みて、十が六七は参詣す」とあるように、家業を休んで多くの人々が参詣するようになったのは、やはり元禄のころからである。戎橋から今宮社までのびている野

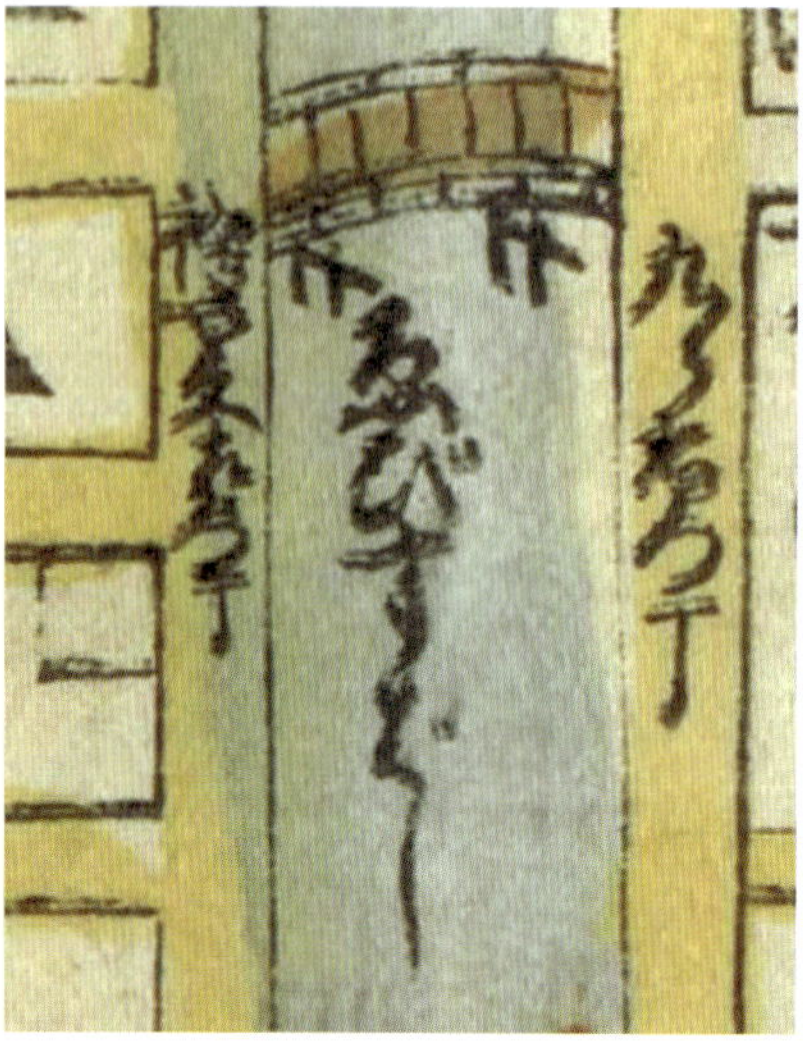

戎橋

今宮社

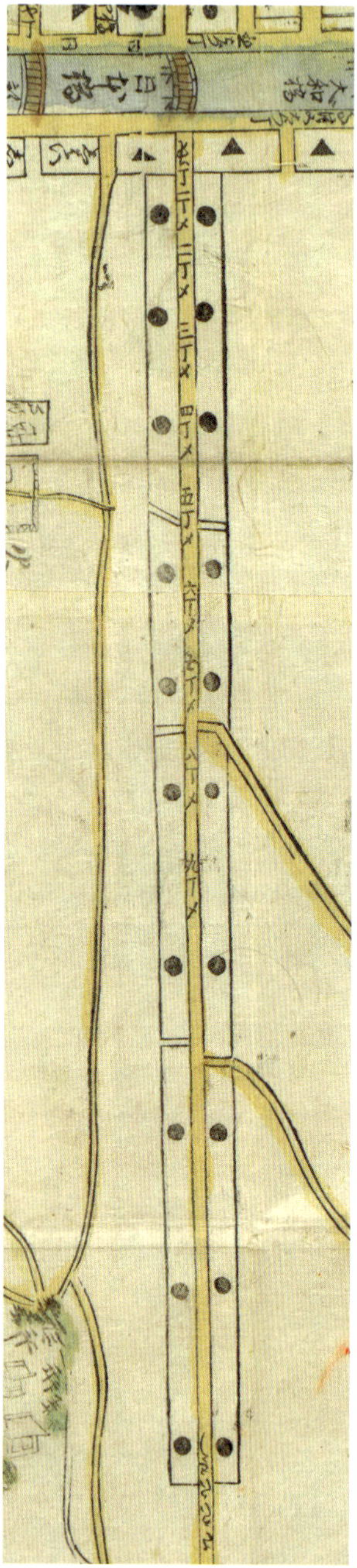

長町と日本橋

道にも、長い行列ができたという。

　今宮社の北西に「えびすみや」とあるのは「広田社」（左上図）である。今宮社・広田社はともに四天王寺の鎮守であり、かつての名呉浦《なごのうら》＊3の漁民にとっては海の神で、室町時代からは四天王寺門前の浜市の福神でもあった。戎神は海の神で、浜の市に福をもたらすというのだが、市中からはほどよい距離の参詣道でもあり、市中の商人たちが行楽がてらに商売繁盛の御利益を祈る神社として格好の条件がそろっているのが図からもわかる。

　広田社の北に「難波村」（左中図）、南に「木津村」（左下図）の集落が描かれている。両村の西には田畑がひろがり、近隣の今宮村、天王寺村、西高津村などとともに畑場八か村とよばれ、市中の野菜の供給地になっていた。難波村を例にとれば、『摂陽奇観』に「難波のにんじんは灯台下闇《もとくら》しと浪花にては野菜にのみ用ゆれども遠国にてはその味その色を大きに賞翫《しょうがん》す」と、人参が名産として紹介されているほか、藍の産地としても知られていた。

　難波村に見える社には名前が記されていないが、「難波牛《ご》頭《ず》天王社」である。正月十四日の村の祭礼、大綱引きが有名。江戸時代をとおして、一帯はのどかな近郊風景が見られたが、祭礼は華やかだった。図のあちこちににぎわいのしるしが見てとれる。

＊3　名呉浦……日本橋より南、今宮・木津・難波村の一帯はかつて浜辺で、名呉浦と称された。

広田社

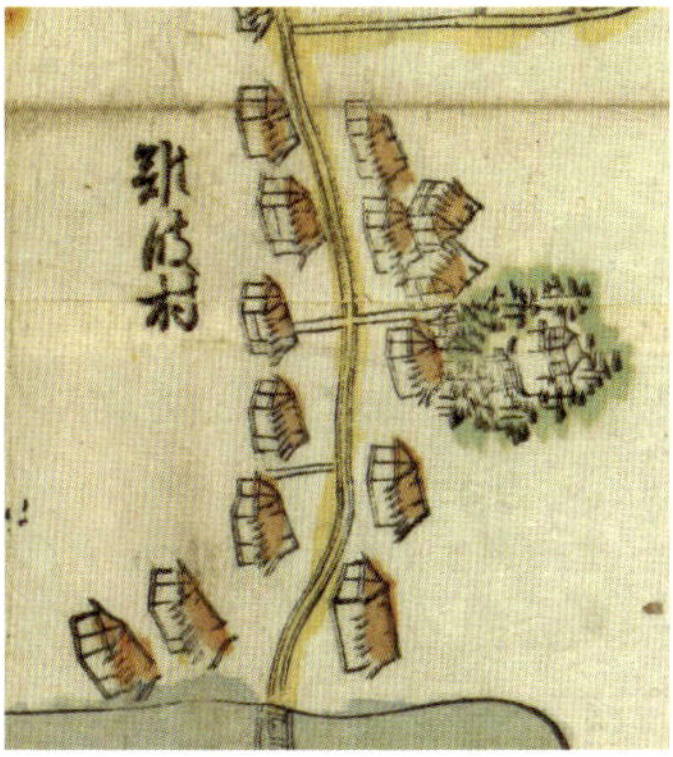
難波村

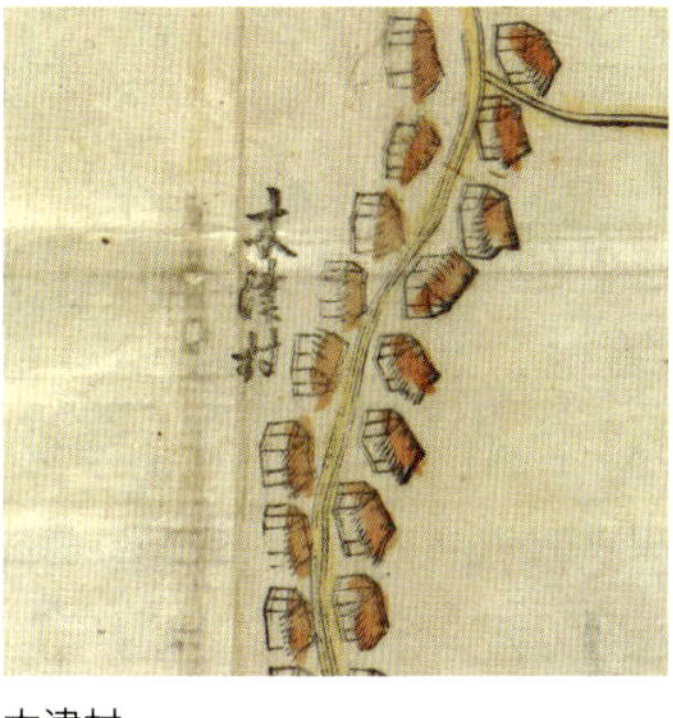
木津村

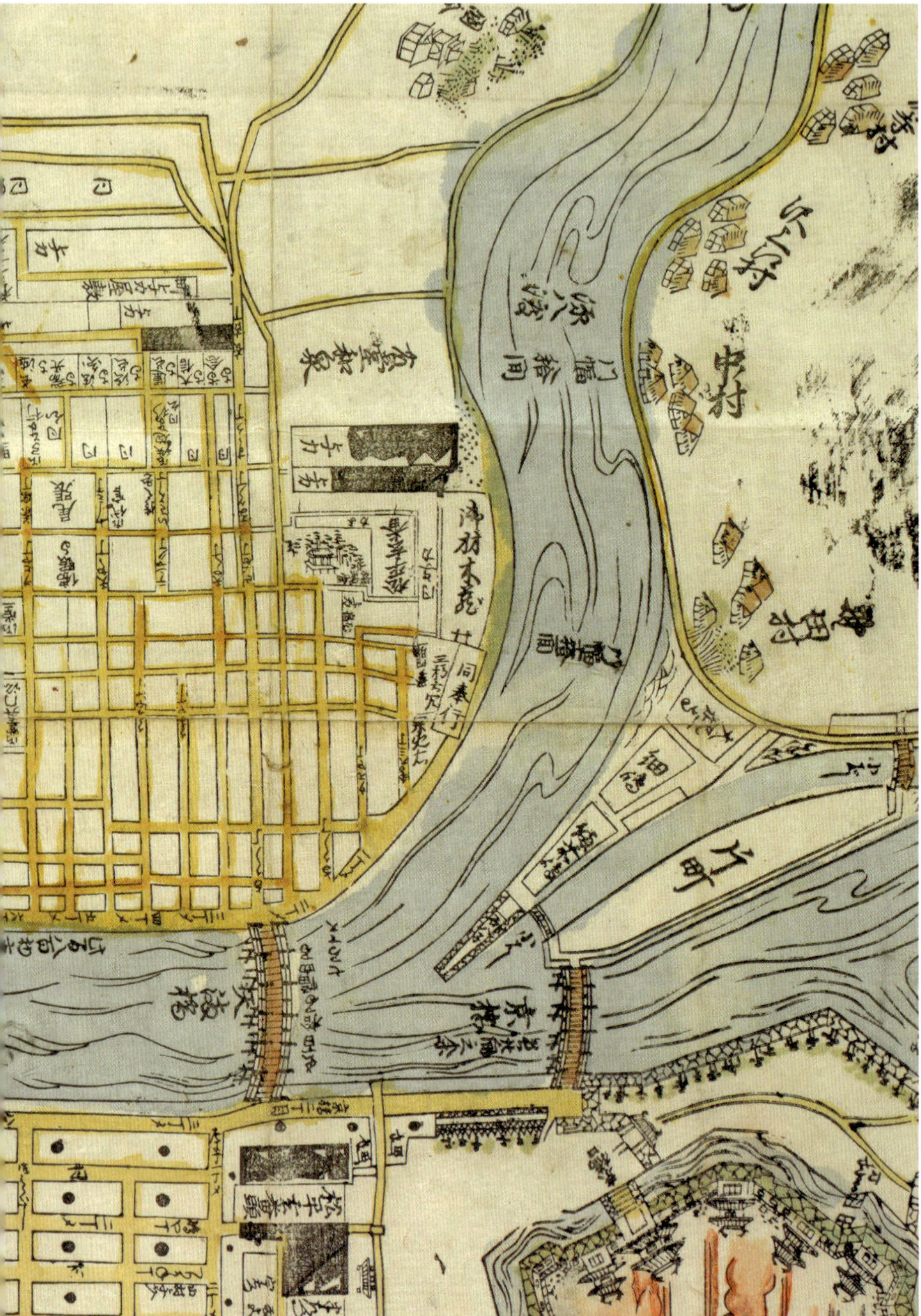
中村
同奉行

第五図

天満――天満宮・市場

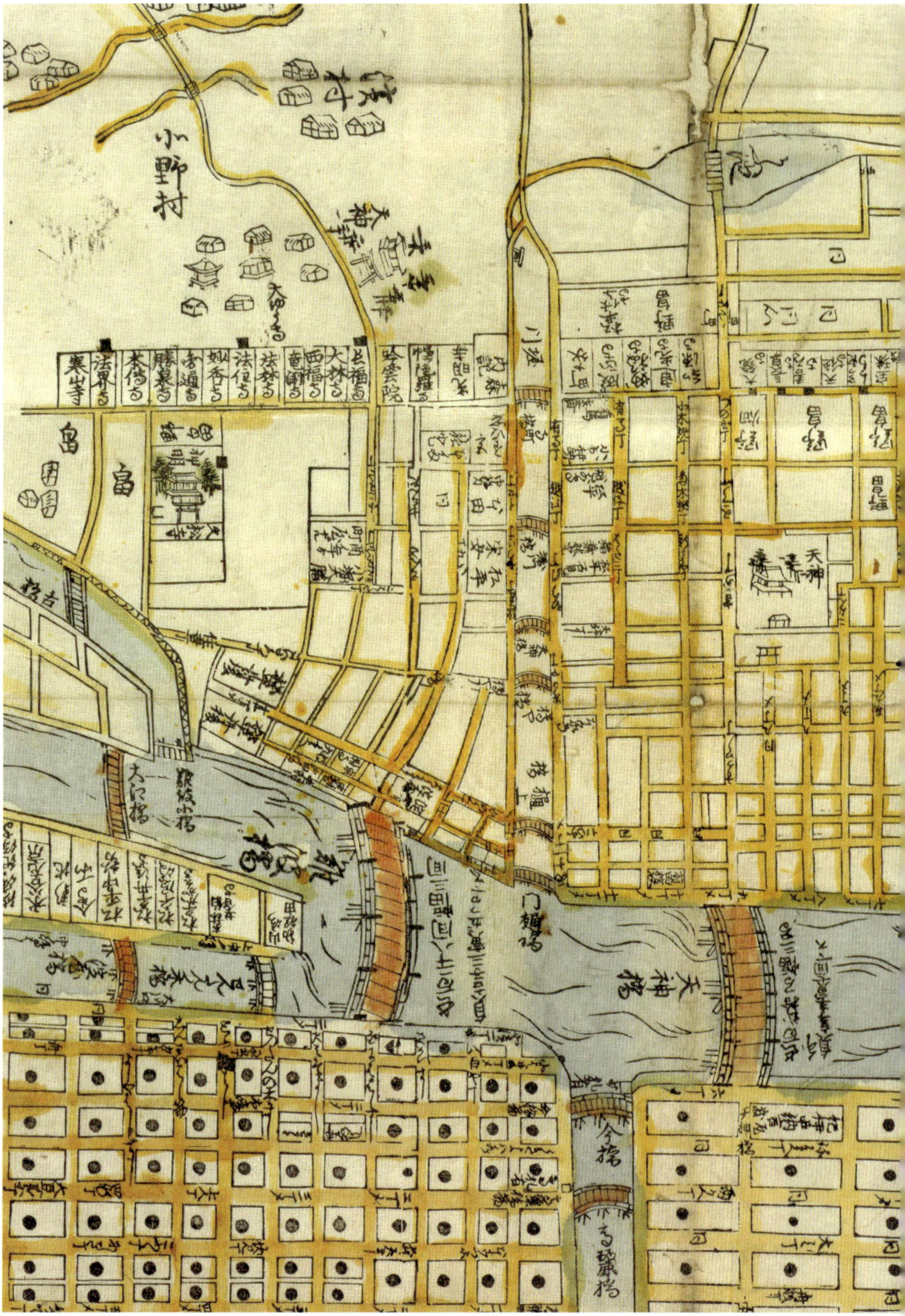

一、都の西北、天神の森が天満の起源

島之内が「島」だったように、天満もまた「島」だった。見開き図（二七頁）で中津川（のちの新淀川）と淀川、大川、曽根崎川に囲まれた広い地域を中島という。川の中の島である。その東南の浜に面してひらけた街区が天満だ。もとは南中嶋郷とよばれていたが、秀吉の大坂城築城のころには天満と称されるようになった。

　当時はまだ大坂の市中に入っていないが、水運の要に位置し、眼前の浜に入ってくる船から入津料として帆別銭を徴収する特権をもっていて、豊臣時代はすでに町人の町として発展していた。秀吉が没した慶長三年（一五九八）には天満堀川（左図）も開削され、これを境界に西天満、東天満の通称も生まれた。天満組として大坂三郷に組み入れられ、市中となったのは江戸時代である。

　天満郷・天満組というときの管轄範囲は広く、堂島・曽根崎新地より長柄をふくみ、安治川上・南・北の、難波新地などにも飛地があった。江戸時代の狭い意味での天満は堀川の東、天満宮を中心とするいわゆる東天満をさした。

　大坂の中心とは大川をへだてた辺地にあった天満が発展するきざしは、七世紀にまでさかのぼる。天満の名の由来で、町の核になっている天満宮（次頁図）の位置に注目。天満宮は大坂城の西北にある。大坂城のある場所は、白雉元年（六五〇）に難波宮《なにわのみや》[*1]がひらかれた地。当時、都が造営されると、その四隅（西北・西南・東北・東南の四方位）で疫神や悪気を祓う道饗祭《みちあえのまつり》が行われるのがつねだった。難波宮の西北の天満でも実施され、のち同じ場所に大将軍社（のちに天満宮の摂社になる）がまつられた。

　天暦三年（九四九）には、社前に一夜にして七本松が生え、夜な夜な泣くという不思議が起きた。それを機に村上天皇の勅願があり、当地に天満宮が創祀された。七本松は北斗七星の信仰のあらわれで、疫神信仰・御霊信仰とむすびつき、祭神の菅原道真にうけつがれたという。夏に流行

天満堀川

する疫病を怨霊のしわざとし、怨霊をなぐさめる御霊会としての天神祭もここから生まれた。一帯は天神の森とよばれた寂しい場所だったが、天満宮の誕生ののちは、世の人々の崇敬をあつめて、まわりに町ができあがっていく。

　天神祭は天暦五年（九五一）にはじまった鉾流《ほこながし》神事*2が起源とされ、室町時代には天神之祭*3として知られるようになった。江戸時代、特に元禄以後、御迎《おむかえ》人形*4の船列など華やかな趣向が凝らされ、大勢の人出でにぎわう盛大な祭に成長し、現在も日本三大祭のひとつとして受け継がれている。

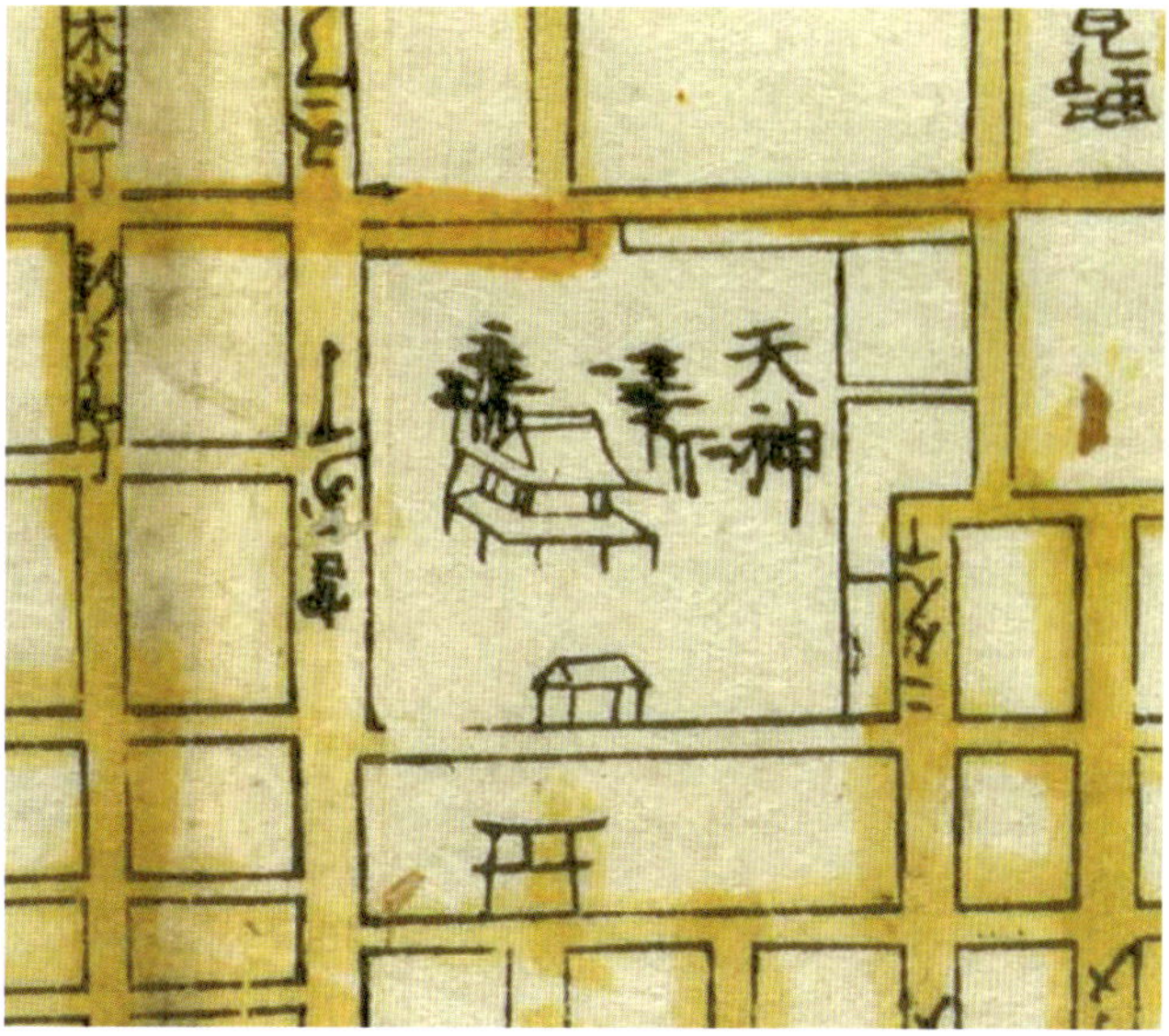

天満宮

＊1　**難波宮**……前期・後期があり、ここでは前期の難波長柄《ながら》豊碕宮《とよさきのみや》をさす。
＊2　**鉾流神事**……神鉾を大川に流し、着いたところに神霊の船渡御を行った。
＊3　**天神之祭**……宝徳元年（一四四九）公家の中原康富の日記『康富記』に天神之祭とあるのが天神祭の初見史料。
＊4　**御迎人形**……疫病除けに、鐘馗《しょうき》、猩々《しょうじょう》などの巨大な人形を乗せた船をくりだした。

天満にも御堂さんがあった

天満宮の東に「御堂」（次頁図）の文字が見える。船場のふたつの御堂さん、北御堂（西本願寺）・南御堂（東本願寺）は有名だが、じつは天満の御堂さんの方ができたのは早い。

　石山本願寺が織田信長に攻められて、大坂から退去したあと、本願寺十一世の顕如は紀州から泉州貝塚に堂宇をうつし、天正十三年（一五八五）に秀吉のはからいで天満に御坊をかまえた。これが天満の御堂さんである。秀吉は天正十一年（一五八三）に石山本願寺のあった場所に大坂城を築いており、それにかえて顕如に天満の地をあたえたのだった。当時の記録『貝塚日記』には「(天正十三年）八月三十日御門跡様中島寺内へ御うつり」と記され、天満の別称「中島」の地名がもちいられている。もとの石山寺内よりも天満御坊の方が広いとの記述もあり、秀吉が本願寺に好意的だったのがうかがえる。

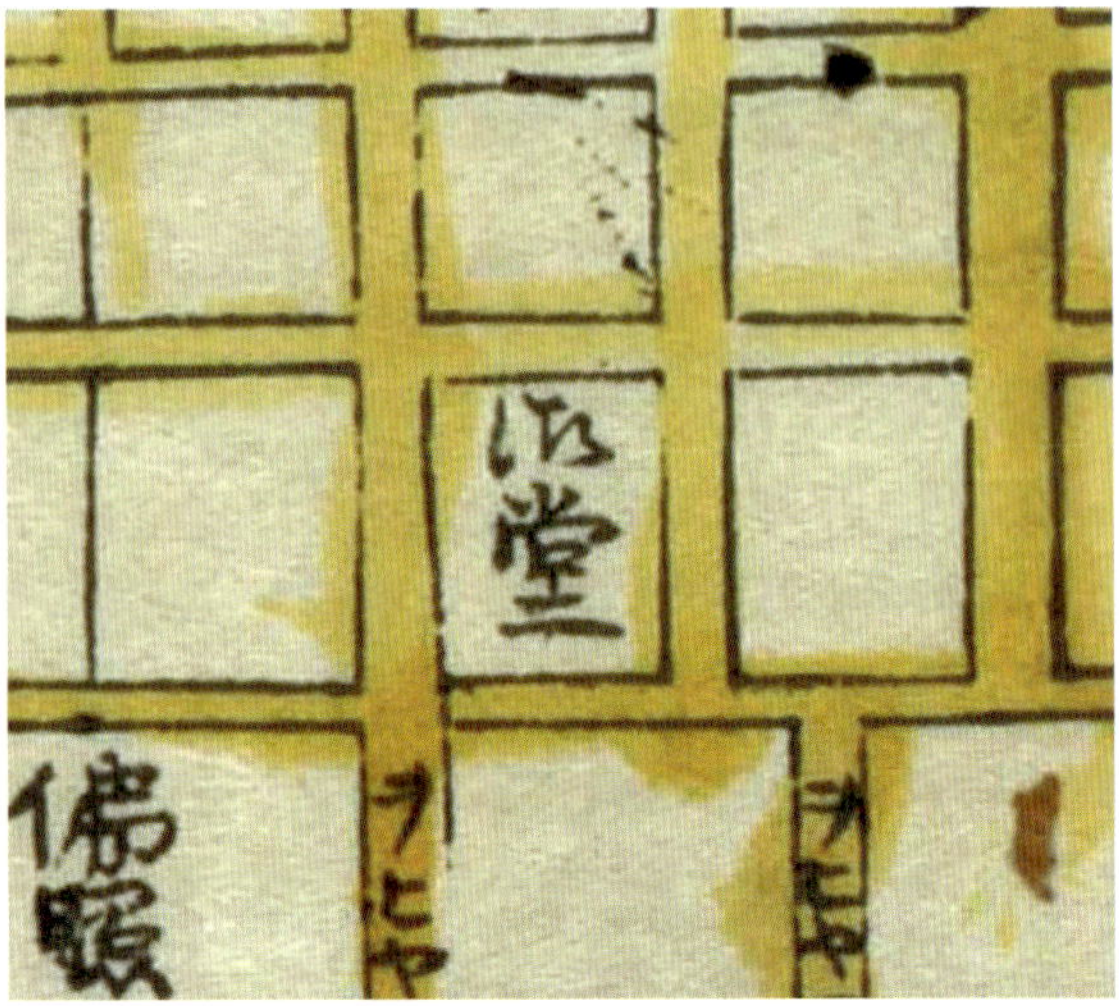
天満御堂

天満御坊は川崎にあり、境内の西側は天満宮に隣接していた。川崎は今の造幣局のある場所で、淀川の河畔、「御材木蔵」（八五頁図）にあたる。このころの天満は天満宮の門前町で、かつ寺内町でもあった。多くの商人も集まり、商業地として栄えていたのである。

　その後、天正十九年（一五九一）に本願寺は、京都西六条に寺地を与えられ、移転する。天満御堂はその留守職の住するところとなり、慶長七年（一六〇二）、京都で本願寺が東西に分裂すると東本願寺に属し、大坂に北御堂、南御堂ができてからも、天満御堂天満別院としてのこった。図の場所にうつされたのは慶長十三年（一六〇八）である。のちの江戸時代後半の地図には仏照寺の名で記されているが、こちらは俗称である。

　さて、天満には、もうひとつ御堂があった。それも天満御堂の目と鼻の先に、である。

戸籍を納めた興門さん

　次頁図を見れば、天満宮の東に「御堂興門派」と記されている。天満にあった、もうひとつの御堂さん、真宗興正寺派天満別院である。「興門派（興正寺派）」は親鸞の直弟子たちが伝え、親鸞の子孫が継いだ本願寺派とは別の道を歩んでいたが、本願寺八世の蓮如の時代に本願寺が吸収するかたちでひとつになった。興正寺派天満別院は永禄十二年（一五六九）には朝廷から門跡の号を賜り、本願寺十一世顕如の第二子顕尊が門跡となった由緒のある寺である。境内は千二百坪あまりの広大なもので、天正十九年（一五九一）顕如・顕尊ともに京都にうつったあとも、別院として当地にのこった。

いつ創建されたのかは不明だが、江戸時代には興門さんの俗称で親しまれ、町になくてはならない存在だった。天満に住む人々の巻納寺になったのである。巻納寺とは文字どおり、巻を納める寺。巻とは、江戸時代の戸籍にあたる宗旨人別帳を抜粋したもので、町人と家守《やもり》[5]の戸主の姓名だけを記してあった。宗旨人別帳は惣会所にそなえられ、巻は毎年、町奉行所の寺社方与力にさしだし、同じ内容の巻控えを町の会所に保存した。

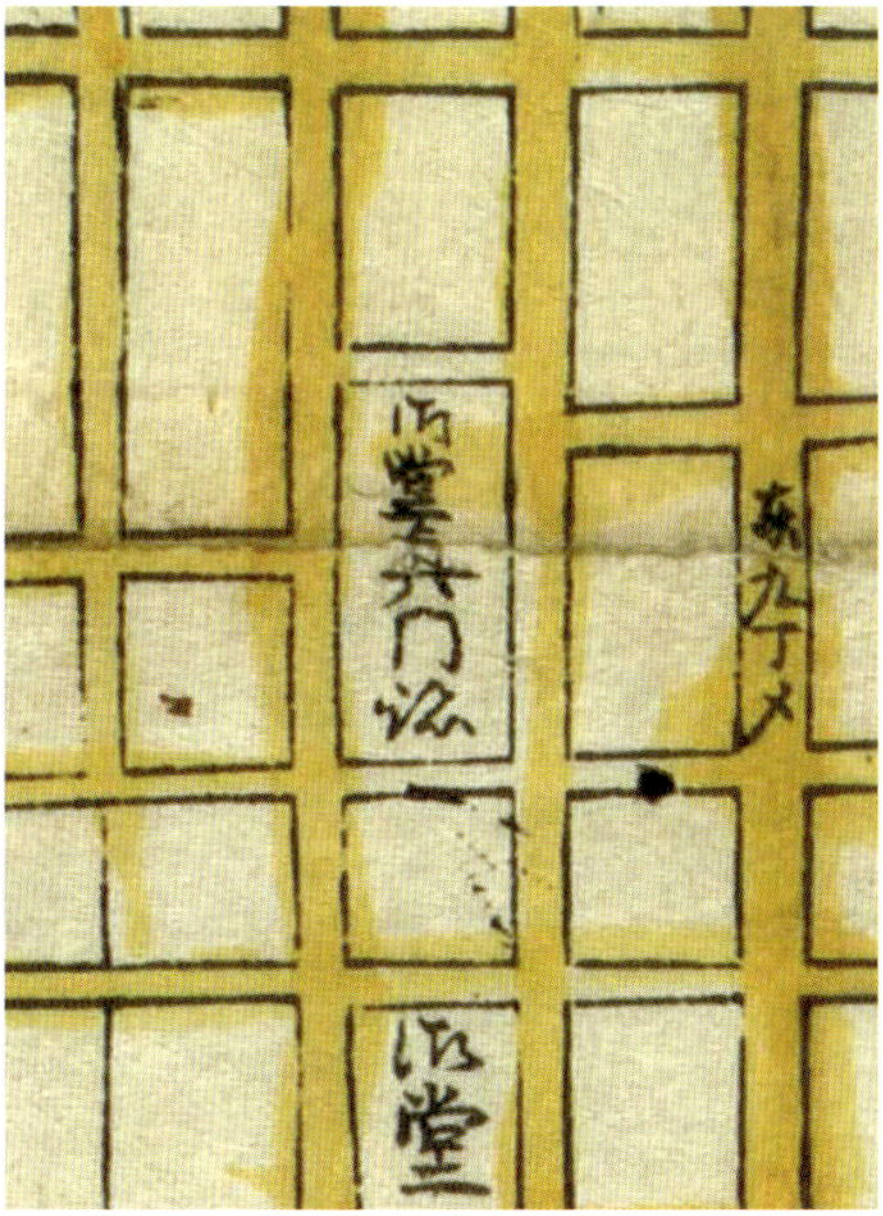
興門派御堂

巻は宗旨人別帳と同様、毎月家族の姓名の上に印を捺し、じっさいに巻物のかたちだったので巻とよばれた。正徳年間に折り本[6]にあらたまったが、よび名はやはり巻のままだった。大坂三郷のうち、北組は十月二日と晦日《みそか》に北御堂に、南組は三日と四日に南御堂に納め、天満組では五日に興門さんにさしだした。各寺では奉行所の与力が出向いて、巻を受けとった。巻納は大事な行事で、終わったあと、町々では町年寄、町代、夜番、髪結に祝儀銀がおくられた。

こうして宗旨人別にかかわったので、興門さんは町の人々の氏神のように親しまれ、出産があると、宮参りならぬ宮詣と称して詣でた。うぶすな寺ともよばれたのは、そんなわけである。うぶすなとは、産土神《うぶすな》の略で、その土地で生まれた人々の守り神との意味である。天満組の惣会所も、もとは興門さん近隣の天満宮関係の建物だったとする説もある（宮本又次『てんま』）。『新修大阪市史』は寛永六年（一六二九）に天満七丁目に建ったと記す。

天満宮とともに、天満御堂、興門派御堂のふたつの寺は、天満の中心にあり、町の人々のよりどころにもなっていたのである。

＊5 **町人と家守**……家持ちで町年寄りの選挙権を持つ者を町人、家持ちの依頼をうけて家屋敷を代表する者を家守とよんだ。

＊6 **折り本**……紙を折りたたんで本にしたもの。経典などによく見られる。

二、与力・同心町、地役人が住む町

見開き図（七八～七九頁）に見るとおり、天満の北と東は武家屋敷が占めている。天満与力、天満同心の住んでいた屋敷群である。大坂城周辺に住み、城の警護にあたった与力・同心は、幕府から直接派遣された旗本だったが、天満与力・同心とよばれた人々は大坂町奉行の直属で、地役人だった。地役人とは地元で代々うけつがれた職との意である。本来は一代限りの職であったが、父が隠居あるいは死ぬと、その子が継いだので、じっさいは世襲といってよかった。実子がなければ養子の縁組みをした。町奉行は幕府から数年ごとの交代で新しい人物が派遣されたが、代々の天満与力・同心がいたおかげで業務に滞りはなかった。

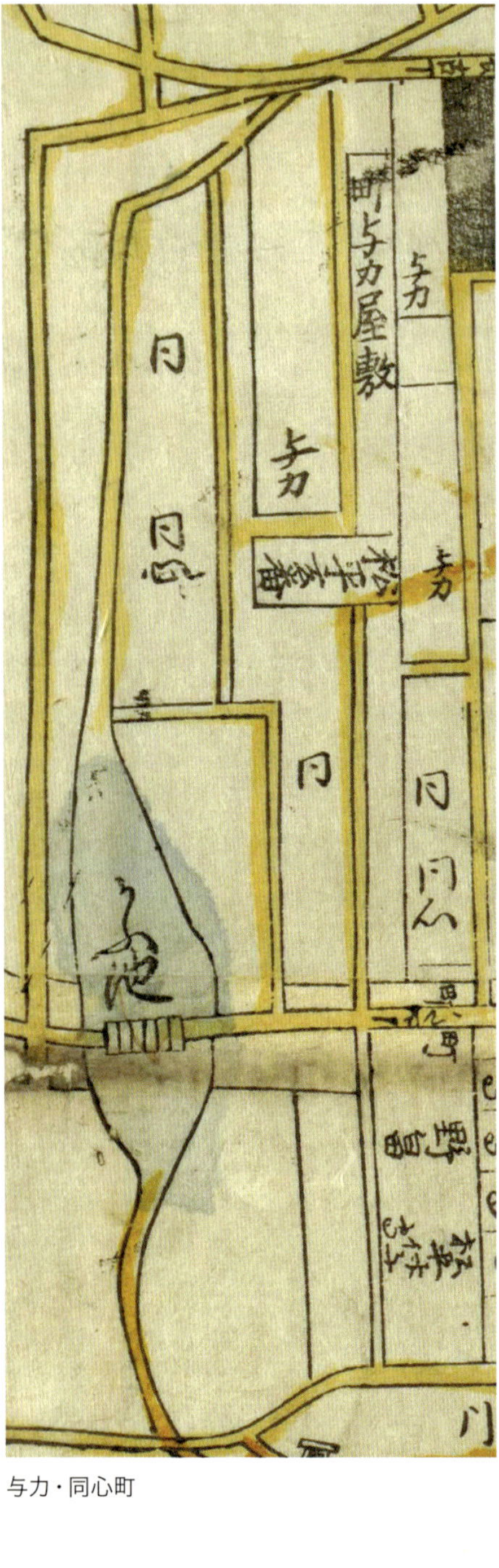

与力・同心町

天満与力・同心は町人とじかに接して、その心情をよく知っており、幕府側に立つ奉行とのあいだでしばしば柔軟な対応をこころがけた。

天満与力・同心の役職には寺社方、地方《じかた》、川方、鉄砲役、塩噌、火事役、盗賊役、遠国役、勘定役、唐物取締役、定町廻りなどがあった。寺社奉行が独立している江戸とちがって、大坂では町奉行に所属の寺社方が寺社の訴訟・裁判も行った。地方は水帳の改正、家・橋・道などのとりしまり、芝居・相撲などの見分《みわけ》*1、株仲間に関する事柄をうけもち、川方は川口、川筋に関する全般を担当した。寺社方、地方、川方は三役とよばれ、古参・上席の者がつとめた。時代劇の捕物で活躍している与力・同心は、定町廻り（市中を巡廻する）と盗賊捕方（犯罪者をとりしまる）だ。じっさいの捜査にあたるのは同心で、与力は重大事件のときにのみ出動した。そのほかの役職名からも想像がつくように、与力・同心の仕事の幅は広く、町政と深くかかわっていたのである。天満与力は二百石取りだったが、役目によっては蔵屋敷や町内、諸仲間から礼銀、祝儀をもらえたので裕福な者も多かった。そうした金は堂々とした役得で、賄賂とはみなされなかった。なかには度を越した金品を要求する者もいて、不都合な与力・同心が免職される場合もあったという。

*1　**見分**……芝居などの内容が適正かどうか、見てあらためる役目。

天満御宮とよばれた川崎東照宮

天満の東の端に見えるのは「御材木蔵」（左図）。普請につかう材木の貯蔵場である。北側に西町奉行が住む屋敷、南側に東町奉行が住む屋敷がある。歴代の町奉行はここに住んだ。与力・同心屋敷にらみをきかせる場所である。

武家屋敷に囲まれるようにして、森とお堂の絵が描かれ、「権現堂」（次頁図）と記されている。権現とは徳川家康をさし、権現堂は東照宮の異名である。元和二年（一六一六）

材木蔵

権現堂

四月十七日、七十五歳で家康が亡くなると、大坂城主の松平忠明は翌年の同日、当地に東照宮を造営した。かつて家康がひとときを遊んだ織田有楽斎《うらくさい》＊2の旧邸の茶席のあった場所である。家康は死後、東照権現とよばれ、神としてまつられた。大坂の陣のあとの町の復興につとめた松平忠明は、一方で大坂から豊臣色を一掃し、徳川の新政を根づかせるために、東照宮を建てた。

江戸時代、この一角は大坂三郷には入っておらず西成郡川崎村といい、新しい宮もはじめは川崎東照宮と称された。格式高く、ふだんは一般町人の参詣が許されなかった。のちには川崎御宮、さらには天満御宮と尊称され、天満宮の方はまぎらわしさをさけるため天満社とよばれたりもした。

上図の「権現堂」は権現様すなわち神としての家康を意識したよび名。毎年四月と九月の十七日には権現まつりが行われた。特に命日にあたる四月十七日は御正忌として大坂三郷の家々の軒先に十五～十九日の五日間、提灯を出させ、権現堂に大坂城代以下武家が参拝し、町人の参詣もこの日ばかりは許された。まつりの間は近郷からも多くの参拝者がやって来た。

川崎東照宮は明治維新のあとまもなく廃社となり、現在は滝川小学校が建っている。御材木蔵と周辺の武家屋敷の一帯は造幣局に生まれ変わった。大阪の春を告げるといわれる造幣局の桜並木は、天満の藤堂家蔵屋敷にあった桜を移植してはじまったという。

＊2 **織田有楽斎**……織田信長の弟。大坂の陣で豊臣方にくみしたのち、隠棲して茶人になる。

三、青物市場、特権と競争と

天満橋と天神橋のあいだの浜沿いに「てんま八百物市場」（次頁図）とあるのは、雑喉場の魚市場、堂島の米市場とともに大坂三大市場に数えられた天満の青物市場である。もとは明応五年（一四九六）、蓮如が建てた大坂御坊（のちの石山本願寺）の門前にひらかれた市がはじまり。秀吉の時代、天正十一年（一五八三）には、京橋南詰にあった淀屋个庵《こあん》の屋敷地[*1]にうつった。大坂の陣による中断をはさんで、慶安四年（一六五一）には个庵屋敷が幕府御用地になり、京橋片原町にふたたび移転した。しかし、人馬が行きかう

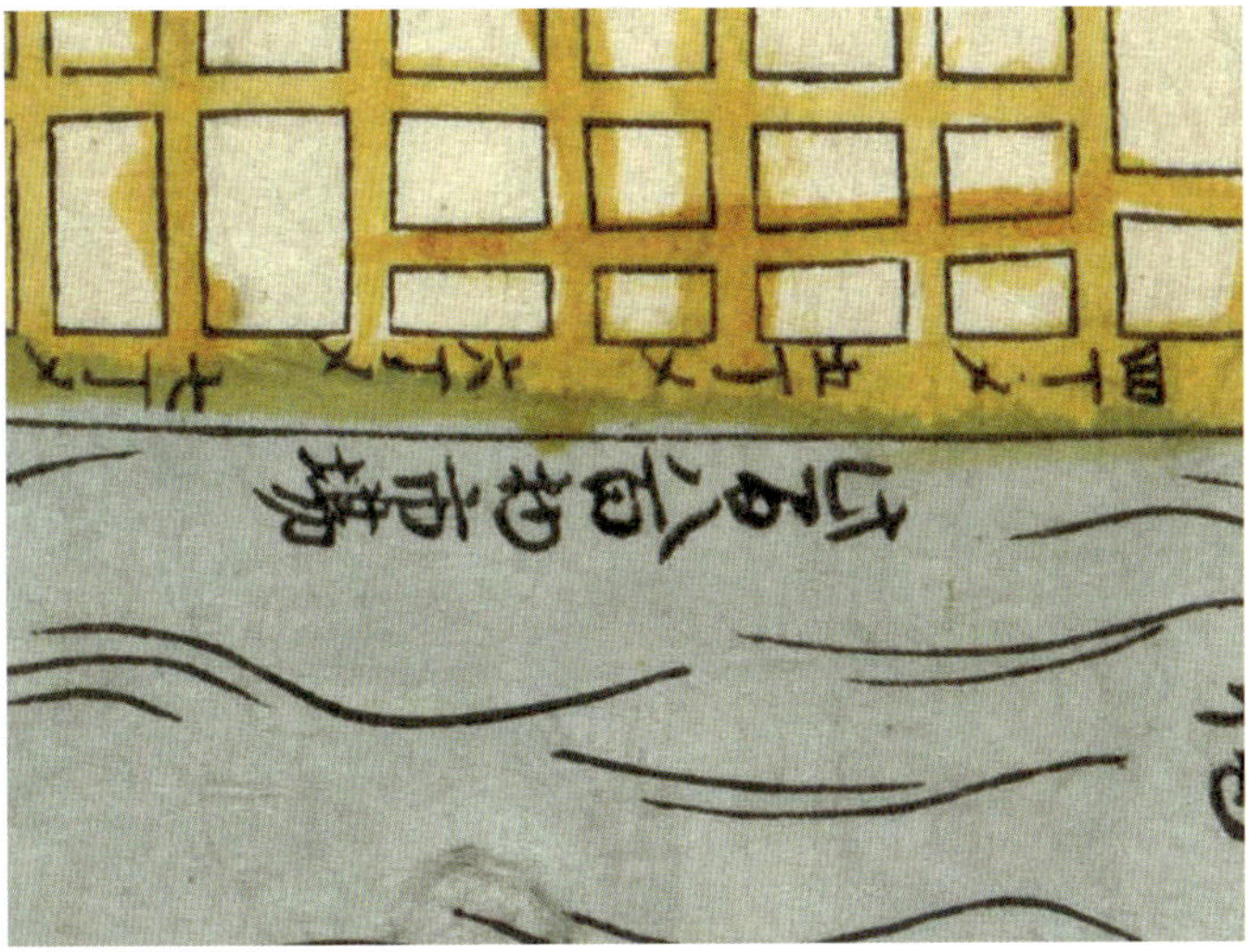

天満青物（八百物）市場

京街道筋という立地が物資の大量入出荷に不向きだったため、承応二年（一六五三）に当地へ。天満橋北詰から竜田町までつづく青物専門の大市場の誕生である。

　それまでは魚類もあつかう総合市場だったが、このとき塩魚商の大部分は靭《うつぼ》町へ、乾物や海魚商の一部は天満七丁目裏町へとわかれた。のち海魚商は天満筋町で天満魚市場として栄え、乾物商は市《いち》の側《かわ》[*2]にうつって乾物市場町になる。青物市では野菜、果物、茸類をとりあつかった。水運を利して、近隣はもちろん紀伊・近江・丹波・小豆島など諸国の生産地から青果がはこばれた。葦とススキばかりのさびしかった風景が一変、浜通りは人出でうまり、川面は荷船がひしめいた。

　大坂市中の人口増大に応えて、市場は急速に発展した。幕府は天満青物市場を正統の市として保護し、類似市場の新設を禁じて、あちこちに点在していた百姓市[*3]も閉鎖させた。青物市場は独占的な地位を得て大いににぎわい、観光名所としての名も高まった。一方で、自由な営業を求める百姓市と、独占をつづけたい天満青物市場とのあいだの紛争は絶えなかった。安永元年（一七七二）、青物市場が株仲間を結成し幕府の認可を得て特権を強化。天明三年（一七八三）、今度は村々の強い要求で百姓市が制限つきの認可を得た。文化六年（一八〇九）、ようやく和解成立。青物市場

の繁栄の陰には、これら近郊農村との激しい対立があった。

＊1　**淀屋个庵の屋敷地**……当時の个庵はまだ幼く、屋敷は父の常安のものだったとも考えられる。

＊2　**市の側**……天満の菅原町あたりの通称。

＊3　**百姓市**……近在の農民がつくった青果を売る市が、大坂の市中や近郊に多数あった。

天神橋と天満橋、難波橋

江戸時代の大坂三大橋といえば天神橋・天満橋・難波橋である。いずれも幕府が直轄する公儀橋で、大坂城の防衛にとって重要な拠点だった。

左図で見るように、三つとも天満と船場・上町をむすんで、大川をまたいで架かっている。大坂は川と堀の町だが、天満の南を流れる大川が名前のとおり、もっとも川幅が広く、そこに架かる三つの橋も江戸時代最大級の建造物となった。威容を誇るように、それぞれ長さ・幅が記載されている。難波橋は「長百二拾八間（約二百三十二メートル）幅三間（約五・五メートル）」、天神橋は「長百弐拾間（約二百十八メートル）幅三間（約五・五メートル）」、天満橋は「長百拾間（約二百メートル）幅四間（約七・三メート

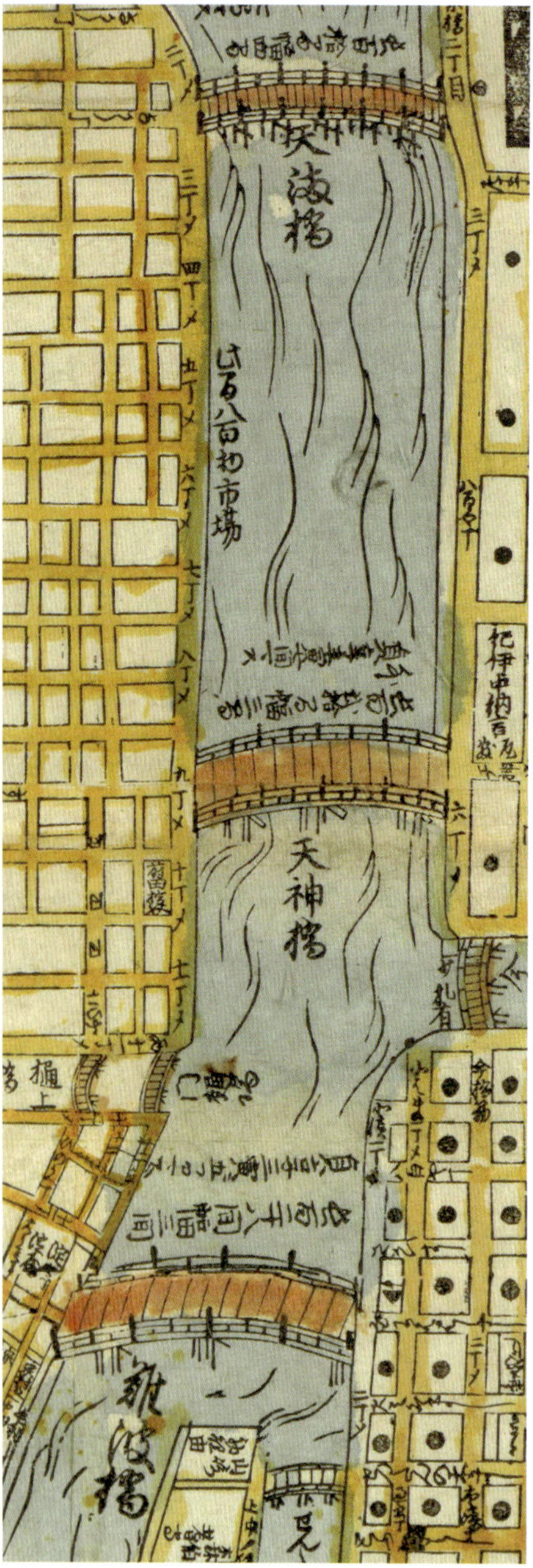

天満橋・天神橋・難波橋

ル)」。天神橋、天満橋の脇に「貞享三寅七間マス」、難波橋は「貞享三寅五間マス」とあるのは貞享年間に淀川の改修が行われ、川幅が十間(約十八メートル)広がり、橋が延長されたのを示しているようだ。しかし元禄期には川幅も橋も再び縮められたと「地方役手鑑」にあり、図の表記は年代のずれがある。

天神橋の命名の理由は地図から明らかだ。北へまっすぐ行けば、天満天神社。橋がそのまま参詣道にもなっている。天満橋の名は天満一丁目、二丁目に架かる橋であるのを見れば、納得がいくだろう。どちらの名前も大坂城のある大川の南側からの目線である。難波橋はかつて上町大地の北端から天満の一帯を難波崎《なにわのさき》とよび、大川沿いの浜を難波津とよんだ記憶による命名だ。中之島の東端や、天満、北浜などからの三つならんだ大橋の眺めは壮観で、名所絵のかっこうの題材になった。図の三大橋も、ほかの橋を圧倒する大きさで描かれている。

四、堀川と戎と大塩の乱

天満は堀川を境に東天満、西天満にわかれている。堀川は慶長三年(一五九八)に開削され、江戸時代には両岸が堀川町とよばれるようになった。左図で堀川の西側、ほぼ中央に「えびす」の文字が見える。堀川戎神社である。

戎といえば今宮戎が有名で、聖徳太子が四天王寺創建のときに寺の西方の守護神としてまつったのが由来だが、堀川戎のはじまりは今宮戎よりさらに古く、日本に仏教が伝来した欽明天皇の御世。社伝によれば、止美《とみ》の連《むらじ》吉雄という者が、蛭子神《ひるこのかみ》*1に夢の神託をうけ、ひろった玉を依代《よりしろ》に蛭子神を勧請したのが起源である。古名を止美社あるいは止美之戎というのは、そのためである。江戸時代になると堀

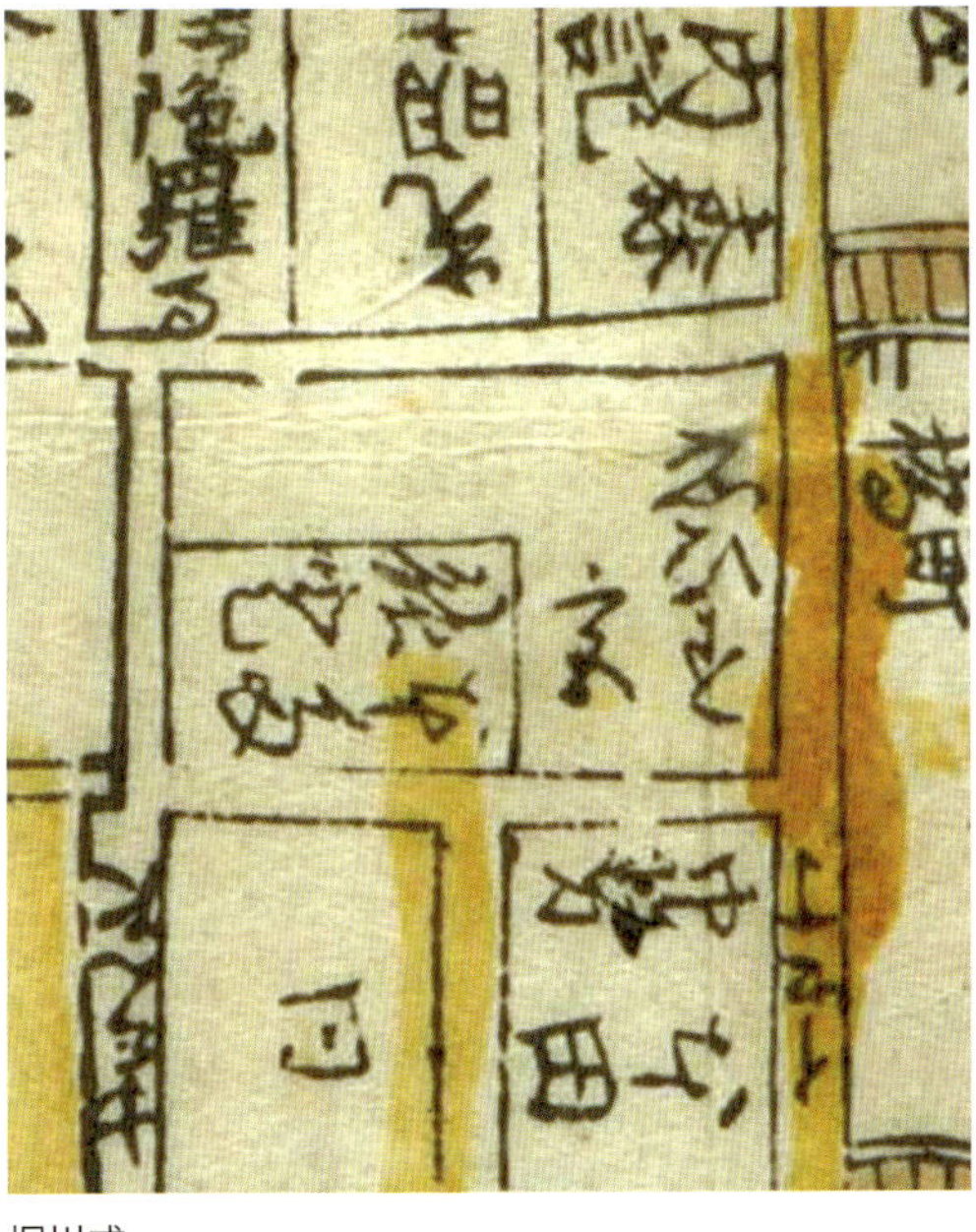

堀川戎

川戎は商売の神として、信仰を集めた。天満宮の境内にも蛭子社があった。今宮戎、西野田の玉川戎、船場御霊神社の呉服戎と、大坂は商人の町らしく戎信仰が盛んで、いずれも多くの参拝者があった。

堀川戎の名の由来となった堀川は、大川の本流の力が強く、流れが停滞して、しばしば塵芥が溜まった。寛文八年（一六六八）に薪市場がひらかれて、舟の運航が盛んな水路としては困りものだった。

ようやく天保九年（一八三八）に新たな開削が行われ、堀川の北端が東に延長されて、源八渡に近い樋之口に通じるようになったが、工事の背景には天保八年（一八三七）の大塩平八郎の乱があった。市中が火災に見舞われ、およそ一万二千六百もの世帯が罹災して、天満橋の南北の橋詰に設けられた御救《おすくい》小屋には避難民があふれた。その労力を生かす公共事業として、新しい天満堀川がひらかれたのである。

＊1　**蛭子神**……イザナギ、イザナミの二神の子。中世以後は戎神として信仰される。

ふたつの天神社、七つの神明

下図で天満堀川の北西に「天神」とあるのは、綱敷天神である。由来をたどれば、仁徳天皇が当地の紅梅樹を愛でて梅塚をおかれたのが発端。のちに嵯峨天皇（桓武天皇の皇子）が当地に一夜泊まられ、源融《みなもとのとおる》（嵯峨天皇の皇子）が追悼のため、社殿を建立し神野神社と命名した。神野とは嵯峨天皇をさす。のちに菅原道真が筑紫に向かう途中、太融寺[*2]に参詣したおり、梅を愛でようとして船をつなぐ綱を円《まる》く敷いて座し、しばし休んだので綱敷の呼び名がおこった。そこで京都の北野天神社から勧請し、綱敷天神としてまつられるようになった。天満といえば天満宮だが、も

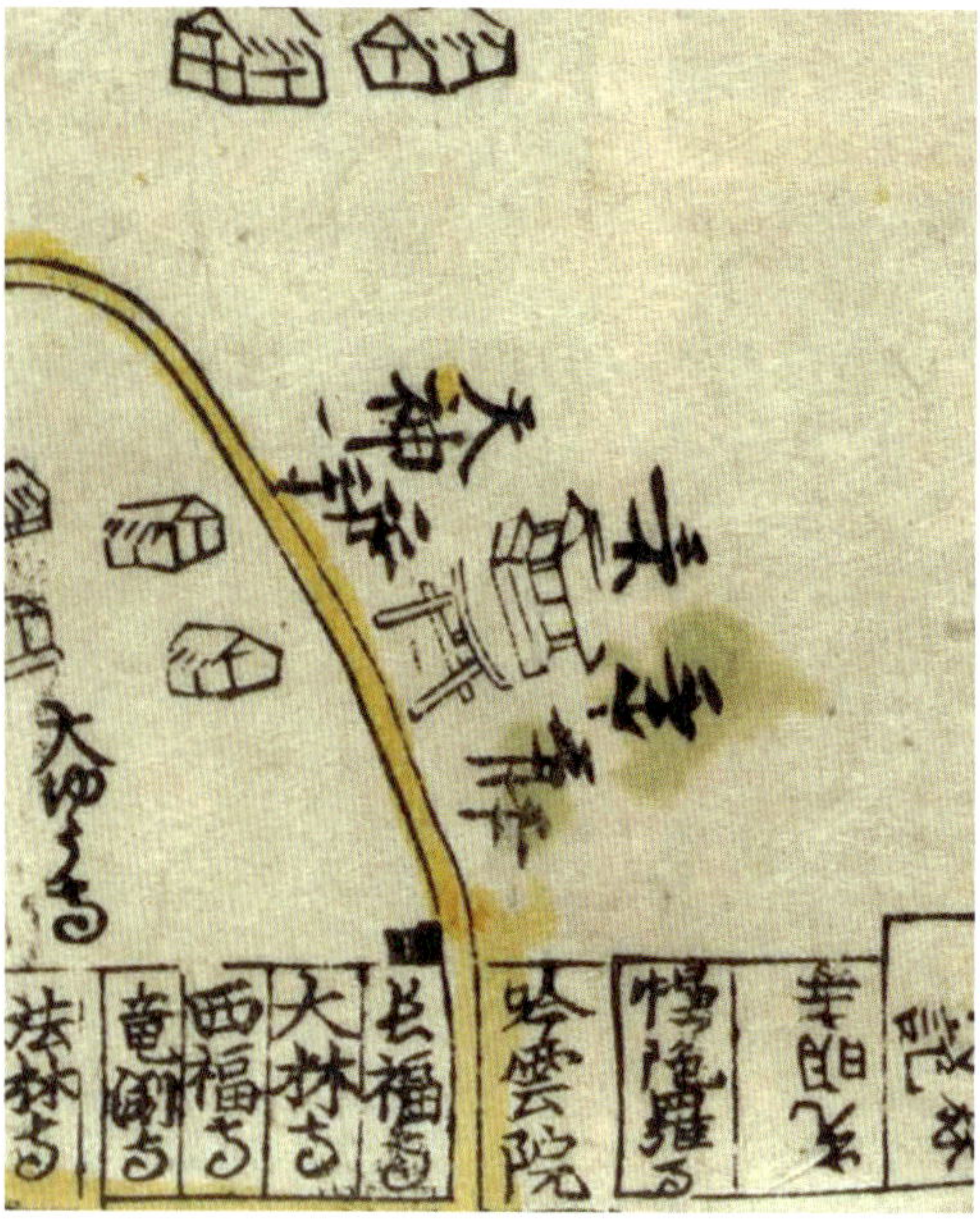

綱敷天神

うひとつの天神社にも、これだけ数々の事績が積み重なっていた。

　左図では、西天満の西の端にも鳥居が描かれ、「神明」の文字が見える。神明とは伊勢神宮をさす。ここに皇室の氏神とされる伊勢の神霊をまつる神社があったのである。江戸時代には庶民のあいだでも一生に一度は伊勢参りをしようとの気分が高まり、全国で伊勢講が結成され、一方で神明社の勧請も行われた。天満の神明社は、京都の松原神明社・東山神明宮、加賀の金沢神明宮、江戸の芝神明社、信濃の安曇《あずみ》神明宮、出羽の湯殿山神明宮とともに皇国七神明社のひとつに数えられた。大坂城代と東西町奉行の交代のときには必ず参拝したという。別名を難波神明社、あるいは西に向かっていたため夕日神明社ともいい、元禄時代には社域も広大であった。明治四十二年（一九〇九）の天満焼けで被災して曽根崎の露天神に合祀されるまで、境内では花相撲[*3]が行われ、人出でにぎわったという。

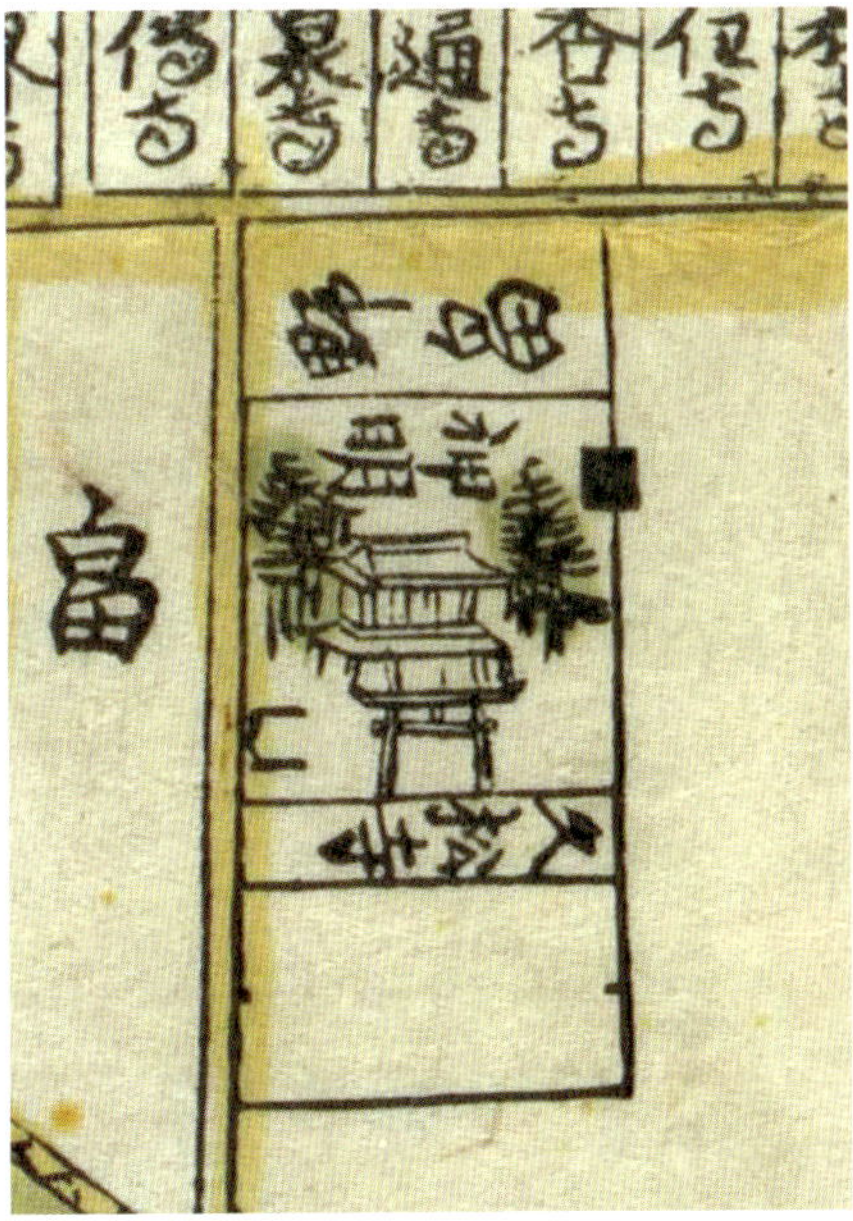

神明社

＊2　太融寺……綱敷天神近くにあり、源融の創建とも伝えられる。

＊3　花相撲……本場所以外にひらかれる相撲。木戸銭をとらず客の花代（祝儀）で興行した。

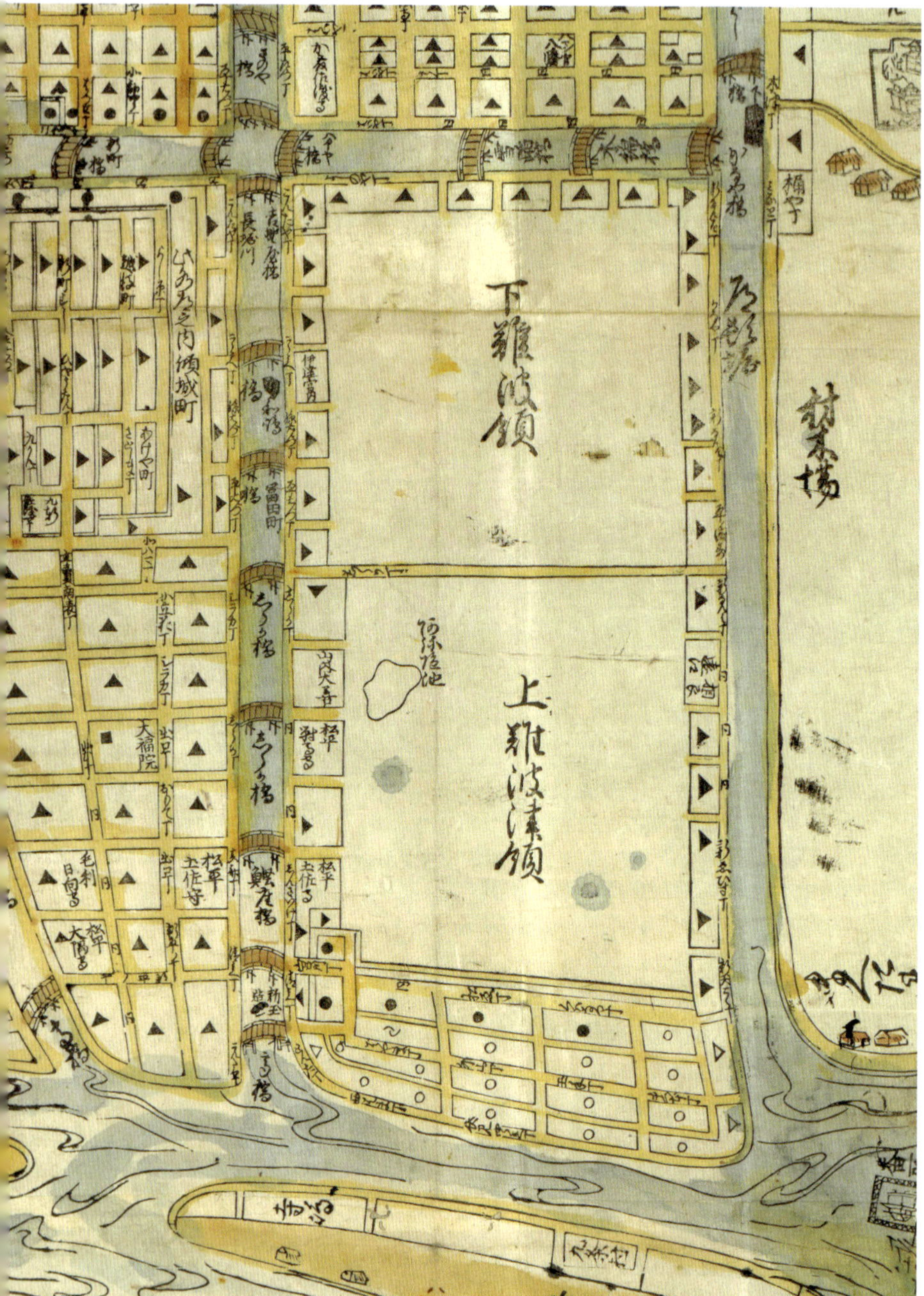
下難波領
材木場

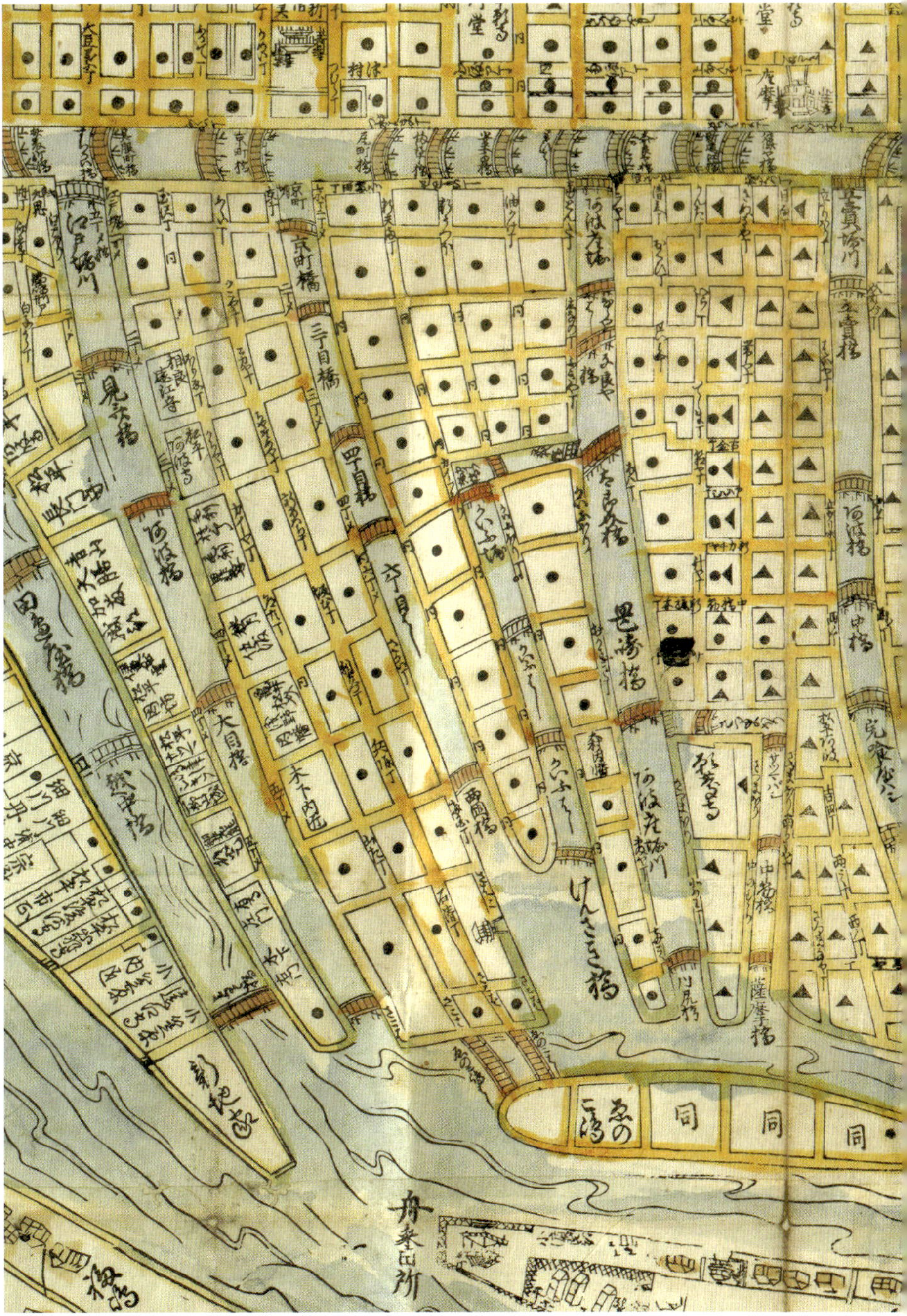
京町橋
三丁目橋
四丁目橋
けんさき橋

一、堀川に見る水都の原風景

西横堀川から西側に広がる町を西船場という。下図で、まず目につくのは、町を横切る幾筋もの堀川である。大坂の地形は東に上町台地があって高く、西に河口があって葦原の低湿地を抱えていた。西側の市街地化は、堀川の開削とともにすすんだ。湿地の排水に役立ち、水運を利用して商業活動が活発になる。たくさんの堀川は、西船場の発展の足跡でもある。

西船場も船場と同様、北から南に移るにつれて表情が変わる。最北の土佐堀川沿いは、第一章第二図の一で紹介したように、諸大名の蔵屋敷がならぶ。土佐座、阿波座の西国商人たちが活躍した区域でもある。江戸堀川、京町堀川、立売堀《いたちぼり》川、海部堀《かいふぼり》川、薩摩堀川、長堀川など次々と開削された堀川とともに、にぎわいが広がっていく。開発には大坂に移住してきた伏見町人などが大きく関わったが、薩摩堀川については薩摩屋仁兵衛という商人が寛永五年（一六二八）から同七年にかけて開削し、薩摩商船の入船地になった。

物産も商人も諸国から集まった。なかでも堀川の町ならではの繁栄を見せたのが、雑喉場の鮮魚市、永代浜の干魚市、長堀の材木市である。いずれも堀川の水運が生んだ大規模市だった。図を見れば一目瞭然だが、西船場は海の玄関・安治川口にもっとも近い市中で、後背に大消費地を抱えている。市が栄えると、問屋や仲買の店も集まってきて、町並みができあがった。元禄も半ばを過ぎると、船場・島

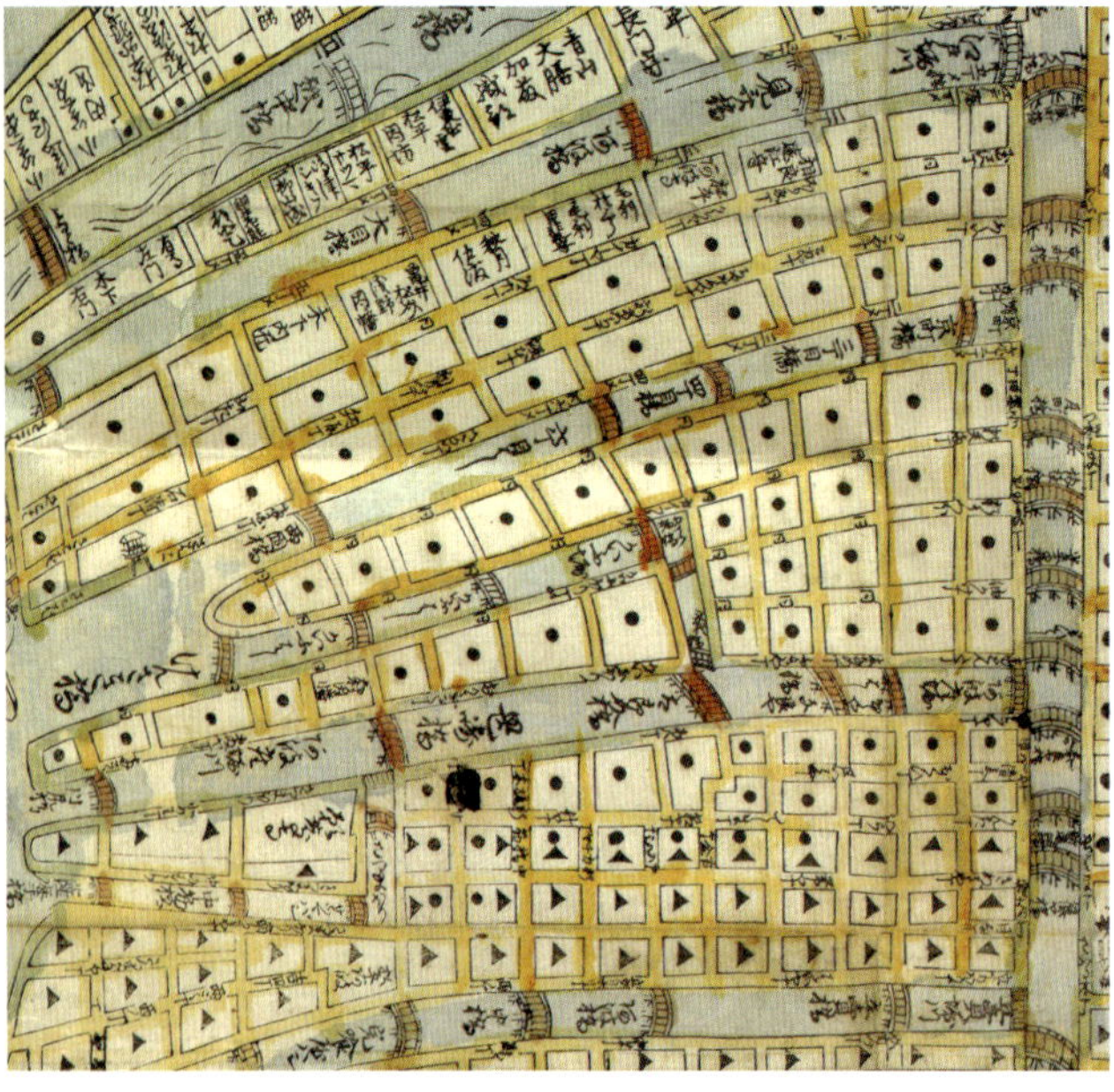

西船場の堀川

之内をしのぐ広さをもつ町が市中の西側に生まれる。

仕上げが、元禄十一年（一六九八）に開削された堀江川である。元禄十二年版大坂大絵図が、元禄九年版とくらべてが大きく異なる場所がふたつあった。ひとつが堂島で、もうひとつが西船場から見て長堀川をはさんで南側に位置する堀江である。貞享のころの堀江は、まだ上難波領・下難波領とよばれる空き地が目立ったが、堀江川が開通し、新地ができてさまがわりした。

元禄の一連の大絵図は、堀川の町が完成していく過程を示している。水の都・大坂の原風景は、市中を縦横に流れた江戸時代の堀川だ。八百八橋[*1]も堀川があってこそ生まれた。そこには大坂の懐かしいイメージが凝縮されている。

＊1　八百八橋……八百八は数が多いたとえ。実際の市中の橋の数は、元禄四年（一六九一）の時点で百十一箇所だった。

船場の西？　それとも下？

西船場は、下船場あるいは外船場ともよばれた。いずれも船場を基準にして、西船場を従属的な地域のように見た名称である。西船場にしても西にできた船場という意味で、地域の個性に目は向けられていない。船場が秀吉時代、すでに町場の中心として形成されていたのに対し、西船場の大部分の区域は江戸時代になってから開発された。船場は、鴻池をはじめとする富商の多くが店を構えた場所でもあり、歴史的にも経済力からいっても、町人の都の中心だった。西船場・下船場・外船場というよび名には、船場から見た後発の地域というニュアンスが読みとれる。

元禄九年大坂大絵図を見渡してみる。船場の東側に広がる町域は、なんとよばれたか。東船場ではなく、上町である。大坂城の膝元で、武家屋敷が大きな面積を占めている。町場もあるが、基本的には「お上」のおられる場所なのである。上町から東横堀川を一本隔てたのが船場で、その名は堀川の船着場風景に由来するとの説がある。堀川開削で、商業地としての水運の便をはかったのである。上町には「堀川」がない。軍事防衛上必要なのは「堀」であって、水運に便利な「堀川」ではないからだ。

船場というよび名の背景には、商人の町と堀川の切っても切れない関係がある。堀川の町である西船場は、まさに商人町そのものだった。堀川を往来する船の活気が町人の時代を謳歌していたのである。

二、雑喉場は鮮度を求めて移転する

次頁図で、京町堀川の河口の浜に沿って「ざこば」の文

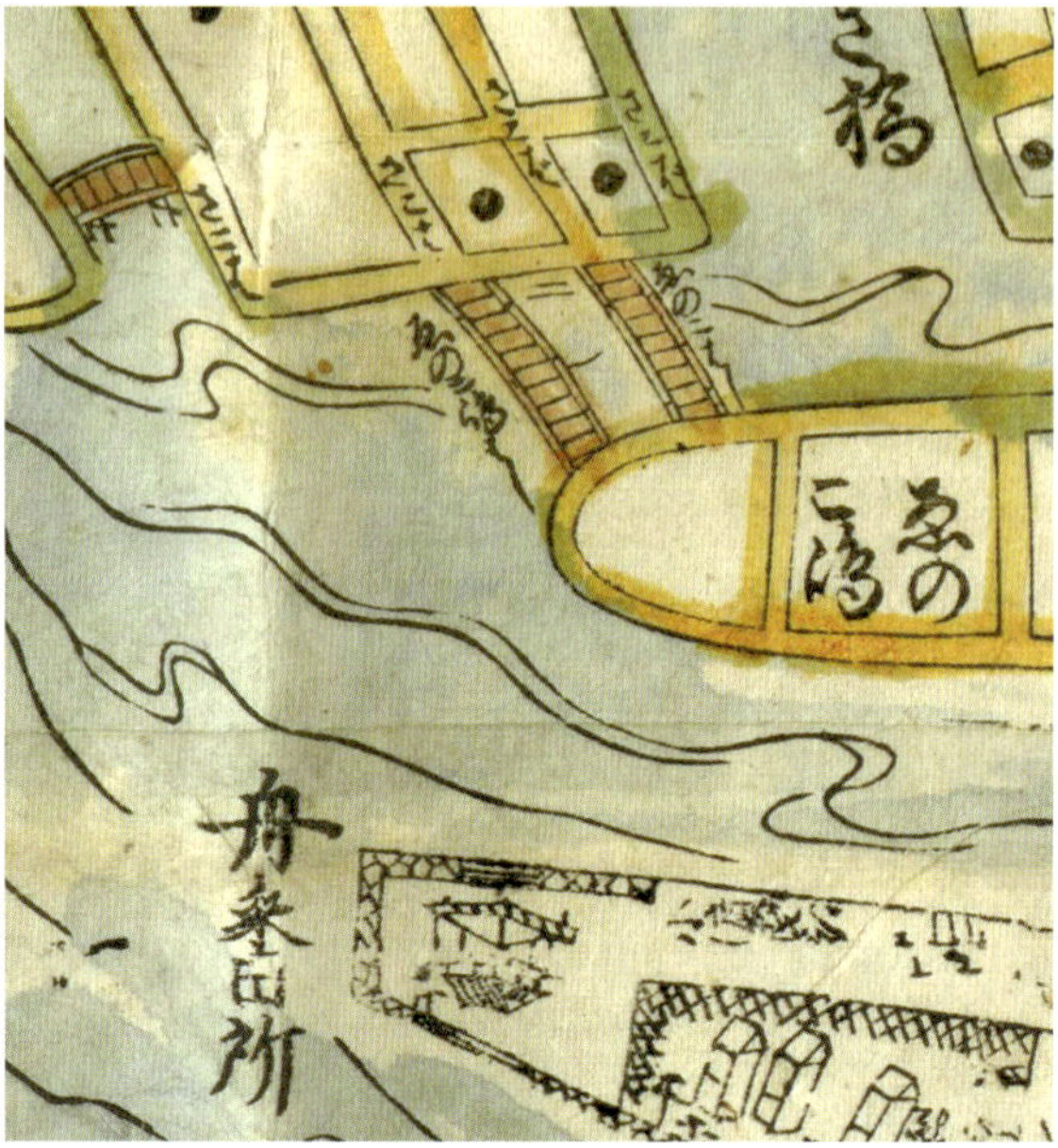

雑喉場と船番所

字が四つあるのが見える。大坂三大市場のひとつ、雑喉場《ざこば》の魚市場がこの一帯にあった。雑喉場は生魚を専門に扱う。鮮度が命である。河口の市なら、入船から陸揚げ、売買まで短時間でさばける。といっても、雑喉場は最初からこんな理想的な立地にあったわけではない。何度も移転を重ねてきた。

　もともと天正年間（一五七三〜一五九二）以前は、天満の鳴尾町[*1]に生魚と塩干魚の市場があり、秀吉の城下町建設のときに船場に移転、その一帯は旧地にちなんで天満町と名づけられた。当地を訪ねた秀吉は、市場の売り声が「何十文やすやす、何百文やすやす」と言うのを聞き、「やすやす」とは矢を巣におさめるのに通じ、天下泰平のしるしだと喜んで、町名を靫（矢の巣の意味）とあらためたという。以後、天満町のうち高麗橋の西詰から堺筋までを靫町[*2]と呼び、堺筋から栴檀木《せんだんのき》橋筋までがそのまま天満町[*3]として残った。

　大坂の陣のあと、元和四年（一六一八）には、生魚商十七軒が上魚屋町[*4]へ移転して市場は分裂する。徳川政権下の復興とともに取り扱い高が増え、もとの市場が手ぜまになって、鮮魚専門の市が独立したのである。その後、西船場地域の発展にともない、漁船の荷揚げ場所もだんだん西に移動し、市場から遠くなり、夏には生魚が腐る心配がでてきた。そこで慶安〜承応年間（一六四八〜一六五五）に、河口に近い鷺島《さぎしま》に出張所を設け、三月から十月二十五日まで上魚屋町と鷺島の両方で売買するようになった。結局、水運の便の良さがものをいい、延宝七年（一六七九）と天和二年（一六八二）頃の二度にわたって、市場そのものが鷺島に移転。一帯は雑喉場とよばれる鮮魚市場に大発展し、諸国に名を響かせた。地名も雑喉場がそのまま用いられるようになったという。

雑喉場と川をへだてた向かいに「船番所」（前頁図）とあるのが見える。役人が通行する船を調べ、「雑喉場へ行く」との返事であれば、運ぶ魚の量に応じた入船料などを徴収した。「魚を置いていけ」などという場合もあり、なかなか威張っていたようだ。

＊1　**鳴尾町**……現在の北区天神橋一～六丁目・天神西町。
＊2　**靱町**……市場が新靱町に移った後は本靱町になる。現在の中央区伏見町。
＊3　**天満町**……市場が新天満町に移った後は本天満町になる。現在の中央区伏見町。
＊4　**上魚屋町**……現在の中央区安土町・備後町。

永代浜の干魚市

生魚商と分かれたあとの塩干魚商はどうなったか。元和八年（一六二二）、阿波座堀川の北岸を開発してできた葭島新地に移転、町名も新靱町・新天満町・海部堀町となり、総称して靱三町とよばれるようになった。新しい塩魚・干魚・鰹節・干鰯《ほしか》の市場は、寛永元年（一六二四）に海部堀川（下図）が開削され、永代浜ができると、水運・荷揚げの利便性が高まって大いに発展した。特に干鰯は日本最大の集散地になる。干鰯は脂をしぼった鰯を干したもので、乾燥肥料として収穫増大に貢献、江戸時代の農業を支えた。干鰯の仲買商人も増え、居住地は靱三町のほか、周辺の油掛町・信濃町・海部町・敷屋町・京町堀にまで広がり、その一帯がまとめて「靱」と通称されるようにもなった。

こうして雑喉場魚市場と靱海産物市場のふたつの市が生まれたが、両者の取り扱い品は当初、はっきり区分されていたわけでなく、たびたび紛争を招いた。ようやく区分が確定したのは天明三年（一七八三）である。以後、靱三町

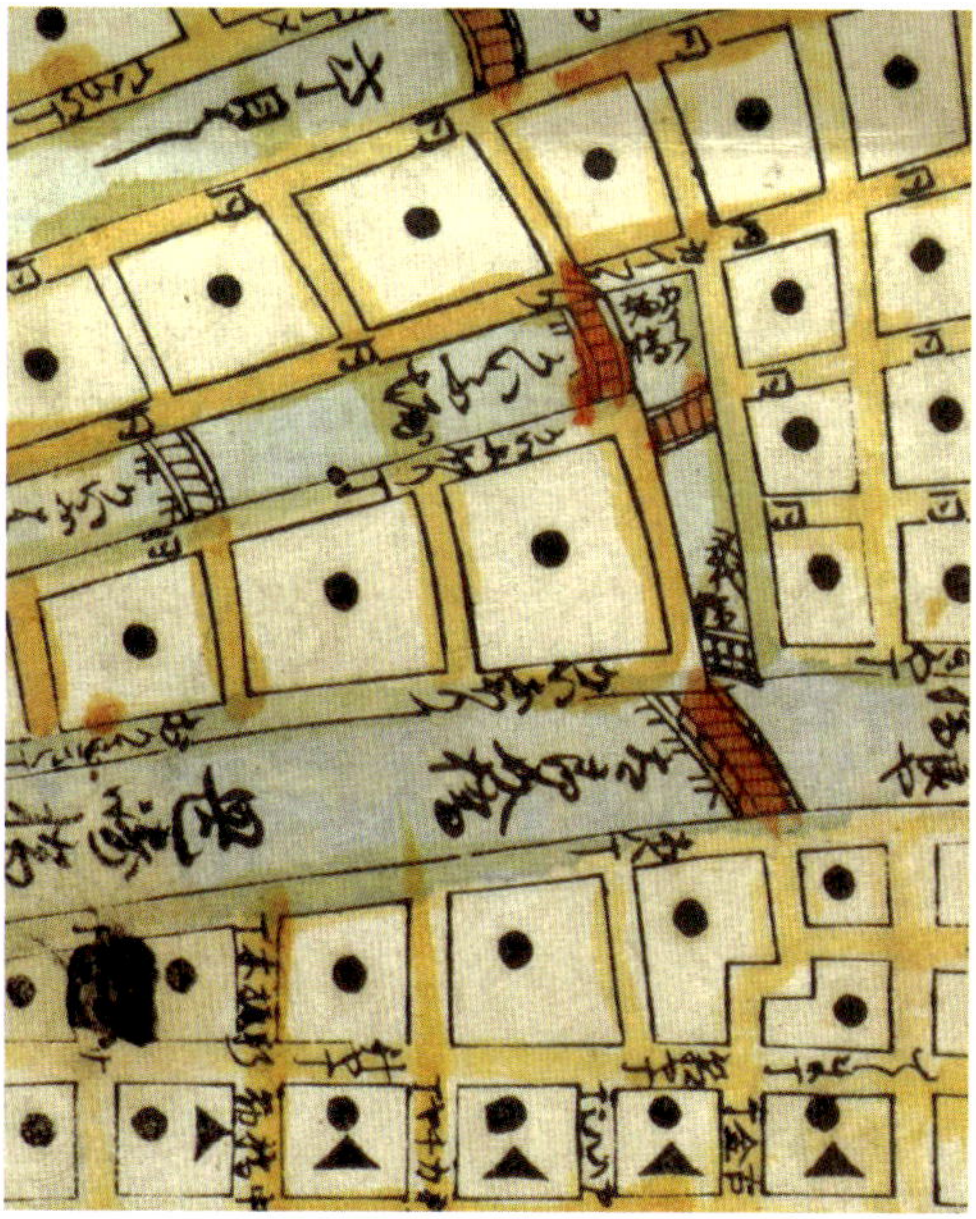
海部堀

の問屋の取り扱い品目は、塩魚類・干魚類・生干魚類・鰹節類・生節類・煎雑喉類・塩辛類・ゴマメ・カマスコ・茹でエビ・ノシアワビ・カラスミ・スルメ・ニシン・身鯨・皮鯨・鯨の炒殻《いりがら》・けた煎海鼠《いりこ》・乾サケ・カズノコ・棒ダラ・串貝煮貝繋《つなぎ》貝の二十二品目と定められた。大坂にはこのほか、京橋に川魚市場があった。大坂城内に鮒などを納め、御用市場としても知られていた。水産物に関して、三つの専門市場が共存をはかっていたのである。

三、阿弥陀池伝説と堀江の変遷

元禄九年大坂大絵図で島之内の西に目をやると、上・下難波領の広い空き地がある。難波村に属し、一部は畑になっていた。元禄十二年大坂大絵図では堀江新地にさまがわりしたエリアだ。変わらないのは、どちらの図にも目印のように描かれた阿弥陀池（次頁図および下図）である。

元禄十一年（一六九八）、阿弥陀池のほとりに和光寺の本堂が建ったが、元禄十二年版大坂大絵図にまだ寺は記載されていない。和光寺といえば、本田善光という人物が阿弥陀池から阿弥陀如来の仏像をひろいあげ、信濃の善光寺に持ち帰り、善光寺を建てて本尊にしたとの逸話があるが、あくまで伝承である。じつのところは、元禄七年（一六九

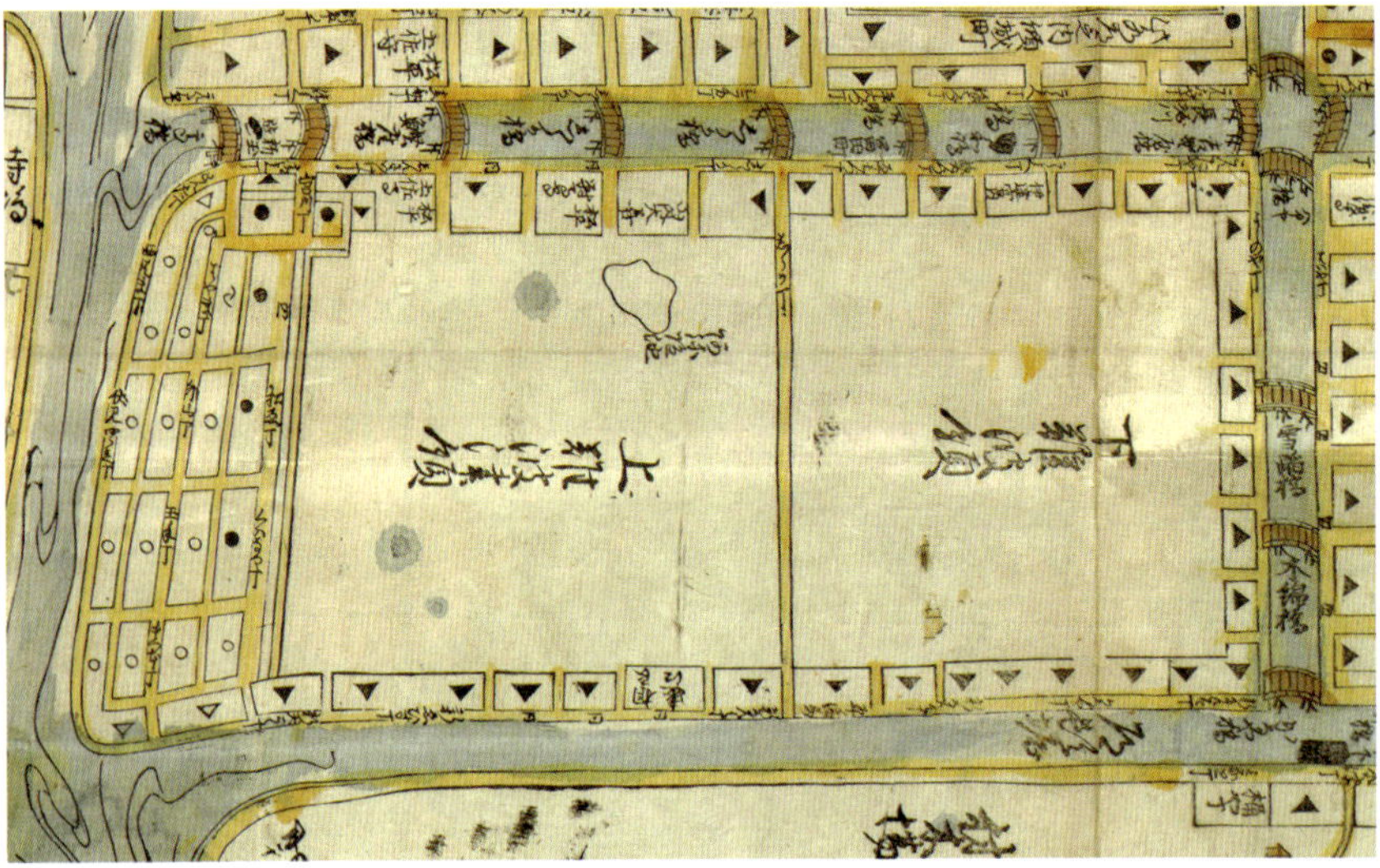

上難波領・下難波領

四）に信濃の善光寺が四天王寺に出開帳《でがいちょう》をしたとき、善光寺講ができ、池畔に善光寺本堂仏前の灯明をうつして常夜灯をおいたのが縁で、善光寺の末寺として和光寺が建てられたとの説が有力のようだ。阿弥陀池は蓮の池で亀が住み、銀杏の木が茂り、小橋が架かって、大坂名所になった。和光寺も寺の名より、阿弥陀池さんとよばれて親しまれた。

池には、日本に仏教が伝来したころ、物部氏と蘇我氏の争いで仏像が投じられた難波の堀江と同じ場所だとする俗説もあった。『日本書紀』に記された伝承だが、難波の堀江とは別の場所である。ともかく逸話の多い池であった。

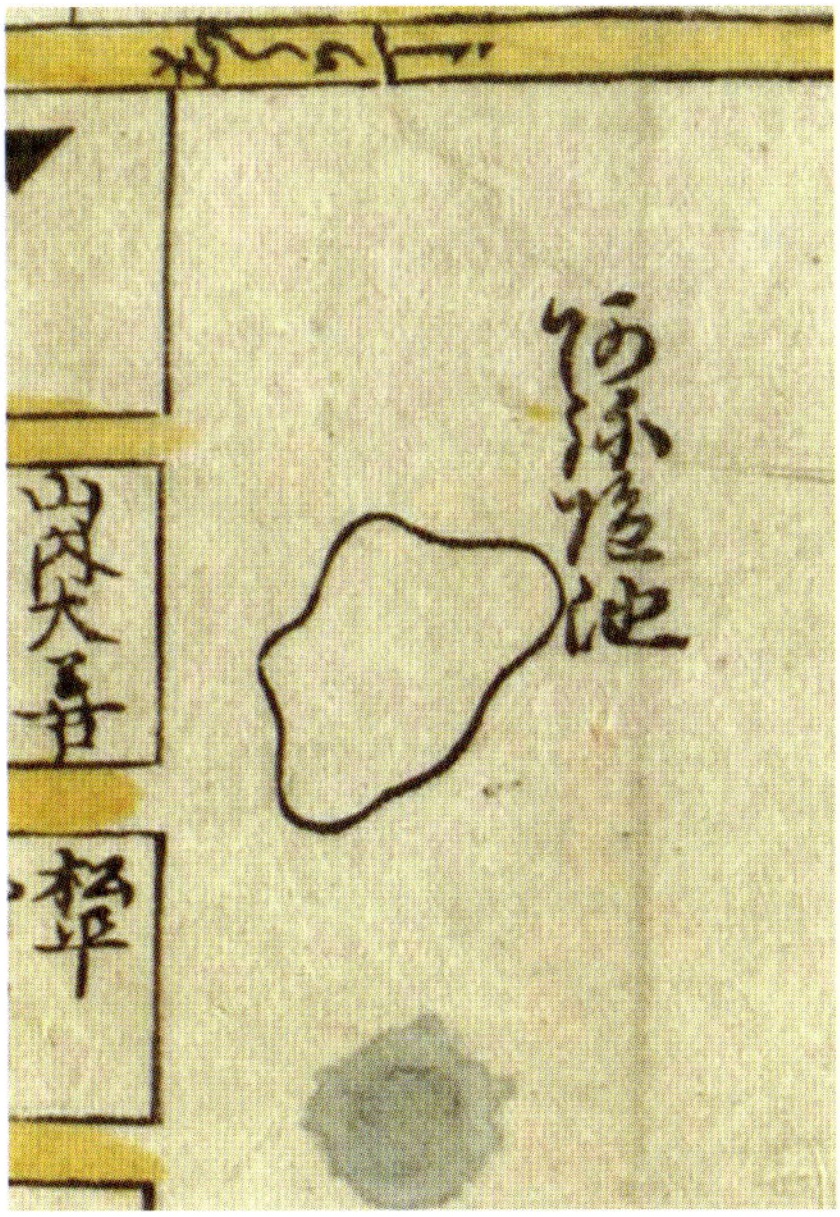
阿弥陀池

創建のころの境内は池をふくめて約千八百坪と広かった。寺の宗旨の浄土宗を信仰する徳川家から、永代寺地として与えられた土地である。寺が建っておよそ百年後に刊行された『摂津名所図会』には、池に放光閣と呼ばれる宝塔、境内に薬師堂、閻魔《えんま》堂、金毘羅《こんぴら》権現などがならぶ壮観な景色が描かれている。「阿弥陀池和光寺」と題されているとおり、池と寺はひとつだった。

さて、阿弥陀池のまわりは、堀江新地も誕生する。新地はにぎわいが値打ち。やがて遊里と相撲が堀江の名物になっていく。阿弥陀池和光寺と新地の発展も、ひとつのものだった。

遊里と相撲と街の風景

元禄十一年（一六九八）、河村瑞賢が幕府の命で堀江川を開削し、堀江に新地がひらかれた。町の振興のため茶屋株六十八株が許され、遊里が形成されていく。勧進《かんじん》相撲の開催が定着すると、相撲茶屋の名で色茶屋もできた。やがて和光寺の近くにも四十七軒の青楼がならび、「いろは茶屋」とよばれるようになる。

享保九年（一七二四）の妙知《みょうち》焼け*1で新町の廓《くるわ》が焼けたときには、堀江遊里が大いに繁盛した。図で見たとおり、新町と堀江は目と鼻の先。島之内とも隣あわせで、堀江にはおのずと花街の空気が流れていた。

堀江では太棹[*2]の巧みな芸妓に人気があった。阿波座にいた阿波商人が堀江の開発後、当地に移ってきたのが背景にあるという。阿波は浄瑠璃が盛んで阿波商人は義太夫の太棹になじんでいた。天明（一七八一～一七八九）の頃には小梶という名の歌曲に長じた名妓も出て、堀江遊里の名を高めた。

阿波商人は阿波名産の藍玉（藍の原料）を扱っていたから、堀江には藍玉の問屋が集まり、堀江川沿いに藍玉の土蔵が並んだ。長堀の材木商人なども堀江で遊ぶ者が多かった。街の成り立ちが、こうしてさまざまなかたちで堀江の風景にあらわれた。

堀江は大坂相撲の発祥の地でもある。堀江新地の土地を入札で手に入れた町人たちが、地代銀の上納と新地繁栄のため、元禄十五年（一七〇二）に相撲の勧進興行[*3]を催した。十三日間の興行は成功し、あがった利益の中から三百両が地代銀として上納された。その後も勧進相撲はたびたびひらかれ、享保十五年（一七三〇）からは年一回の堀江新地相撲興行が定例化する。天明期（一七八一～一七八九）以降、難波新地に相撲興行の中心が移るまで、勧進相撲は堀江の繁栄を支え、華を添えたのである。

＊1　妙知焼け……大坂三郷六百余町のうち四百八町・一万二千二百五軒が焼けた大火事。江戸時代の大坂で最大の火災となった。出火の原因をつくった尼僧の名をとって、この名がある。

＊2　太棹……義太夫の三味線。細棹・中棹にくらべて、棹が太く胴も大きい。

＊3　勧進興行……当初は寺社の普請などのために寄付を勧進する興行を意味したが、後に娯楽を目的にした商業的なものとなる。

四、新町遊廓、かこいと大門

次頁図で四角く囲われた区画は、新町の遊廓。大坂でただひとつ公許となった遊女町である。京都は島原、江戸は吉原が唯一の公許で、他所の遊女は私娼[*1]とされた。島原・吉原・新町は江戸時代の三大遊廓である。大坂の遊里では新町が別格だった。そのぶん人の出入りにも厳しく、町の周囲は竹垣と溝でかこわれ、大門だけが外界と行き来できる通路だった。廓《くるわ》が、城や砦などのまわりに築かれた土や石の「かこい」を意味するように、図の新町遊廓も「かこい」の中に描かれている。

新町の北に立売堀川、南に長堀川、東に西横堀川がめぐっている。大門は西側にひとつあるだけだった。大坂のに

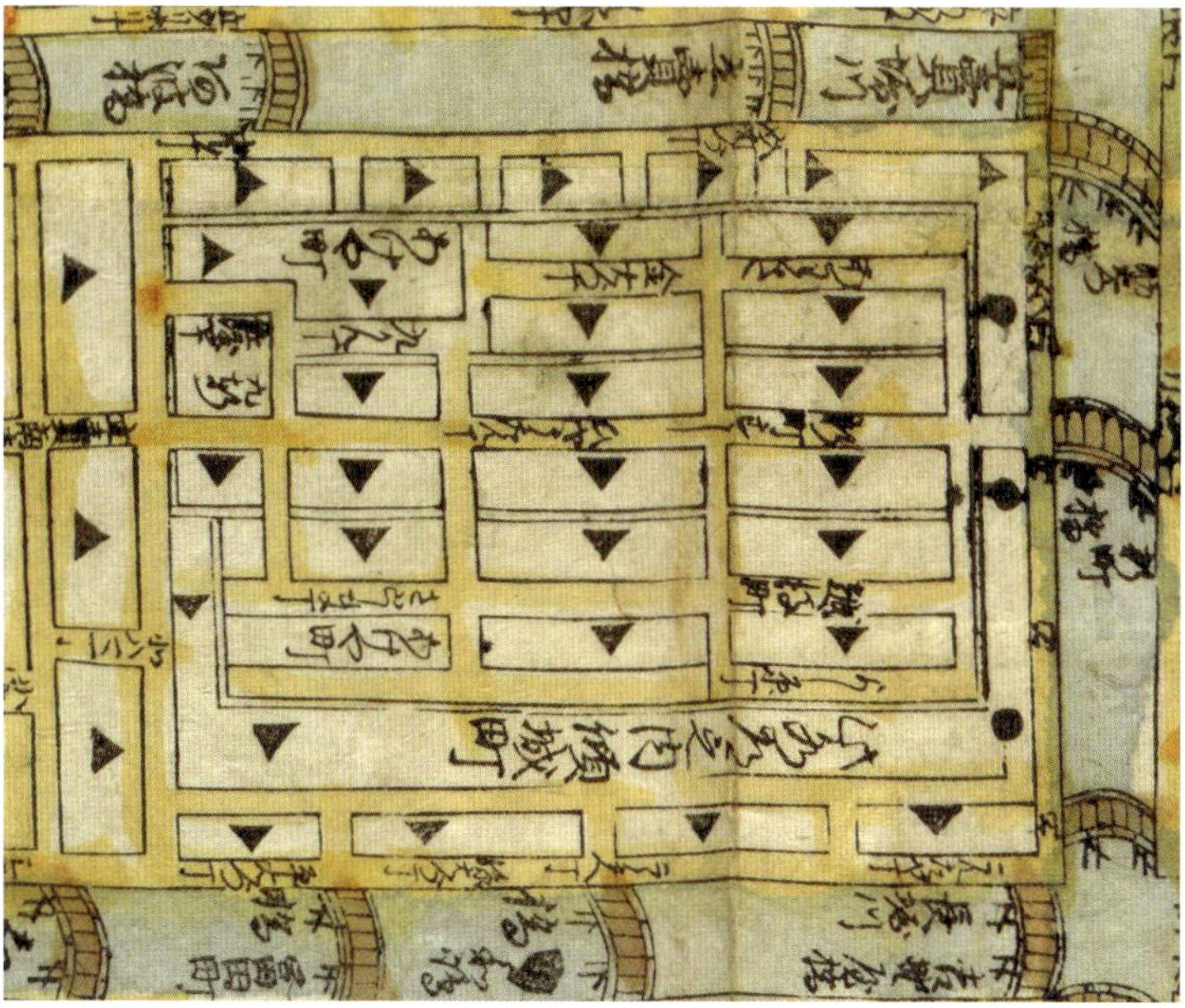
新町遊廓

ぎわいに背を向けるような姿である。幕府の意向で島原や吉原が人里から距離を置いた場所につくられたのと同様、新町も悪所として立地や通行に制限が設けられた。ところが、明暦三年（一六五七）に東口にも大門ができる。それまで船場方面からの客は「かこい」の外を大まわりして西の大門から入っていたのが、便利になった。その後、周囲の竹垣が取りはらわれて板塀になり、寛文十二年（一六七二）には西横堀川に新町橋が架けられ東大門の正面に通じた。享保十二年（一七二七）には吉原町の大門が許され、宝暦四年（一七五四）には新京橋町の大門も許された。

　大門には番所があり、門番がいて見張りと取締りを行っていたが、門が増えるにしたがって管理はしだいにゆるやかになり、のちには遊女も一定の祝儀を払うと出入りできるようになった。時代にあわせて閉鎖性と開放性を天秤にかけていた遊廓商売の一面である。もっとも、江戸吉原は幕府のお膝元でもあり、時代が下っても遊女の出入りは厳しく管理された。公許ゆえの不自由さは江戸の方が大きかった。

　上図はふたつの大門があった時期の新町で、西と東にそれぞれ「かこい」の開口部（出入り口）があるのが見える。大門の番所では武家などのお忍びの客に顔隠しのための編み笠を貸し出し、刀をあずかった。富裕な町人、近隣の分限者、羽振りのいい旅商人、上り下りの西国侍などが客筋だった。大門をくぐれば別世界。元禄期の新町の遊女は、太夫三十八人、天神九十一人、鹿子位《かこい》五十二人、端女郎《はしじょろう》をふくめて八百余人がいたといわれる（宮本又次『京阪と江戸』）。太夫・天神・鹿子位・端女郎は遊女の位の名[*2]。もちろん太夫が最高位である。

*1 私娼……公許ではないが町奉行所は黙認した。非公認の遊所は島場所とよばれた。

*2 遊女の位……太夫・天神・鹿子位・端女郎の順に位と値段が下がる。のちに端女郎はなくなり、店女郎・和気ができる。

芦の原に遊所を集めて

新町遊廓の前史として、下難波領に遊所があった。成安道頓を引き継いで道頓堀川を開削した安井久兵衛が、この一帯の繁栄策として設けたものである。江戸時代のはじめのことで、幕府の公許ではなく大坂城代のみの許可だった。豊臣時代から遊所は市中に点在していたが、そのひとつ西横堀の東側、又一町（のちの伏見・呉服町）にあった遊里が元和五年（一六一九）、道頓堀に移されて瓢箪町となった。瓢箪町は寛永六年（一六二九）に、図の場所に移った。一帯は芦の生い茂った沼地だったが、幕府の政策によって市街の中心からはずれた場所に遊里を集めて管理がはかられたのである。移転によって新しくできた町で、新町の名もそこから起こった。

瓢箪町を支配した木村又次郎は加藤清正の家臣の曽孫といわれ、家に伝わる千成瓢箪《せんなりひょうたん》（秀吉の馬印）を玄関に飾った。瓢箪町が新町の中心になる。同じときに新町の北の仁右衛門町にあった遊女町も移ってきて阿波座町になり、のちに新京橋町となった。続いて福島の新堀という遊女町も移転してきて金右衛門町（のち新堀町）に。寛永二十年（一六四三）には上博労町の遊女町が移って佐渡島町になり、承応三年（一六五四）には北天満の葭原の遊女屋が葭原町（吉原町）に。明暦三年（一六五七）には川口三軒家の遊女屋が来て越後町となった。こうして新町遊廓のかたちができあがり、瓢箪町・新堀町・越後町・佐渡島町・新京橋町の五つは五曲輪《くるわ》と称して、無役[*1]とされた。葭原町は遊廓の南に隣接して、外にあった。曲輪の余り地には、高麗橋通りの佐渡屋忠兵衛が拝領して屋敷を構えた佐渡屋町、玉造の九軒茶屋が移ってきた九軒町もでき、活況をみせた。

新町遊廓は傾城《けいせい》町ともよばれた。遊廓は公許の遊所の意味。傾城は遊廓にいる遊女をさし、他所にいる私娼は傾城とは呼ばなかった。中央にひょうたん町、その北東に阿波座町、金右衛門町、西大門に接して九けん町、佐渡屋町、東に越後町、佐渡島町、よし原町の文字が見える。

*1 無役……課役がない。つまり無税。

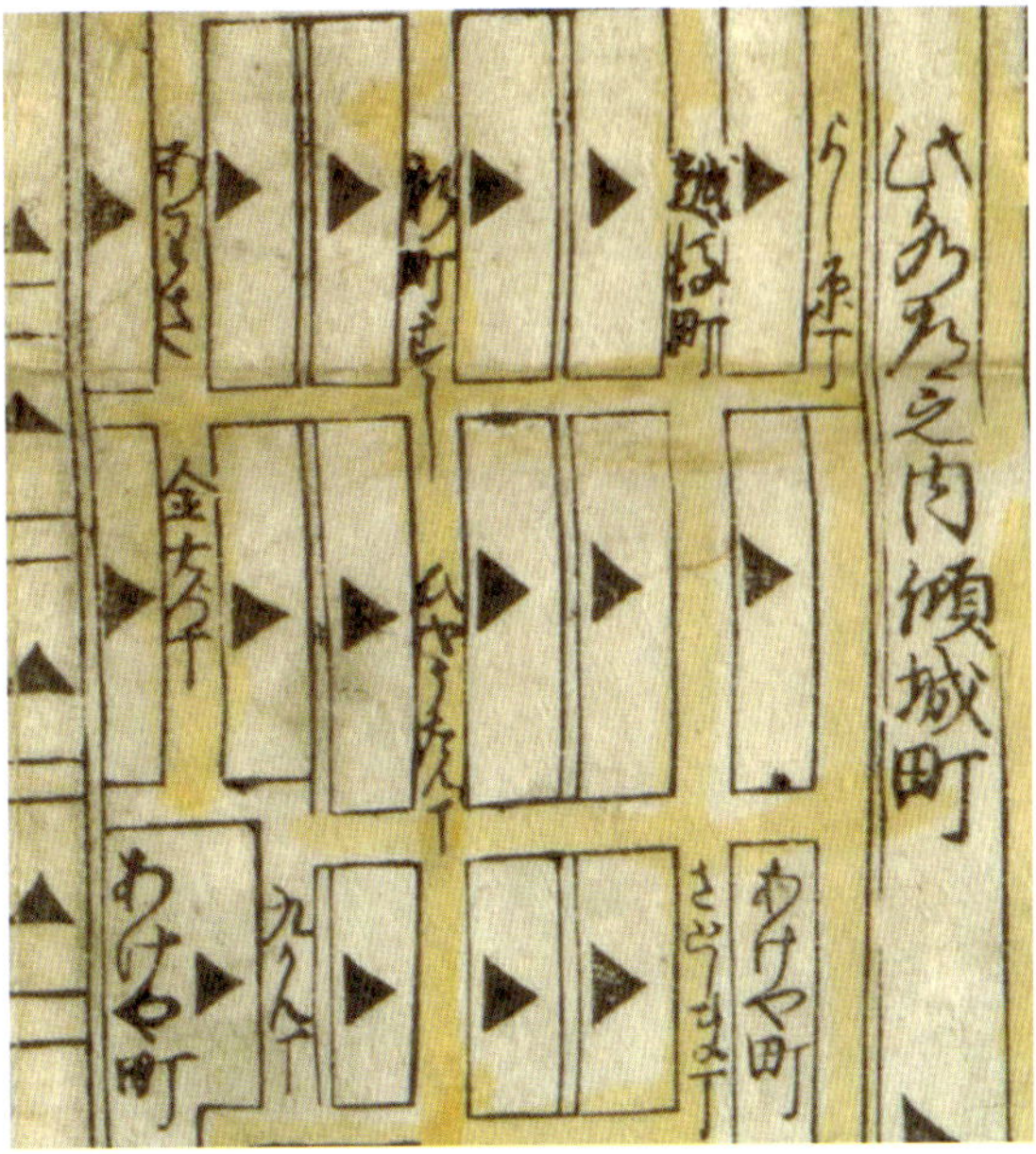

新町遊廓の中心に瓢箪町の記載がある

五、長堀の材木と鰹は土佐から来た

長堀川と西横堀川が交わるところに四つの橋が架かっている。大坂名所に数えられた四ツ橋（下図）である。四ツ橋から西の川筋は西長堀川ともよばれ、最後に木津川と合流した。次頁図を見れば、その途中に「志らが橋」と記された橋がふたつ並んでいる。東側を上白髪橋あるいは問屋橋とよび、西側を下白髪橋といった。上白髪橋を過ぎて川下へ向かうと、材木を切る浜仲仕が威勢よく歌う木挽き歌が聞こえた。明治のころまで「どーと、せーあー、セー、よーいさー、セー、あれこれ、よんやさーえー」と歌う声

四ツ橋

が浜で響き、川の中では鳶仲仕《とびなかし》が丸太の上で曲乗りをして道行く人を楽しませた。このあたりの浜は、材木市で有名だった。

長堀には元和のころから、諸国の材木が大量に入ってきた。大坂の陣のあとの復興期である。材木はいくらでも必要だった。半分以上が土佐のもので、大和の吉野、阿波、九州からも材が来た。材木市場ができ、ますます多くの材木が集まり、承応三年（一六五四）には町奉行が竹木問屋・仲買から十人の有力者を選んで「十人材木屋」とする。『摂津名所図会』は「長堀材木浜」の活況を「関西土佐及び日向より諸材をここに積上《つみのぼ》せて朝の市に数千金を買《あきな》う」と記している。もっとも出荷量の多い土佐藩の材木は御材木とよばれ、第一番に市売りにかけられた。

下図で長堀川の両岸に「松平土佐守」とあるのは、土佐藩の蔵屋敷があった場所である。鰹座橋と玉造橋のあいだの南岸にある蔵屋敷には、鎮守の社の土佐稲荷が設けられていた。創建は天正年間（一五七三～一五九二）とも伝えられるが、土佐藩によって社殿が造営されたのは享保二年（一七一七）で、まだこの図には載っていない。蔵屋敷の近くに架かる鰹座橋（下図）は、ここに土佐の鰹を扱う問屋が集まったところから名づけられた。白髪橋も、土佐の白髪山から伐りだした材木が売られた場所にちなんだ命名である。長堀と土佐の縁は深い。

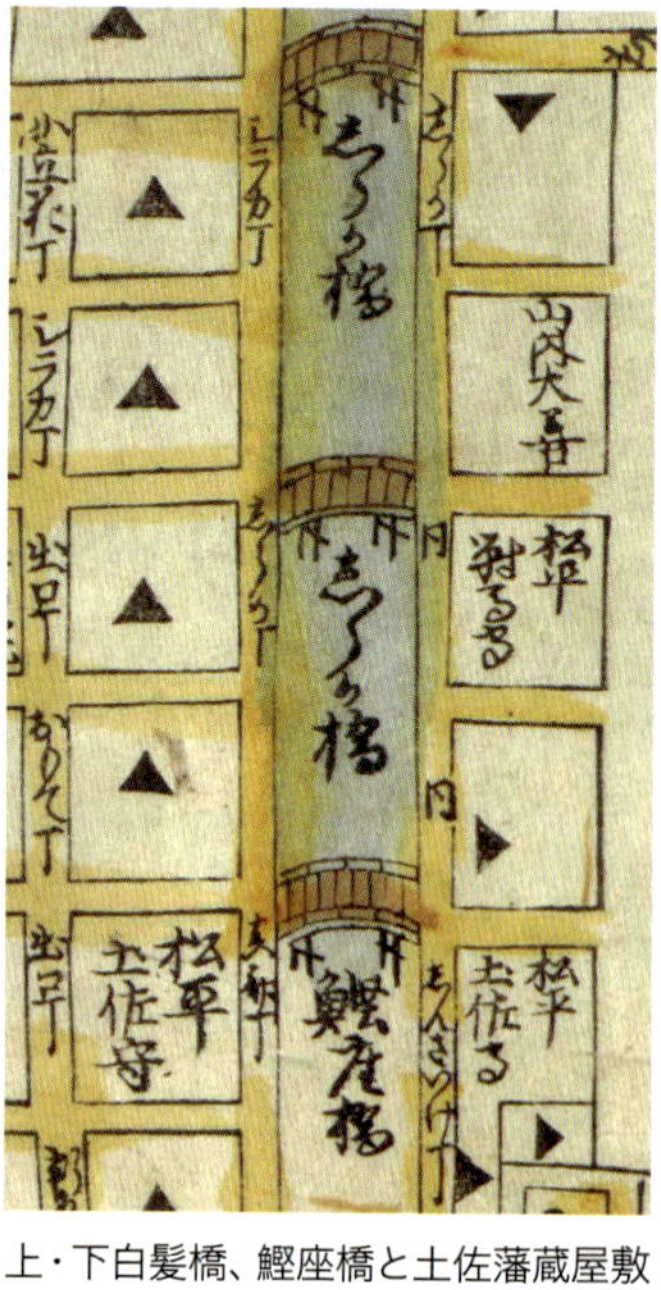
上・下白髪橋、鰹座橋と土佐藩蔵屋敷

世界規模の長堀銅吹所

東南の角で、西横堀川と道頓堀川が交わるあたりに金屋橋（次頁図）が架かっている。そこから西へ、道頓堀川北岸沿いの釜屋町（図のカマヤ丁）の一帯は、銅吹屋が多かった。江戸時代から明治のはじめまで、釜屋町という町名もあったほどで、正徳年間（一七一一～一七一六）の大坂銅吹屋仲間十七名のうち九名までが堀江に住んでいたとされる。

大坂は銅吹の本場だった。銅吹とは銅の精錬業をさし、銅吹屋仲間筆頭の住友家（泉屋）の名は諸国に鳴り響いていた。住友家は元禄四年（一六九一）に別子銅山の経営をはじめており、淡路町にあった本宅も長堀に移していた。住友家の敷地は東西約百十メートル・南北約四十メートルの広大な街区を占めた。西半分が店と屋敷で、東半分が銅吹所である。享保六年（一七二一）の住友家で銅吹にたずさわっていた職人は一一九人。そのうち三十四人が吹大工とよばれる高度な技能をもつ熟練者で、賃金は建築大工などより高く、上級手代に匹敵したとされる。銅精錬では諸国の鉱山から送られてきた荒銅を高熱で溶かして銀や鉛を分離し、不純物を取り除いて、輸出用の棹銅《さおどう》*1や国内消費用の丁銅《ていどう》*2を製造した。長堀川を行き交う舟からは銅吹所から上がる煙が見えただろう。銅吹に欠かせない燃料を供給する炭問屋も堀江川両岸に並んだ。いずれも、吹屋浜とよばれたこの一帯ならではの風景である。

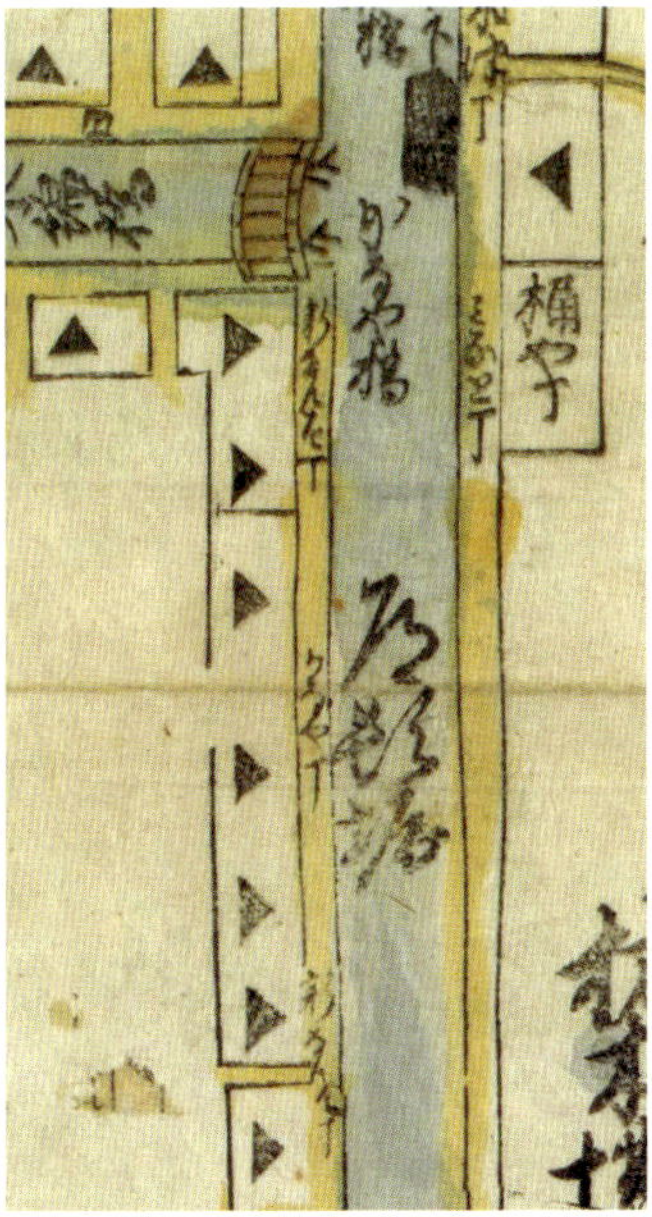
金屋橋と銅吹屋が集まった一帯

大坂には銅座*3が置かれ、銅は長崎貿易の主要な輸出品とされた。幕府は輸出用に年間五百万斤の銅の精錬を命じ、荒銅の大坂積登《つみのぼ》せを奨励、諸国の大坂への廻銅は必ず銅吹屋仲間に届出をさせ、かこい置きなどを禁止した。統制と保護のもと、長堀川沿いで輸出用だけで毎年、数千トンの銅が生産された。その規模は、当時の世界最大クラスであったという。

*1 **棹銅**……羊羹のような棹型の地金で純度が高い。最高の技術を要した。
*2 **丁銅**……板状の地金。
*3 **銅座**……銅の精錬と専売をつかさどった役所。

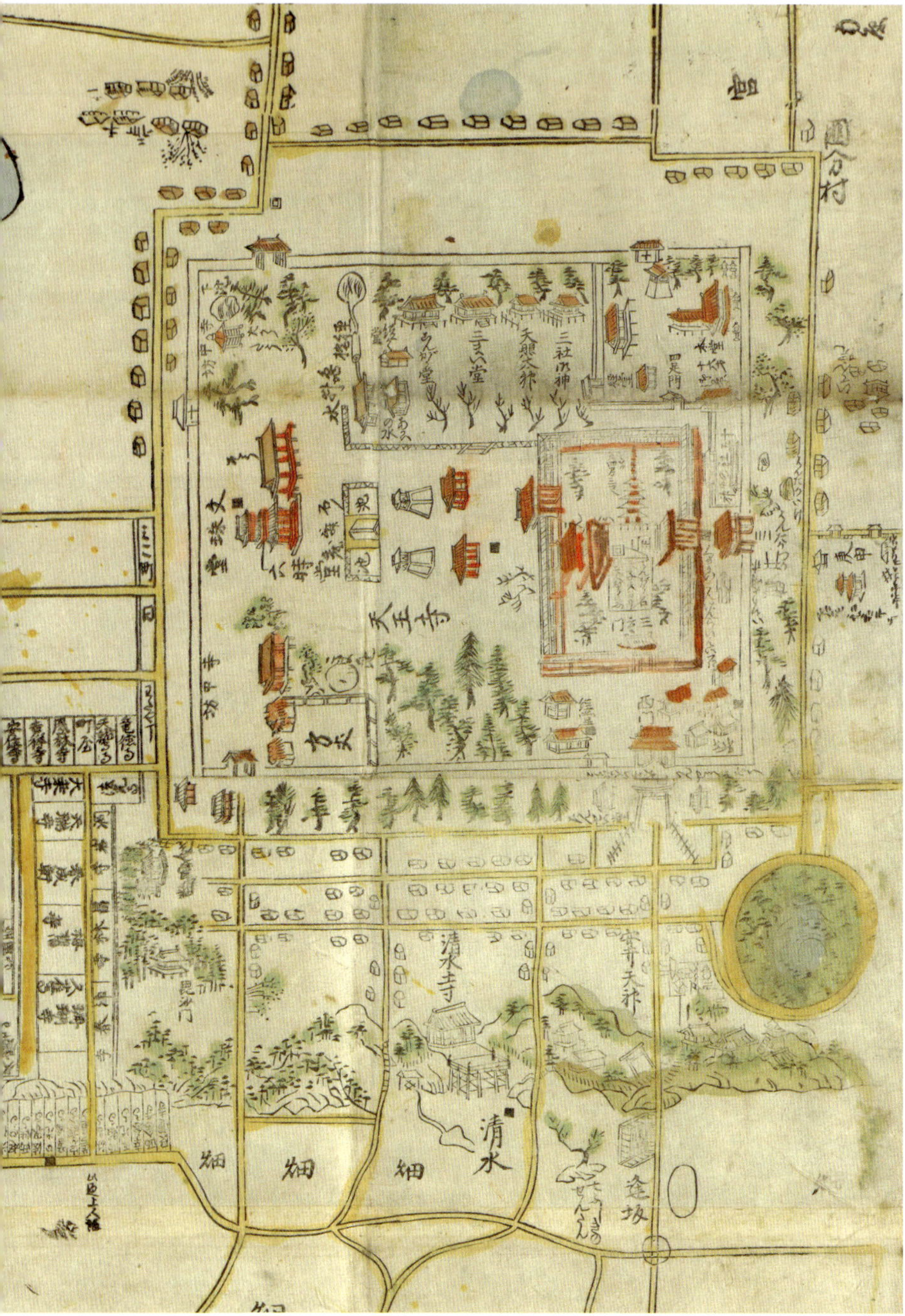
国分村
天王寺
六時堂
清水寺
清水
畑
畑
畑
逢坂

土岐伊豫守
家中
同
御鉄炮
奉行同心
野畠
大念寺
伯雲寺
専念寺
誓願寺
源光寺
西光寺
庵
尾座
池

一、大坂の寺院の半分が寺町に

下図に見るとおり、南北に整然と寺院がならぶ。『摂津名所図会』に描かれた枝垂れ桜の隆泉寺や藤花の月江寺がある。生玉社・高津社のふたつの神社も見える。高津清水と記されたあたりには森と井戸の印。南には四天王寺がひかえている。一帯は参詣とともに行楽の名所にもなっていた。

大坂城の南に寺町がつくられたのは、防衛強化が目的だといわれている。土塀に囲まれ、頑丈な門、広い敷地と建物を持つ寺院は軍勢の集結・駐留・防衛に適しており、密集すれば防衛線になる。今日では通説となった見解である。

大坂城は北に大川・大和川、東に平野川・猫間川、西に市中の堀川、さらには海をひかえているが、南にあった秀吉時代の空堀は大坂の陣で埋められていた。そこで市中やその周辺に散在していた寺

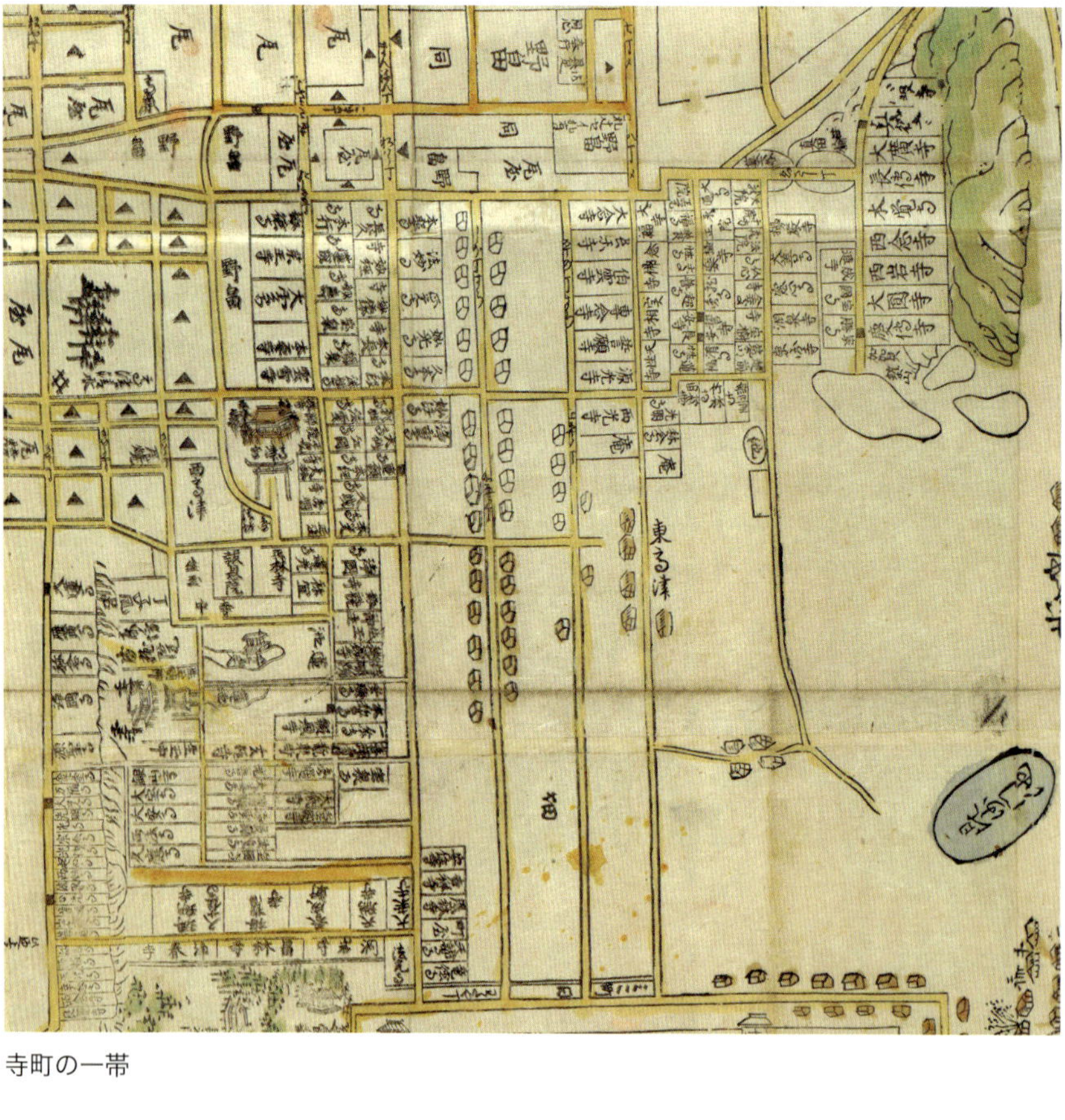

寺町の一帯

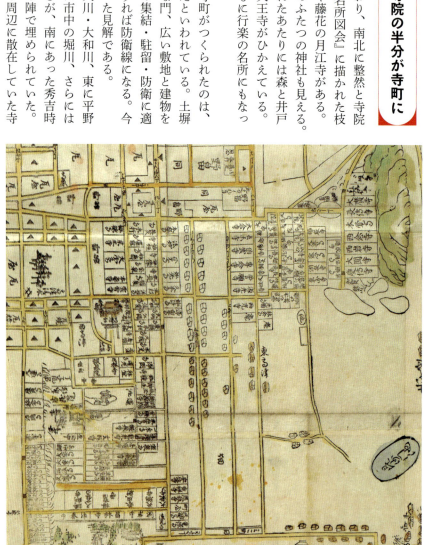

を南側に移して集め、寺町ができたという。豊臣時代の大坂城下にも寺町があったと伝えられるが、詳細は明らかにされていない。

秀吉は京都でも寺町をつくったが、このときは応仁の乱で荒れた都の復興のため、市内の整備・効率化と身分別の棲み分けの徹底をはかるのが目的だった。大坂の寺町[*1]も、大坂の陣後の市街整備の一環として実施されたとする指摘がある（玉置豊次郎『大阪建設史夜話』）。寺町創設の時期についても大坂城主・松平忠明の大坂復興期と考えられてきたが、近年は大坂が幕府直轄地となった元和五年（一六一九）以後とする説が有力とされている（『新修大阪市史』）。

一方、真宗寺院は寺町に移転せず、市中に残った。真宗は戦国期に急速に発展し、道場など寺院とはいえないかたちで根をおろしている場合が多く、肉食妻帯の宗門で、一向一揆の経緯もあり、幕府は他宗と別扱いとしたのである。大坂は石山本願寺創建の地で、大坂町人のおよそ半分が真宗の門徒だったのも一因になっただろう。

元禄年間（一六八八～一七〇四）に編纂された『地方役《じかたやく》手鑑《てかがみ》』によると、大坂の寺の数は総計三百四十五。うち百四十三か寺は町なかの東西本願寺とその末寺[*2]で、天満にも三十二か寺があった。とはいえ寺町には半分近い百五十五か寺が集中していた。坂と緑を背景に本瓦と土塀、山門がつづき、寺町ならではの風景が、図からも想像される。現在も寺町はかつての景観の名残を色濃くとどめている。

＊1　**大坂の寺町**……江戸時代のはじめに天満・小橋・東高津・西高津にも寺町がつくられた。

＊2　**末寺**……真宗寺院は、江戸時代になってから道場が寺号を得て寺となったものが多かった。

宗派別、寺町の勢力図

次頁の図は「辰歳増補大坂図」の一部。寺町の各寺に宗派をあらわす印がついた面白い絵図である。発行年は辰歳としか記されていないが、大坂城、東町奉行所、西町奉行所のところに、城代の松平因幡守、東町奉行の小田切喜兵衛、西町奉行の藤堂伊代の名が書かれており、それぞれの赴任時期が重なるのは天和元年（一六八一）～元禄五年（一六九二）で、この間に辰歳は元禄元年（一六八八）しかない。よって地図の発行年は元禄元年と考えられる。

宗派の印は、✚が真言宗、⧓が日蓮宗、◉が禅宗、□が天台宗、●が浄土宗知恩院流、▲が浄土宗百万遍流、∧が浄土宗黒谷流をあらわす。一見して、宗派別に区画が整理されているのがわかる。ここに記載された寺の多くが現在も残っている。印をもとに寺町全体の各寺院数を数えると、真言宗十一か寺、日蓮宗三十一か寺、禅宗二十か寺、天台

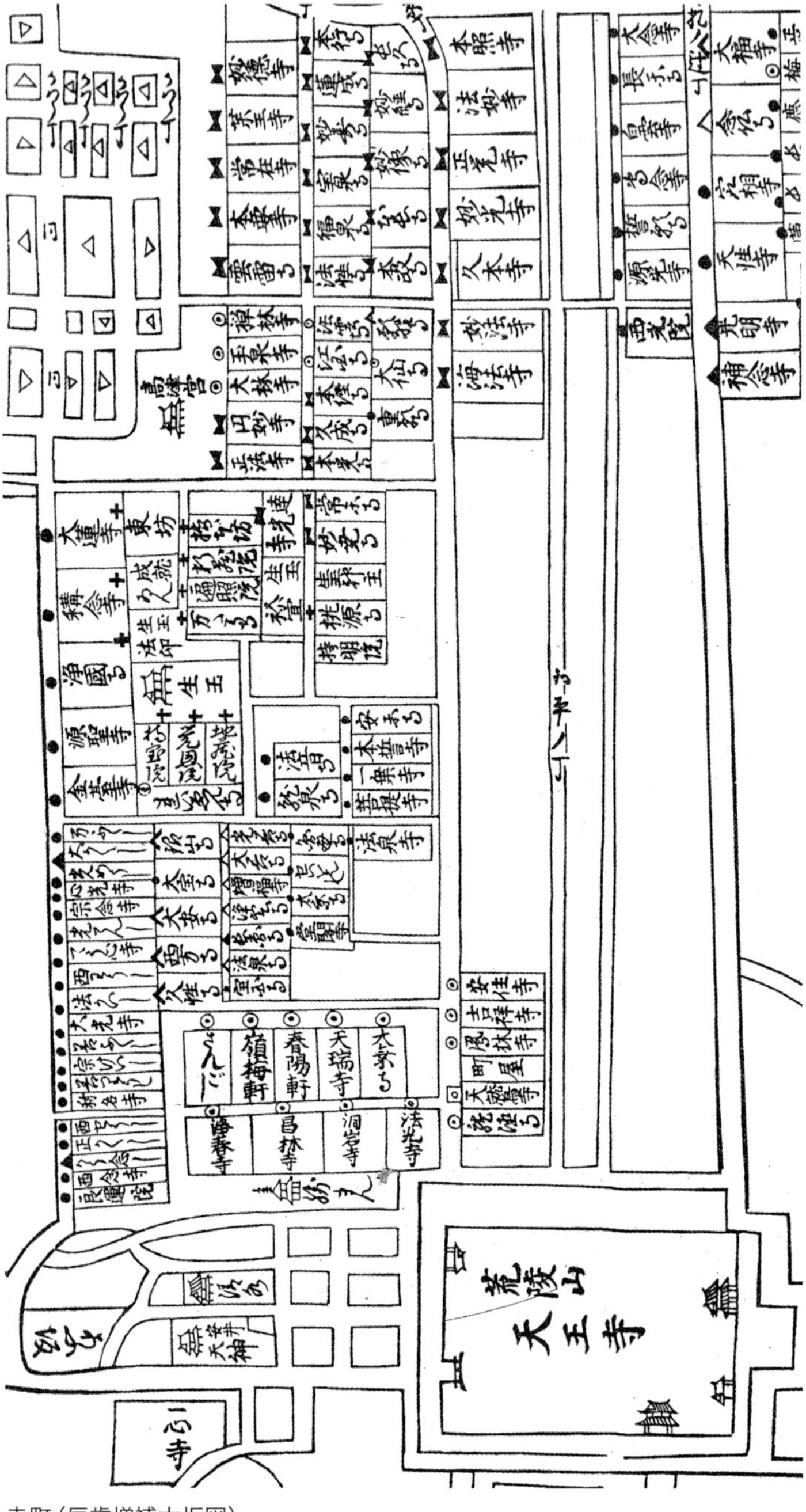

寺町（辰歳増補大坂図）

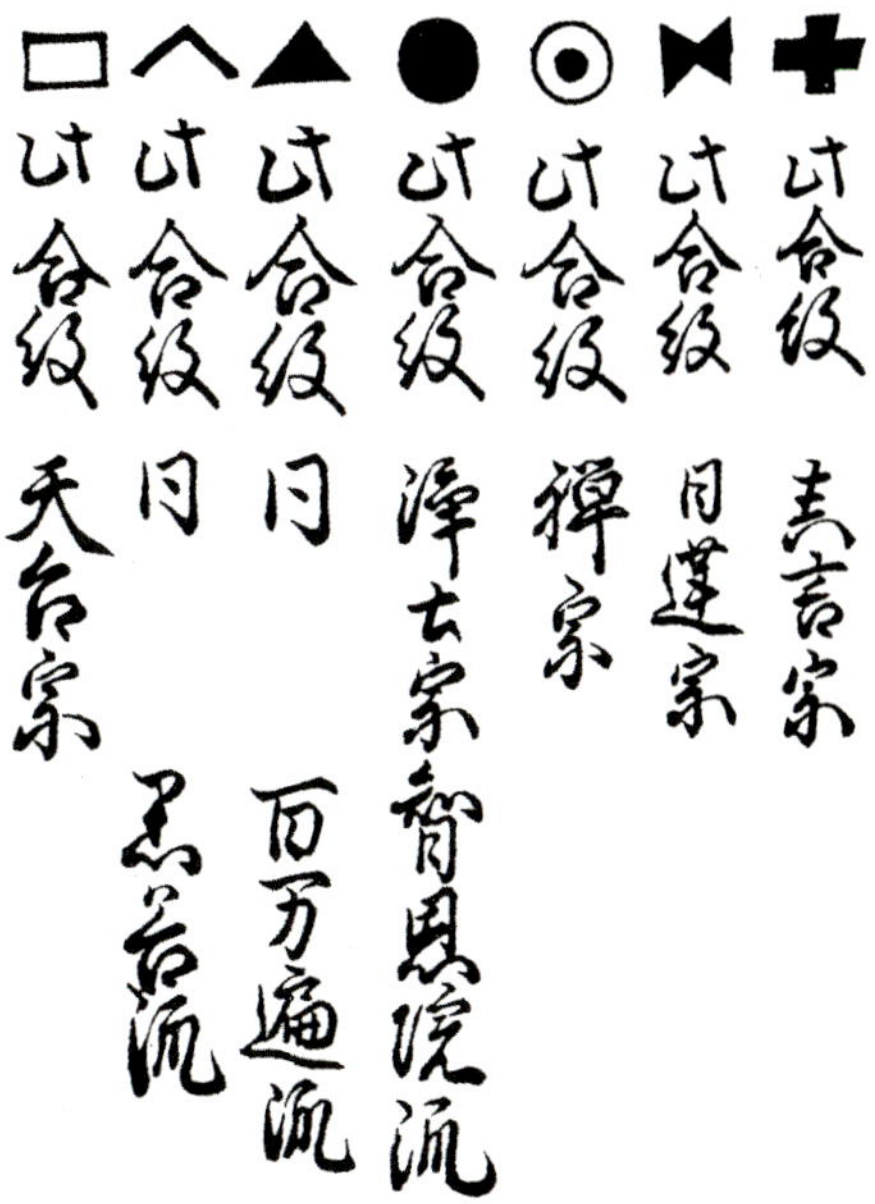

記号凡例（辰歳増補大坂図）

宗一か寺、浄土宗九十五か寺（知恩院流六十六・百万遍流十七・黒谷流十二）という内訳である。合計百五十八か寺で、先述の『地方役手鑑』の数字より三か寺多い。精度に問題はあるものの、寺町全体のうち浄土宗がおよそ六割を占め、町なかに多かった浄土真宗寺院とともに大勢力を築いていたのは確かだ。

寺町は上町台地の南端にあり、坂が多い。図では天王寺の七坂[*3]に数えられた源聖寺坂と口縄坂の位置が、じっさいよりも、それぞれ南側に一筋ずれて描かれている。そうした誤記はあるが、当時の寺町の姿を伝える格好の図であるのはまちがいない。

＊3　天王寺の七坂……真言坂・源聖寺坂・口縄坂・愛染坂・清水坂・天神坂・逢坂の七つ。

二、四天王寺は大坂城より大きく描かれた

寺町の南が四天王寺である。一見して大坂城よりもひとまわり敷地が広い。じっさいは城の方が広く、絵図は正確さに欠けているのだが、当時の四天王寺の存在感の大きさの反映と考えれば納得がいく。

次頁の絵には、境内の堂塔がひとつひとつくわしく描きこまれ、他の寺とは別格の扱いである。南大門に面して中門があり、その両側から回廊がめぐらされ、内側に五重塔と金堂が南北一直線にならぶ。法隆寺式よりも古い、いわゆる四天王寺式の伽藍《がらん》配置が描かれている。回廊の北側に池があり、四天王寺の創建者、聖徳太子を偲ぶ聖霊会《しょうりょうえ》の舞楽大法要が行われる石舞台がある。石舞台の前は昼夜六回の礼賛をする六時堂である。東南には聖徳太子を祀る太子前殿と太子奥殿が回廊でつながったかたちで建っている。ふたつの太子殿は太子像、太子観音が祀られた太子信仰の中心で、聖霊殿ともいう。現在の奥殿は八角形の屋根をもつが、絵の奥殿は通常の屋根形に描かれている。

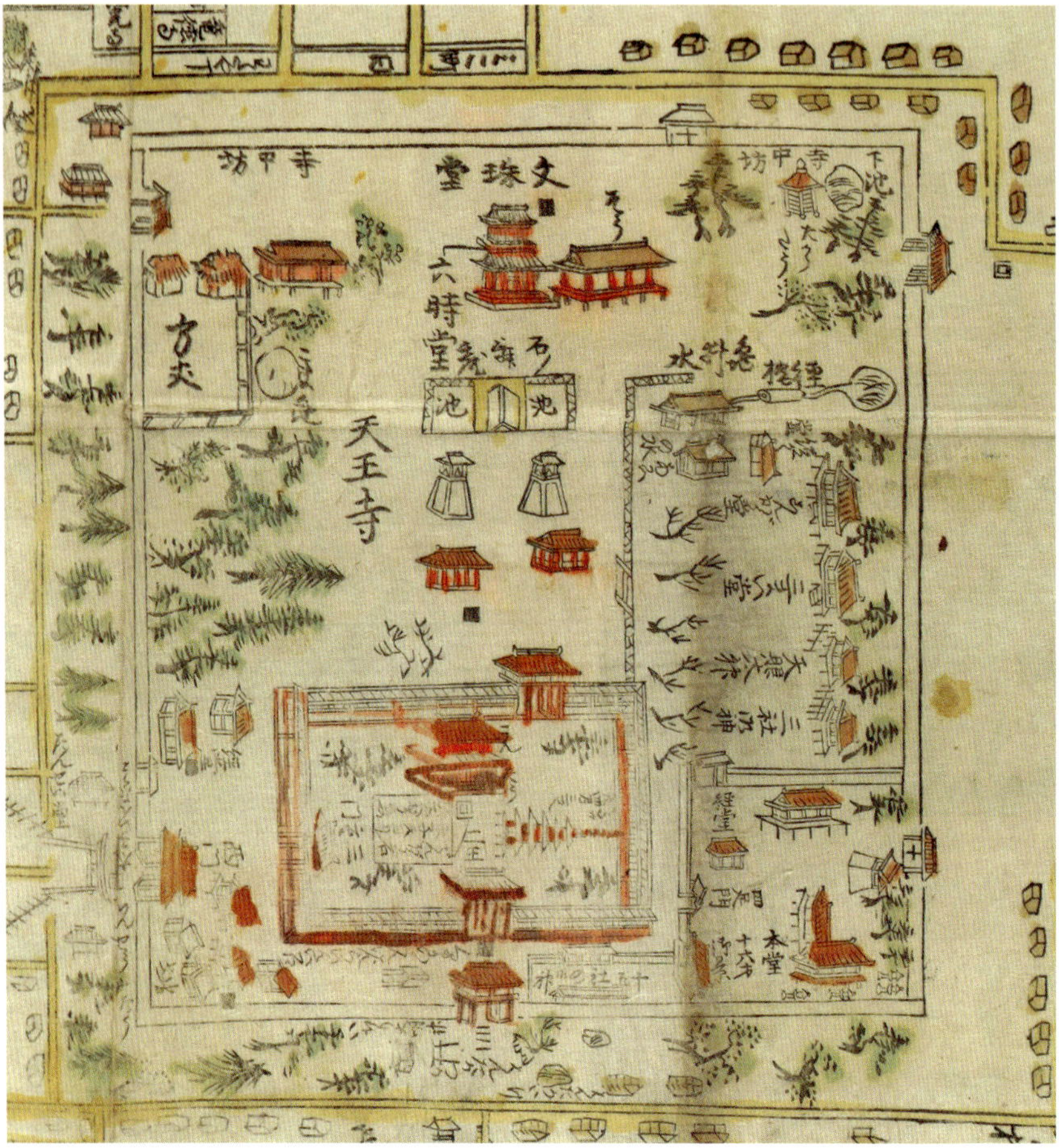

四天王寺

四天王寺は南大門が正門だが、昔も今も西門からの参詣客が多い。浄土信仰が盛んになった平安時代に、西門が極楽浄土に向いており、大阪湾に沈む夕陽が拝めることから、日想観《じっそうかん》[*1]の地として重要視されるようになった。西門前の石鳥居は神仏習合のあらわれで、永仁二年(一二九四)、西大寺の僧で四天王寺の別当になった忍性によって造立され、日本三鳥居のひとつに数えられる。太子信仰、浄土信仰、神道が一体となった四天王寺は、大坂で最古の歴史を誇るだけでなく、さまざまな信仰が重層的な厚みを持って歴史とともに培われ、多くの人々の崇敬をあつめてきたのである。戦災で多くの堂塔が焼失し、図に見える建造物で現存しているのは、本坊西通用門・本坊方丈・五智光院・六時堂・元三大師堂・石舞台・西門石鳥居の七つで、いずれも現在は重要文化財に指定されている。

境内の真ん中に「天王寺」と大書してある。古くから四天王寺は親しみこめて語呂よく天王寺さんと呼ばれてきた。落語の「天王寺詣り」も俗諺の「天王寺の七不思議*2」も四天王寺をさしている。

＊1　日想観……夕陽を極楽浄土と見る修行法。天皇家、藤原一門、空海などが四天王寺を訪れて行った。

＊2　天王寺の七不思議……石鳥居・ぽんぽん石・三面大黒天・底なし井戸・引導鐘・眠り猫・二股竹。他に諸説あり。

愛染もあれば毘沙門、清水、庚申もある

四天王寺の西北に勝鬘院《しょうまんいん》（下図）がある。聖徳太子が勝鬘経を講読した寺とされ、愛染《あいぜん》明王を祀ることから愛染堂ともよばれ、巷では愛染さんと親しまれた。本尊の愛染明王が愛欲をつかさどるところから、信仰すれば愛敬に恵まれ、美貌になるとされた。旧暦六月一日の愛染堂の夏祭りは、疫病にかからないように氷を食べる氷の朔日《ついたち》の風習とともに、大坂の夏の風物詩であった。

愛染堂の西に毘沙門《びしゃもん》（下図）とあるのは、もともとは四天王寺の鎮守の社として聖徳太子が建てた七宮*3のひとつで、江戸時代は毘沙門天を祀る社として知られていた。現在の名は大江神社である。愛染堂と毘沙門の社をつなぐ道が七

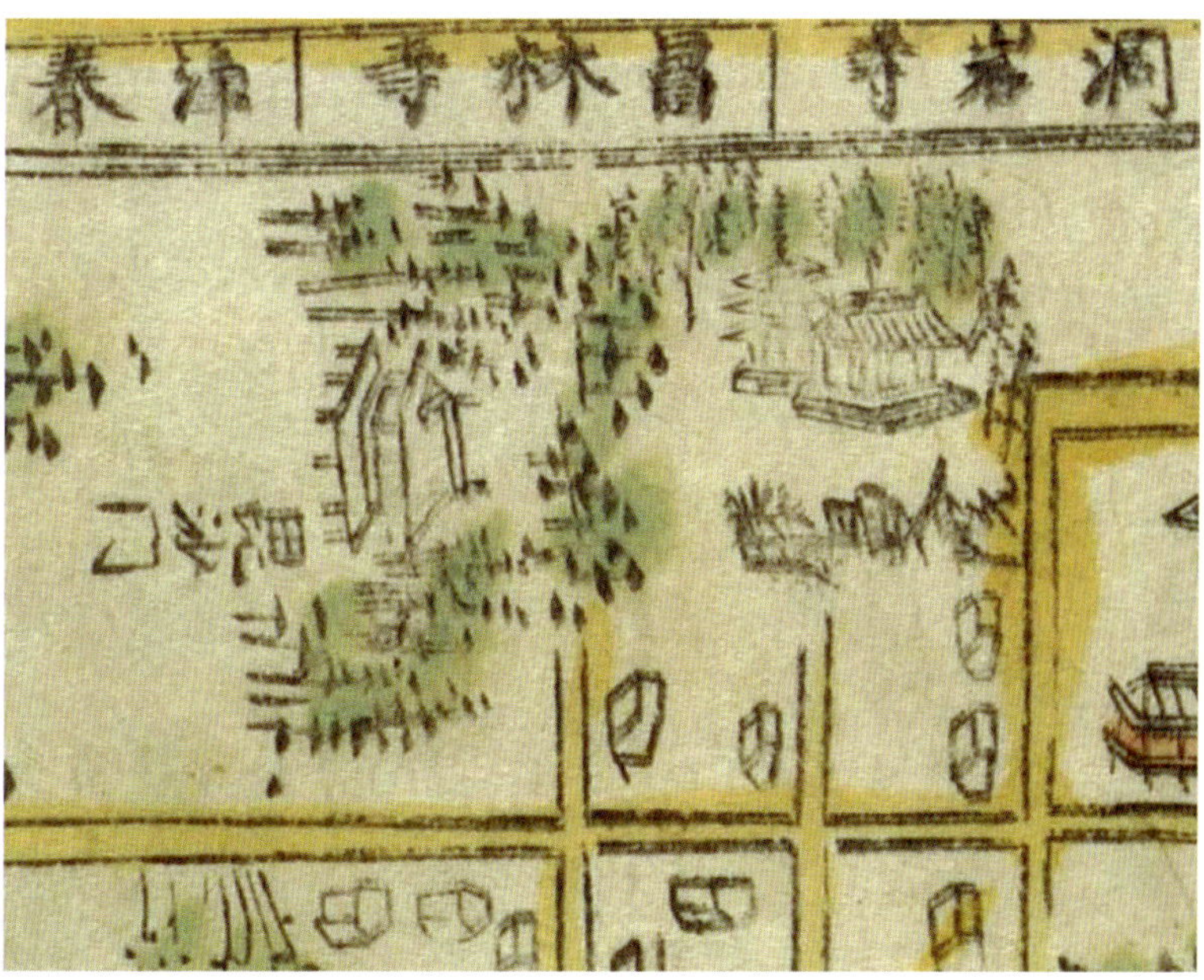
勝鬘院・毘沙門

坂のひとつ、愛染坂。その南がやはり七坂に数えられる清水坂で、図には記載がないが、寛永十七年（一六四〇）に京都清水寺の十一面千手観音を勧請した新清水寺が建てられている。本家の清水寺と同じように眺望が楽しめる舞台が設けられ、門前には茶店ができた。この茶店が元禄の末頃から巨杯*4で有名になる料亭の浮瀬《うかむせ》である。

庚申堂

　南大門から南へ下る道を行くと庚申堂《こうしんどう》（上図）である。日本の庚申信仰のはじまりの地として名高く、庚申の日*5に本尊の青面金剛童子に祈れば宿願がかなうとされ、多くの参詣人でにぎわった。庚申堂の門前の道は庚申街道とよばれたという。南大門と庚申堂のあいだに見える小寺は名前が記されていないが、竹本義太夫の墓の所在地として知られる超願寺である。絵図が発行された元禄九年（一六九六）には竹本義太夫は健在で、近松門左衛門と組んで人形浄瑠璃を大成していた。

*3 **七宮**……四天王寺の鎮守となった上之宮・小儀・土塔・河堀・久保・堀越・毘沙門（大江神社）の七つの社。現存は堀越・大江神社のみ。

*4 **巨杯**……浮瀬の名物は貝の杯で、飲み干せば記名帳に名が残せた。最も大きい杯は七升半の酒が注げたという。

*5 **庚申の日**……干支《えと》が庚申《かのえさる》となる日で、六〇日に一回めぐってくる。

三、安井天神・一心寺、夏の陣の夢の跡

次頁図で一心寺と大書されたかたわらに、小さな鳥居の

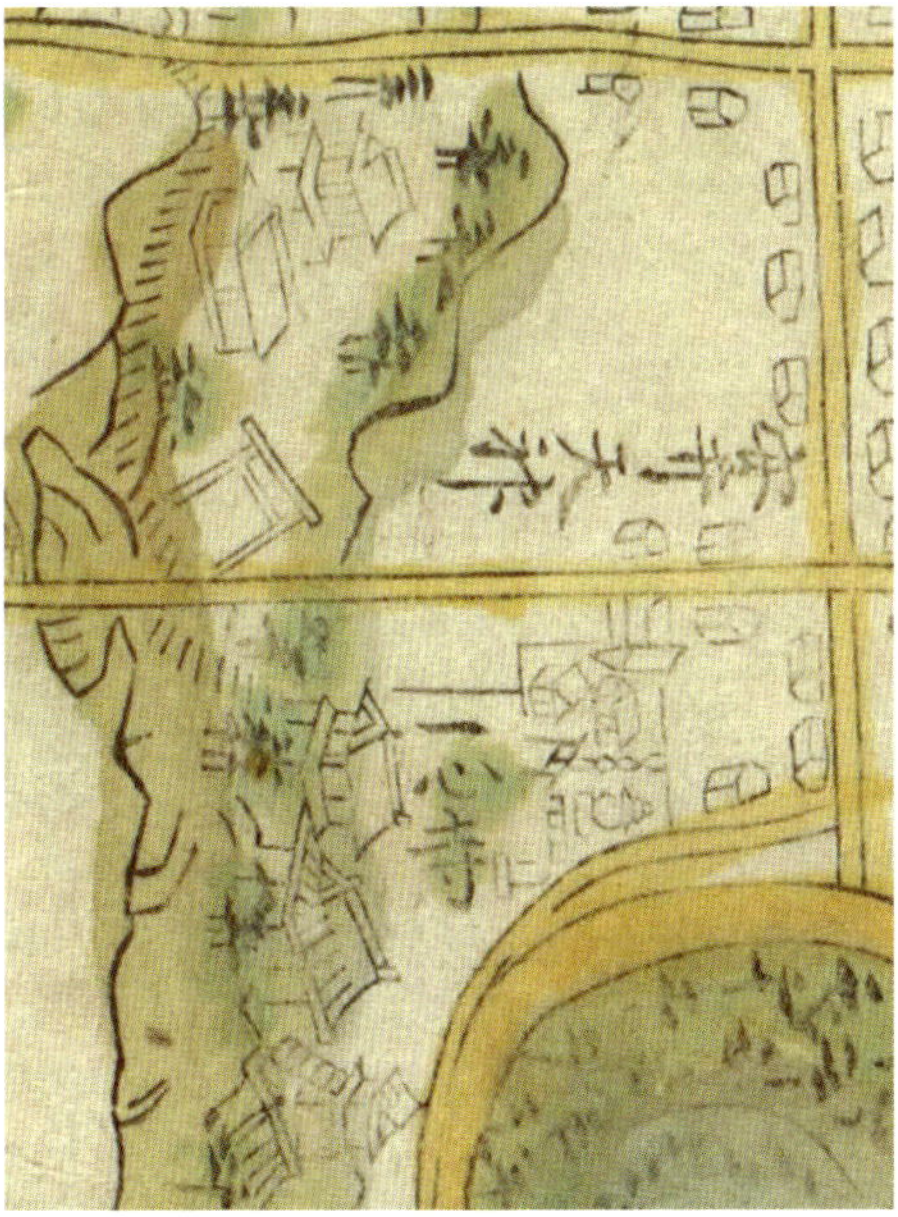
安井天神・一心寺・堀越神社

印がある。名前は記されていないが、四天王寺の項で述べた七宮のひとつ、堀越神社である。道を隔てて大きく描かれた鳥居は安井天神だ。

安井天神と一心寺は、ともに大坂の陣で戦場になり、対照的な逸話を残した。

安井天神は、現在の安居神社である。一帯は安井の森とよばれた樹木の茂る地で、上町台地の中央にあたり、図では緑の山として表現された。安井天神の創建は、菅原道真が大宰府に左遷されたとき、当地に立ち寄り休憩《やす》んだのにちなんでいる。四天王寺の僧侶の夏安居《げあんど》の地だった安居院があったのも、命名に関係しているだろう。江戸時代には花見の名所として親しまれたが、絵に描かれたのはご覧のとおり桜ではなく松の木。安居神社は大坂夏の陣で勇名をとどろかせた真田幸村戦死の地として名高く、討たれた場所にあった松が、さなだ松とよばれて徳川の時代になっても語り継がれていたのである。

安井天神の南に一心寺がある。文治元年（一一八五）に四天王寺の僧、慈鎮《じちん》が当地で日想観を修行し、法然が開創した。法然はここで後白河法皇とともに日想観を修めたという。いったん廃れたのち慶長元年（一五九六）頃、三河の僧、存牟《ぞんむ》が法然を慕って荒行を修めた末に堂宇を建立し、一心寺と名づけた。徳川家康は存牟を厚く信頼し、大坂夏の陣のときには本陣を一心寺においたが、真田幸村の猛攻にあい、周囲は屍の山となる。家康方では勇将の本多忠朝が壮絶な戦死をとげ、酒がもとの汚名を返上するため身を捨てて戦ったとの風説が広まった。「戒むべきは酒なり、今後わが墓に詣でる者は必ず酒嫌いになるべし」とは、忠朝が残したと伝えられる言葉。忠朝の墓は一心寺にあり、酒癖に悩む人々が数多く訪れた。一心寺には江戸時代の高名な俳諧師、小西来山の墓もある。来山は生涯をとおして愛酒家だった。

茶臼山と不思議栴檀の木

左図で緑の二重丸に描かれたのは茶臼山である。もとは古代の前方後円墳といわれ、絵にもそれらしき雰囲気が出ている。『日本書紀』の推古天皇元年条に「是《こ》の歳、始めて四天王寺を難波の荒陵《あらはか》に造る」とあり、この荒陵が茶臼山の古名とされている。『浪華百事談』は「茶うす山の名は、丘のめぐり池ありて、その形あたかも茶磨に似たるより」

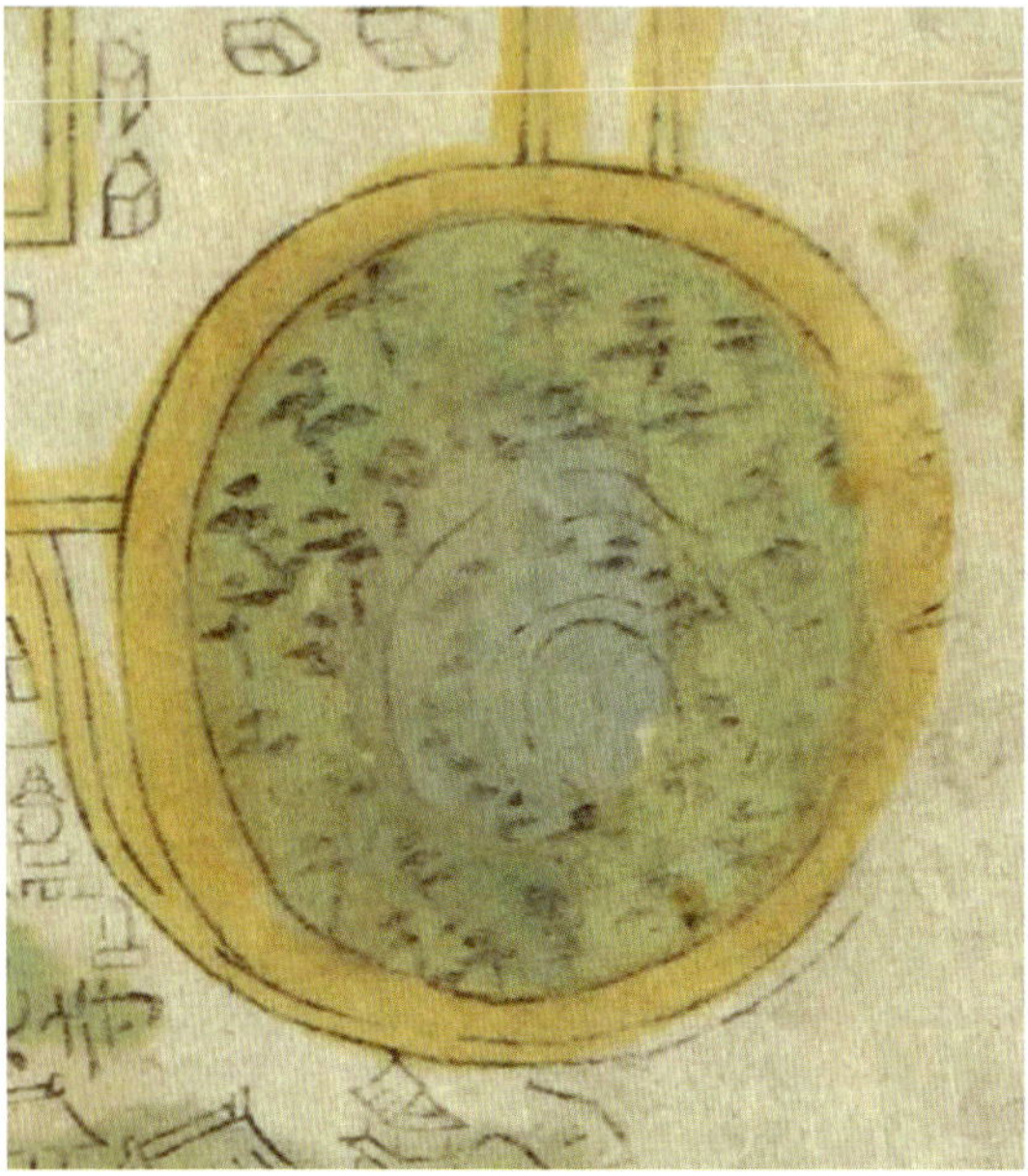
茶臼山

と、茶臼山の呼称の由来を記す。地名としての茶臼山が一般化するのは元禄年間とされるが、図にはまだ名称の記載がない。

山のまわりを囲む濠は河底池とよばれ、河堀口《こぼれぐち》*1から庚申堂の前を経て河底池に至る道筋は、奈良時代に和気清麻呂の通水工事の跡と考えられる。『続日本紀』によれば清麻呂は延暦七年（七八八）に河内と摂津の国境に川を掘り、荒陵の南を通って西へ通して沃野をひらく計画を上奏した。工事には二十三万人もの人々が従事したが、当時の技術力では及ばず、通水は完成せずに終わったという。

茶臼山は大坂冬の陣では徳川家康が本陣をかまえ、夏の陣では真田幸村が陣を敷いた。江戸時代には新任の大坂城代が着任すると、家康ゆかりの古戦場として必ず茶臼山を訪れるのを習わしとした。

茶臼山の西北、逢坂の近くに木が描かれ、「七ふしぎのせんだん」（次頁図）とある。『浪華百事談』は幕末から明治の見聞録だが、その一節に「浪速旧図に、七不思議の栴檀《せんだん》とて大樹を画く」とあり、古地図が示すあたりに見上げるほどの樗《おうち》の古木が三株あり、新金刀比羅神社と称したと記されている。樗は栴檀の木の古名。近くに讃岐の金刀比羅宮の教会所があり、神木として祀られていたというのである。「七不思議」の七は修飾で特別な意味はないのだろう。

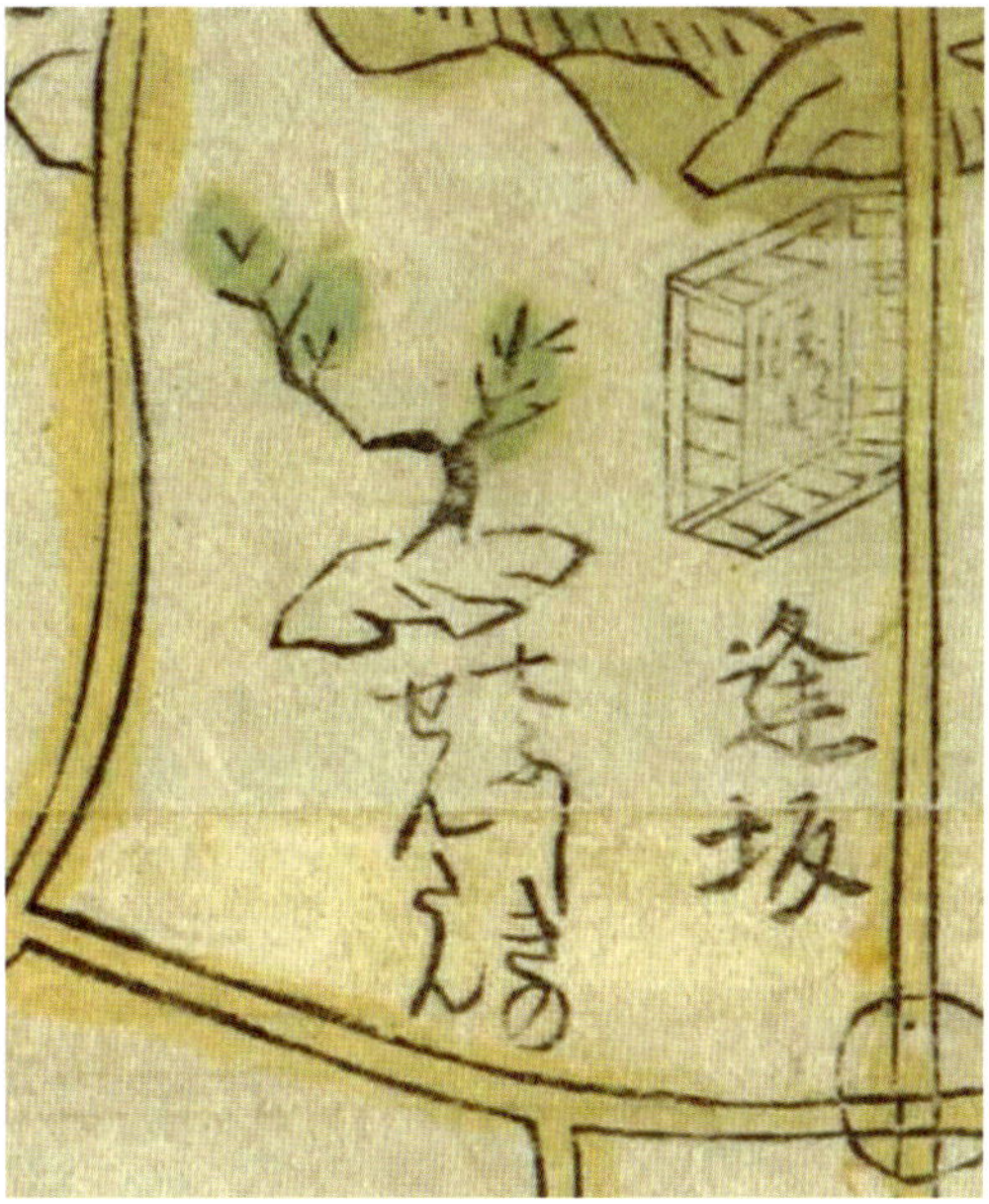

七不思議の栴檀

逢坂は古来、大坂市中から四天王寺への参詣の要路で、人の往来も多かった。かたわらに古木があれば、信仰とむすびついてもおかしくない。大坂にはこのような神木があちこちにあった。

＊1　**河堀口**……河堀村の奈良街道口あたり。天王寺区北河堀町・南河堀町の区域をさす。

四、生玉社は山麓の森にあった

浪華往古図（第二章第一図参照）では上町台地の北端、石山の近くに生玉社（生国魂神社）が見える。生玉社はもともと神武天皇が石山碕[*1]に生島《いくしま》・足島《たるしま》の神を祀って国土安泰を祈願したのが起こりとされ、当初から国土の神霊として崇敬された。明応五年（一四九六）に本願寺八世の蓮如が石山に生玉社と隣接して大坂本願寺を建て、その後、本願寺は織田信長との交戦で天正八年（一五八〇）に焼失。生玉社も同じときに焼失し、三年後に小祠が営まれたが、豊臣秀吉の大坂城建設にともない、四天王寺の近くに移され社殿が新築された。境内には大坂城守護のため北向八幡宮も勧請され、城中の諸士の弓術調練の場にもなった。

次頁上図の新しい生玉社は寺町のなかにある。絵でははっきりわからないが、江戸時代の本殿[*2]は八棟造りで、大坂では他に見られないものだった。本殿の後ろには舞台があり、数十メートルの高さから大坂市中を見渡せ、遠く六甲や淡路島も一望できたという。海岸線が遠くなった現在では考えられない眺めである。

オランダ東インド会社の医師として元禄期に大坂を訪れたケンペルの『江戸参府旅行日記』に、「大坂への帰途、われわれはじきに駕籠から下りて、左手の山麓の森の中にある生玉神社を見た」とある。当時の生玉社は「山麓の森」とケンペルの目に映った高台の上にあり、眺望の素晴らしい景勝地として多くの参詣客をあつめていたのである。図でも生玉社のまわりに樹木と長く連なる丘が描かれている。ちなみにこのときケンペルは先述の料亭、浮瀬でご馳走を食べた帰りであった。

生玉社

＊1　**石山碕**……現在の大阪城付近。大坂本願寺が建てられた石山と同じ場所をさす。

＊2　**本殿**……現在の本殿は昭和三十一年に建てられたもので、「生国魂造」とよばれる独特の様式になっている。

弁財天の富札と真言坂の十坊

『江戸参府旅行日記』に、さらに続けて「神社の近くに池があった」と記されているのは、図で生玉社の東に見える蓮池（右図）をさす。このあたりも生玉社の社地で、池の畔に弁財天と妙見の祠があったが、図で描かれたのは弁財天祠のみ。『浪華百事談』には、ここで富会《とみえ》が開かれたとある。富会はいまでいう宝くじで、富札を買い求めて当たり札であれば最高で千両の賞金がもらえた。当たり札は富突場とよばれる高床の建物で札箱に番号を書いた木札を入れ、

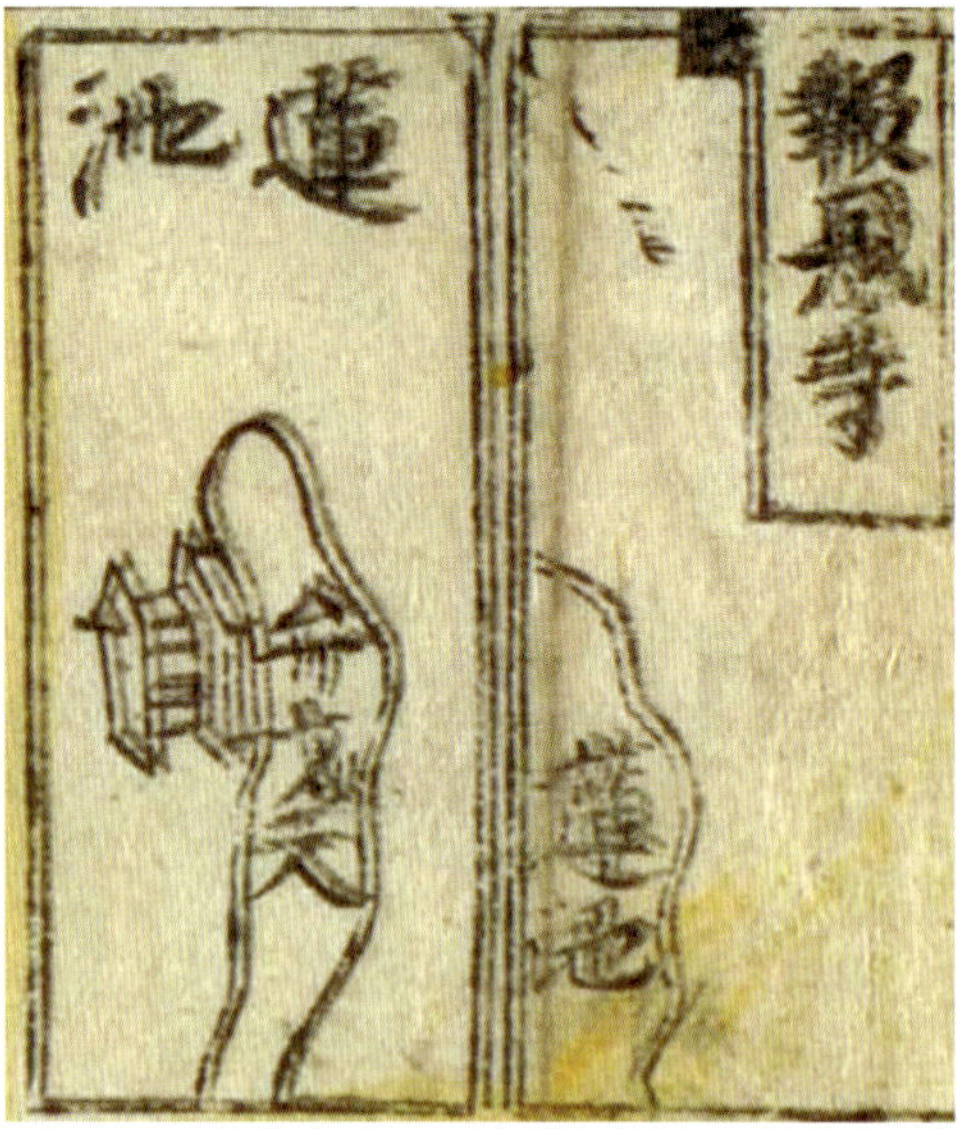

蓮池と弁財天

大錐で突き、当たりを決める。富札は市中の各所にある富の札屋で売られ、札屋の前には緋色の羅紗に金糸で文字を縫った幟が立ったという。

生玉社から高津神社に向かう途中に七坂のひとつ、真言坂がある。図は寺などの位置がじっさいと異なっているが、生玉明神と記されたあたりから北へ突き当たったところまでが真言坂にあたるだろう。生玉社の宮寺*3が真言宗の法案寺で、坂の左右に桜本坊・新蔵院・観音院・医王院、坂の上に遍照院・曼陀羅院、坂の下には地蔵院・覚円院・持宝院があり、真言宗生玉十坊とよばれた。寺町の真言宗寺院はこの一箇所に集まっており、真言坂の命名にも納得がいく。

ただし、図には成就院・東坊という名が記されているだけで、他は省略されている。成就院が十坊のどれにあたるのかははっきりしない。その隣に「東坊」とあり、『摂津名所図会』『浪華百事談』に「南坊」と書かれた法案寺をさすと思われる。生玉十坊については寺町の項で掲載した「辰歳増補大坂図」では、桜本坊・新蔵院・遍照院・曼陀羅院・地蔵院・覚円院・持宝院と東坊・成就院・生玉法卯（宇）が該当すると見られ、最後にあげた三つが法案寺・観音院・医王院の別称とも考えられる。

＊3　**宮寺**……神仏混淆のあらわれとして神社に置かれ、社僧が仏事を修めた寺院。神宮寺ともいう。

五、高津宮の鳥居が大きく描かれた理由

生玉社が「山麓の森」のなかにあったのと同じように、高津宮（高津神社）（左図）もまた木々の茂る高台の上にあった。『摂津名所図会』には「この社頭は道頓堀の東にありて一堆《いったい》の丘山《おかやま》なり。遥《はるか》に眺《のぞ》めば大坂の市街の万戸《ばんこ》、川口

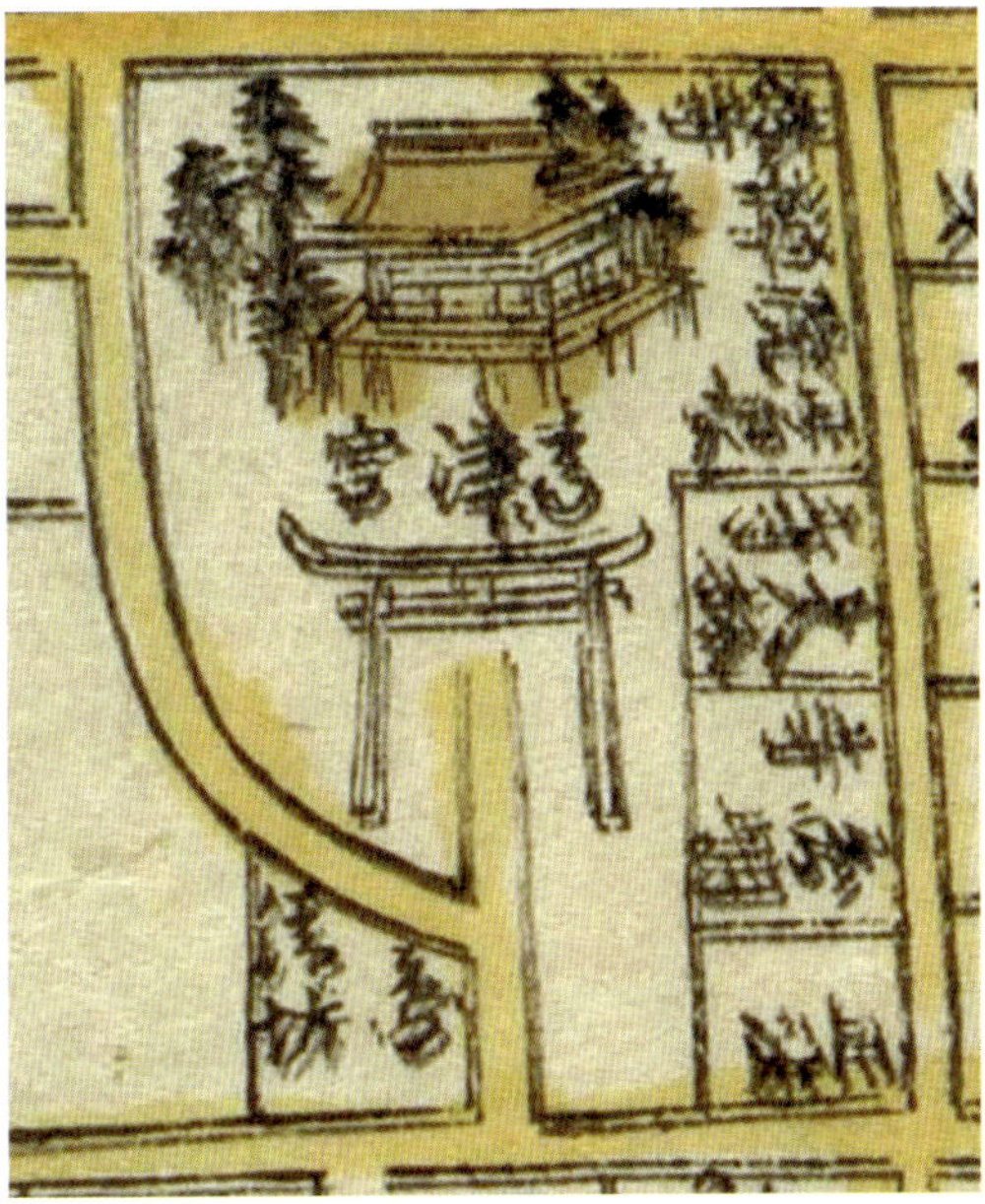

高津宮

の帰帆《きはん》、住《すみ》よしの里、すみよしの浦、敷津、三津の浦まで一瞬の中《うち》にありて、難波津の美観なり」とあり、眺望の素晴らしさを讃えている。

しかし、図ではわずかに樹が描かれているだけで、高さは表現されていない。生玉社のまわりが「山麓」らしく描かれているのと対照的である。代わりに高津宮の鳥居が、そびえ立つように巨大である。

絵図でのこうした描きわけはおおむね恣意的なものなのだが、この場合は多少ちがうかもしれない。『摂津名所図会』で高津宮の項に、「高津鳥居　梅之橋」と題された絵が掲載されているように、高津宮の鳥居は平行して流れる梅川、そこに架かる梅之橋とひと組になって名所の風景として親しまれていた。図の刊行は『摂津名所図会』より早いが、高津鳥居＝名所との認識はすでに広まっていて、絵師の筆に反映したのではないか。

図に梅川・梅之橋が載っていないのは、縮尺の制約のためである。梅川も梅之橋も小さかった。『浪華百事談』に「梅川の名は今高津神社の地によびて、梅の橋と号《なづ》く。小石橋の下に流るる小流れにありて、恰《あたか》も溝の如きものなり」と書かれているとおりである。それでも梅川・梅之橋はその名の風流のゆえに愛された。『浪華百事談』には道頓堀川はもともと流れていた梅川を川さらえして開発されたもので、高津の梅川はその東にあった上流の名残であると記されている。位置関係を見れば確かに高津宮は道頓堀の真東にあり、梅川の下流を開削して広げたのが道頓堀だったのである。高津宮の境内にある高倉稲荷が昔から芸能人の守り神として信仰されたのも、梅川がとりもつ縁といえそうだ。

高津の都の伝説

江戸時代、高津神社は古代の都が置かれた場所と信じられていた。『日本書紀』に「難波に都つくる。これを高津宮という」と記された仁徳天皇の高津宮が、ここでひらかれたと考えられていたのである。図で高津神社が大きく扱われているのも、当然だ。『摂津名所図会』にも、次の歌とともに紹介されている。

高きやにのぼりてみれば煙たつ民のかまどはにぎわいにけり

仁徳天皇が宮殿の高台から民の炊事の煙が少ないのを見て、三年間無税にしたところ、高台から煙が盛んに上がっているのが見えて喜んで詠んだと伝えられる歌である。もっとも仁徳天皇の御歌というのは疑わしく、『摂津名所図会』も後世の作と認めたうえで、仁政の象徴とされた意義は深いと指摘している。こうした江戸時代の仁徳天皇人気は、明治以後も長く続いた。

現在では、仁徳天皇の高津宮は難波宮遺跡と同じ場所にあったと考えられている。もともと高津の地名は、難波津の岸が丘陵となっていた場所だったのに由来するとの本居宣長『古事記伝』の説があり、難波宮が位置した古代の上町台地北端と地形が似ている。その後、上町台地は海岸が遠のいた。

高台であるのも今は見えにくくなっているが、江戸時代には文字どおり高い土地だった。高津神社には仁徳天皇が祀られており、かつての人々が古代の都の地と思い込んだのも無理はない。戦前のころまで、そうした誤解は根強く残った。

九条村
九条嶋
新川築山

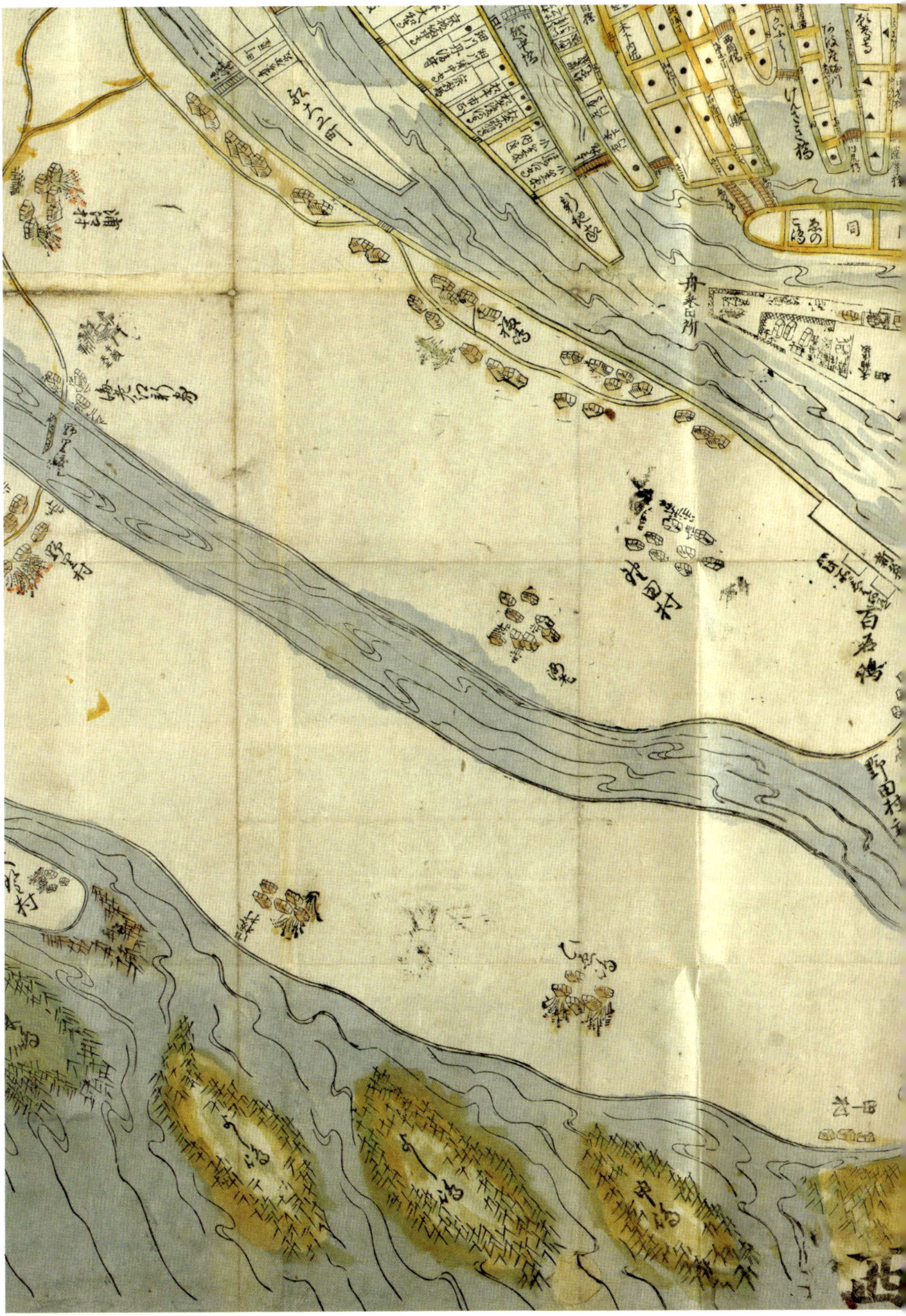
野田村

一、水都の風景はどのようにして生まれたか

元禄九年大坂大絵図（十四頁の全体図）で大坂の川筋をあらためて眺めてみると、この頃には市中の堀川が出揃い*1、網の目のように張りめぐらされている。淀川から大川に連なる流れが幹線で、そこから堀川が四通八達し、街の動脈になっていた。人も物も川を往来した。水都とよばれた風景が、このころできあがっている。図のような、元禄時代の堀川の完成は、いったいどのような経過で育まれたのか。他に類を見ない水運網が、なぜつくられたのだろうか。第一章の最後に、考えてみたい。

松井今朝子の小説『辰巳屋疑獄』に吹田村の少年、元助《もとすけ》が舟に乗せられ淀川を下り、大坂の商家、辰巳屋に丁稚奉公に出てくる場面がある。本書を読み進んでこられた方は、以下に引用した風景描写が親しみあるものに感じられるだろう。

「大坂は川と橋の町である。天満橋、天神橋と大きな橋をふたつくぐって舟は直角に向きを変え、東横堀川に入ると岸辺には土蔵の白壁がそそり立ち、がぜん通行人が多くなった。とうとう着いてしまったという思いが少年たちをいっそう無口にさせていた。川にはところどころに浜と呼ばれる舟着き場があって、乗客はそこでつぎつぎと降りてゆく。舟は東横堀川からまたもや直角に折れて長堀川に入り、西の海へと向かいつつ丸太を山積みした多くの舟とすれちがう。難波名所の四ツ橋を過ぎて、西横堀川へ曲がったところで舟にはほかの乗客がいなくなった。高窓からもうもうと白い水煙を吐きだす銅吹屋の前を通り過ぎて、木綿橋が見えたあたりで元助父子はようやく舟を降りた。川に面して建ち並ぶ土蔵と納屋、どこまでも続く塀を前にして、ふたりはうろうろとあたりを見まわし、通りすがりの人にまず店の入り口をたずねなくてはならなかった」

時代は享保元年（一七一六）の春。舟は大川から東横堀川に入り、北脇の長者町から船場を過ぎ、長堀の材木市場、住友の銅吹所の前を行く。元助少年が丁稚奉公に出た辰巳屋は大きな炭問屋で銅精錬と縁が深い。辰巳屋のあった木綿橋西詰（第一章第六図・次頁図）は現在の西心斎橋、アメリカ村の南側。吹田村は吹田市である。江戸時代は、その間を舟に乗ったまま行き来できた。陸路よりももちろん早い。水路は大量の物資の運搬にも適していた。

一般に大坂の堀川は、水運の便をよくして交通と物流を円滑にし、経済の発展を促すために開削されたといわれる。しかし、ここでひとつ疑問がある。はたして幕府は明確なビジョンをもって、大坂の水運網を整備したのだろうか。

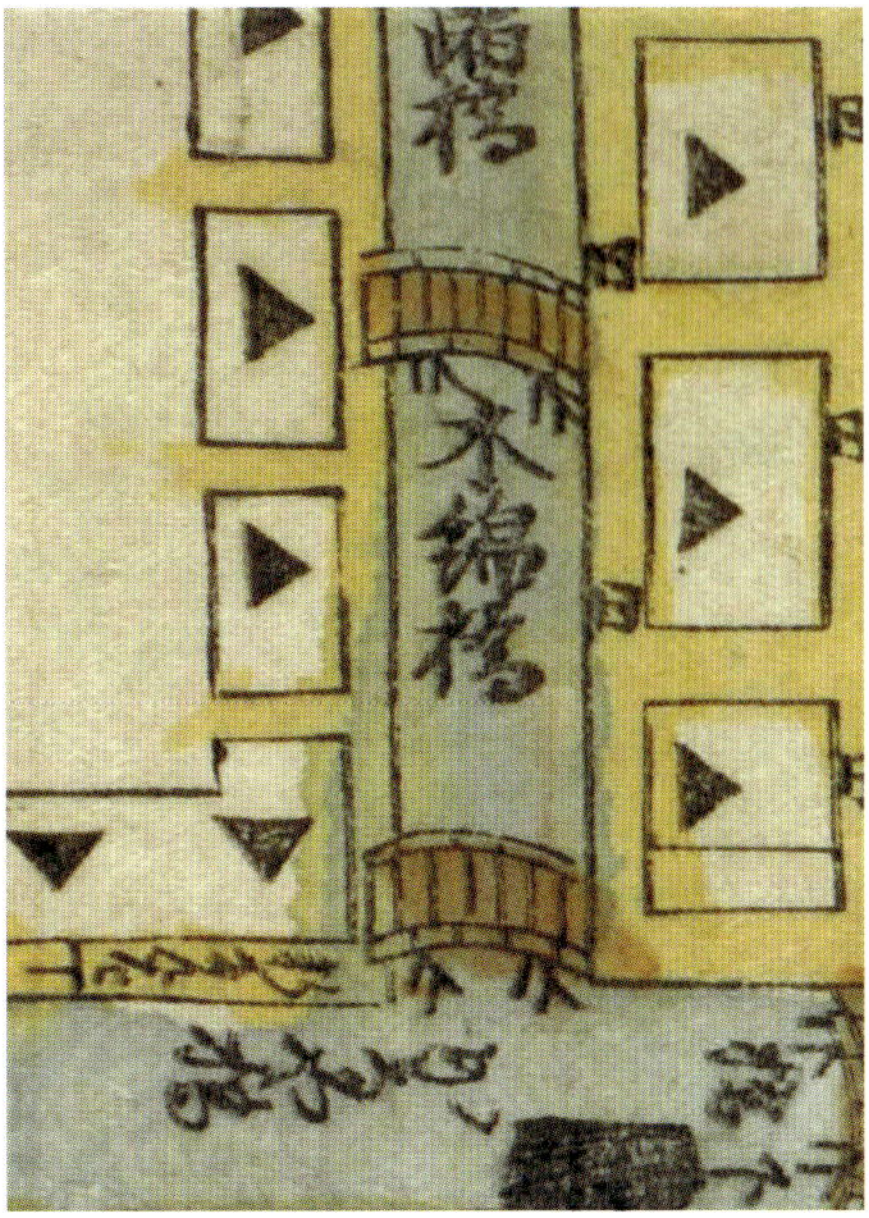

木綿橋西詰（第一章第六図より）

幕府は大坂がのちに天下の台所とよばれるまでの経済発展をとげるのを望んでいたのだろうか。確かに商都大坂の繁栄は堀川の水運抜きでは考えられない。諸国の物産は船で大坂に送られた。大量の米や材木を陸路で運搬するのはむずかしい。歴史の経過を知っている現代人は、水運によって商都の繁栄がもたらされたとあたりまえのように考えるが、当時は大坂にそれほどの大規模な水運網が必要なのかどうかも決して見えていたわけではないのである。

＊1　**堀川が出揃い**……東横堀川・西横堀川・天満堀川・阿波座堀川・道頓堀川・京町堀川・江戸堀川・海部堀川・長堀川・立売堀川・薩摩堀川・堀江川の順に主な堀川が開削された。

堀川は水運のためにあらず？

この問題について、ふたつの興味深い話題をとりあげる。まず、『新修大阪市史』に紹介されている玉置豊次郎『日本都市成立史』の説である。それによると、西横堀川から西の堀川については、地揚げ用の土の調達が開削の主な理由であったという。西横堀以西は低湿地帯で、建築工事の前に、建物の地盤を固めるための盛り土をする地揚げが必要だった。盛り土には、近くを掘って得た土がつかわれるのが昔からの工法だった。掘られた場所は水が出て池になる。こうしてできた池が線となって連なると堀川になる。西側の低湿地帯を居住地化していくなかで堀川は生まれた。堀川には土地の水はけをよくし、水運による物流と交通の活性化を促すはたらきがあり、縦横に堀川が開削されていくなかで、結果として大坂の都市機能を大いに高める役割を果たしたというのである。つまり、はじめに建設用地の整備ありきで、堀川はあくまでその副産物なのだという。

　堀川開削の目的について、玉置豊次郎『大阪建設史夜話』から興味深い話題を紹介しておく。

　玉置説によると、日本では昭和のはじめころまで、湿潤地での建築工事は事前の地揚げで乾燥した敷地を造成してから行うのが慣例だった。江戸時代に西横堀川以西を開発したときにも、同じ手法がとられたが、ここで画期的なアイデアが生まれた。地揚げの土は池を掘って得られた。湿潤地では土地を深く掘れば、水が出て池ができる。このとき、各自が随所に池を掘ってばらばらに家を建てるのではなく、池を連続させて堀川とし、その揚げ土で両岸に盛土をして敷地としたのである。大規模な開発を無計画に行わず、整然とした街をつくるための合理的な考え方といえるだろう。

「これは建設技術的にみて大変な構想であって、これまでにこのような発想の事例は見たことがなかったのである」と同書は述べている。

この構想で最初に掘られたのが阿波座堀川（次頁図）だった。工事がはじめられたのは豊臣時代のことである。盛土のために掘られたので、西へ行くほど地盤が低く揚げ土が多く必要になり、川幅も上流が十間だったのに対して下流は十五間と広くなった。徳川時代になっても、構想は受け継がれた。その他の西船場の堀川も、開削当初は揚げ土確保のため十間から二十間の広い幅を持っていたが、のち

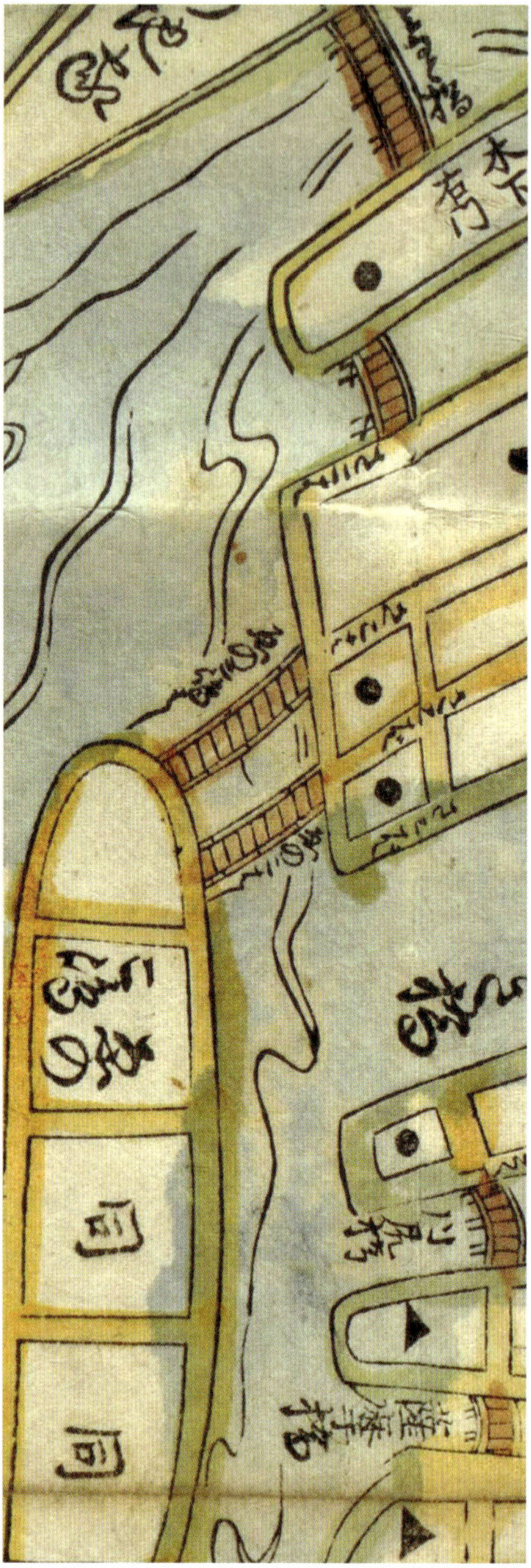

堀川網

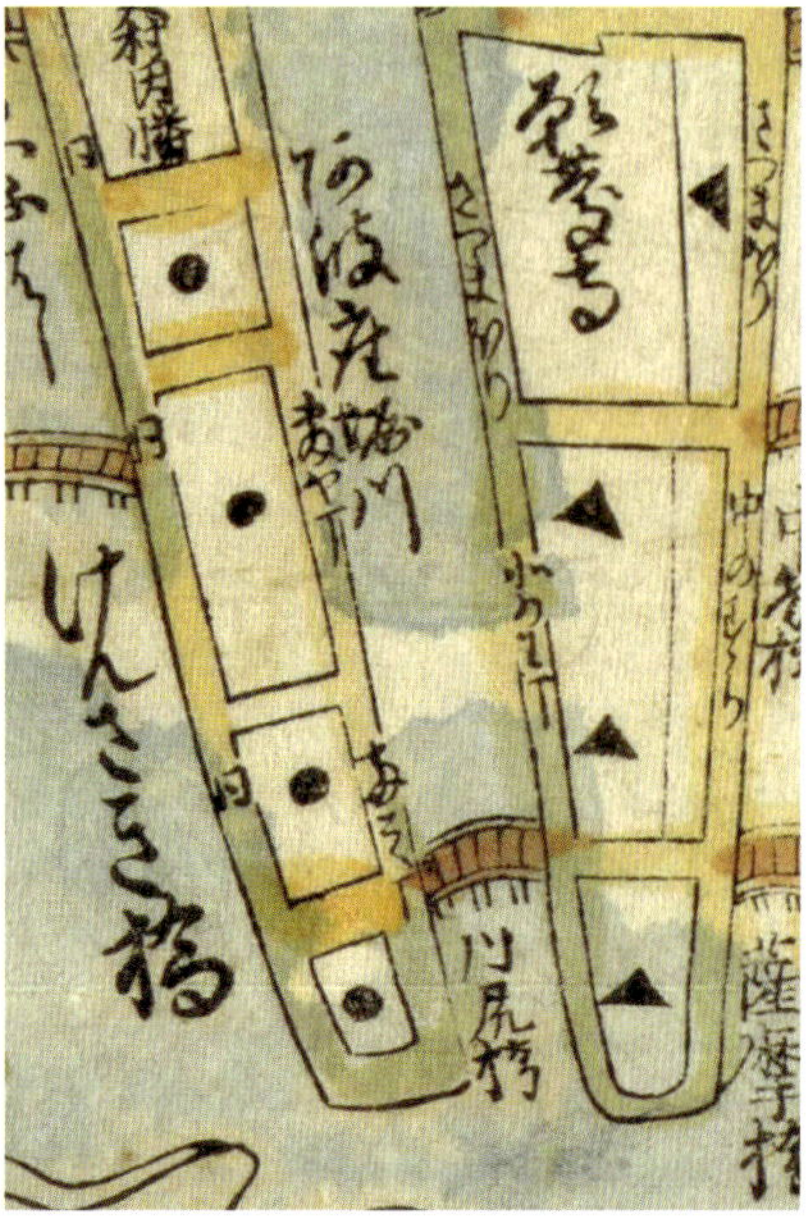

阿波座堀川

には舟の航行に必要充分な八間に縮小されたという。

阿波座堀川より前に完成していた道頓堀川は、東西横堀川が南部で堀留めになっていたのを疎通させるために掘られたが、開削で生じた大量の地揚げ土はやはり低地の造成につかわれた。

のちに堀川が水運で有名になり、もともとの構想は忘れられたと玉置説では考えられているのだが、水都の由来にまつわる興味深い考察である。

天下の台所は都市計画の賜物か？

大絵図で見る大坂は、商業の担い手である町人たちの居住地の面積がとにかく広い。公家のいる京都、武士が多い江戸とは町の成り立ちがちがう。大坂の陣の焼け跡からの復興をはかったとき、幕府は大坂をどんな都市にしようとしていたのだろうか。渡邊忠司『近世「食い倒れ」考』は、幕府にとって大坂は江戸への物資供給の中継地と位置づけられ、天下の台所への大発展は予想外だったとしている。

「大坂に日本第一の湊あり、秀吉公在城せられしより猶追々《なおおいおい》此《この》湊繁昌して日本国中の米穀及び外《ほかの》産物迄も、皆此地《このち》に渡海、運送、交易せざれば埒明難《らちあきがた》き風俗とはなりたる也。豪富群居せし故なり。日本の諸産物皆東都へこそ、渡海、運送、交易の値段決着すべきを、左《さ》はなくして大坂に於て値段相場の決着とは金銀の威勢ならん。皆是《みなこれ》秀吉公の遺徳なり。此の如く大坂へ日本の諸産物集るといえども、其売捌《そのうりさばき》は東都にせざれば利潤は得がたし。固《もと》より其筈《そのはず》なり」

とは、同書が引用した江戸後期の経世家、本多利明の『経世秘策』の一節。大坂には日本中の産物が集まり、諸取引の値段もここで決まる。本来なら江戸が果たすべき役割を大坂がになっているという末尾の文面が、幕府の本音を代弁しているというのである。

同書はさらに、大坂が天下の台所となった要因を、秀吉がつくった城下町の下地、幕府による城下町再建、城代による非領国支配[*2]、日本海から下関海峡・瀬戸内海・大坂・

江戸をむすぶ西廻り航路の確立などをあげて論じている。大坂は年貢・特産物の換金場所としての城下町であり、領主が不在で諸国物産の売買が容易にでき、かつ諸国産地と消費地である江戸との水運の便もよく、好条件がそろったのが、幕府の思惑を超えて、大坂を単なる流通の中継地にとどめなかった理由だという。天下の台所は精密なビジョンをもってつくられたのではなく、城下町再建計画の延長上に他の条件がからみあい、時代の要請のなかで、半ば偶

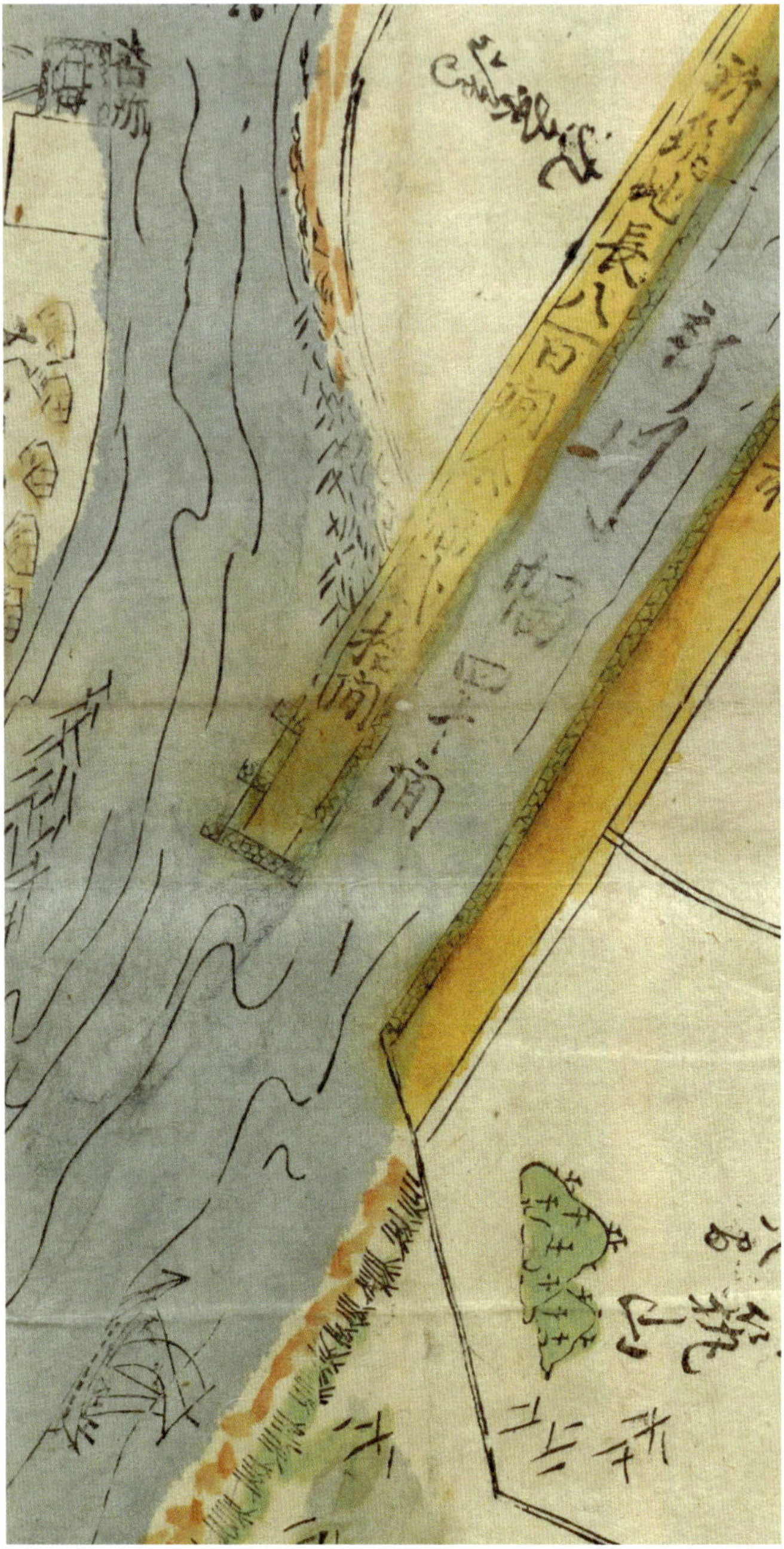

川幅の広い新川（安治川）も開かれ、大型帆船が往来した

発的に生まれたのである。

　西廻り航路を整備したのは、大坂の堀川開削に尽力した河村瑞賢だった。瑞賢はまちがいなく天下の台所誕生の功労者の一人である。川から見た大坂を語るには、瑞賢の残したものについて、触れなければならないだろう。治水や新田造成など、湾岸の風景の変化とあわせて、新たな問題がそこには、からんでくるのである。

＊2　**非領国支配**……大坂は幕府の直轄地で、他の諸国のように領地の支配者としての大名がいなかった。

二、川口の開拓時代と瑞賢の残したもの

大阪平野は大川・尻無川・木津川・中津川・神崎川などの河川がはこぶ土砂が堆積して、面積を広げていった。慶長年間（一五九六〜一六一五）の末ごろから、沼沢地や海辺の干拓による新田開発がすすみ、江戸時代にはさらに盛んになって、寛永（一六二四〜一六四五）以後の二百余年間で水際線はおよそ四キロメートルものびた。大坂という大都市の形成には、新田の造成が大きく関わっている。

　元禄期は川口《かわぐち》の新田開発が最初のピークを迎えた時代である。下図にも「新田」の文字があちこちに見える。「九条嶋」と記された島に、元禄十一年（一六九八）、桑名の市岡与左衛門によって市岡新田が開発された。大阪湾岸で最大規模の干拓新田である。九条島の東の勘助島（一三一頁下左図）には同年、和泉国踞尾《つくの》村の北村六右衛門が泉尾新田を造成している。和泉の踞尾で泉尾である。西の四貫島は寛永元年（一六二四）から幕吏の高西夕雲《こうざいせきうん》（香西晳雲）が開発をすすめており、四貫島新田がすでにあったが、元禄十一年（一六九八）に大坂の雑賀屋七兵衛によって春日出

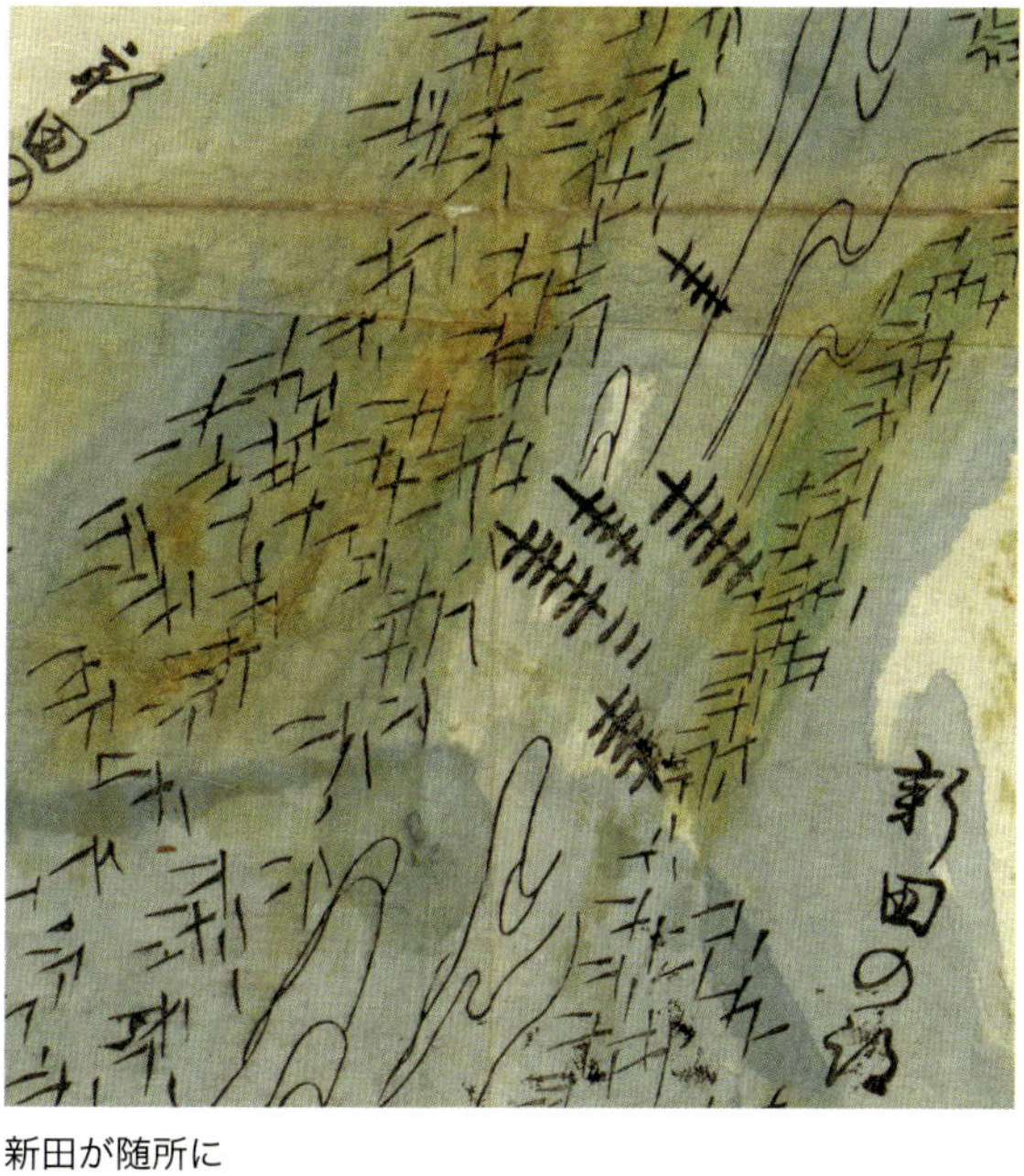
新田が随所に

新田がひらかれた。図は、新田ラッシュたけなわの川口の姿を伝えている。

新田はその後も開発され、宝暦・明和・安永期、文政・天保期にもピークを迎え、海岸線はさらに先へのびていく。九条島を例にあげれば、明和元年（一七六四）に石田新田、安永五年（一七七六）に田中新田が開発されている。以後も幕末に至るまで、大坂の膨張はつづいた。そのなかで川口開拓に大きな足跡を残した河村瑞賢の安治川開削も行われたのである。

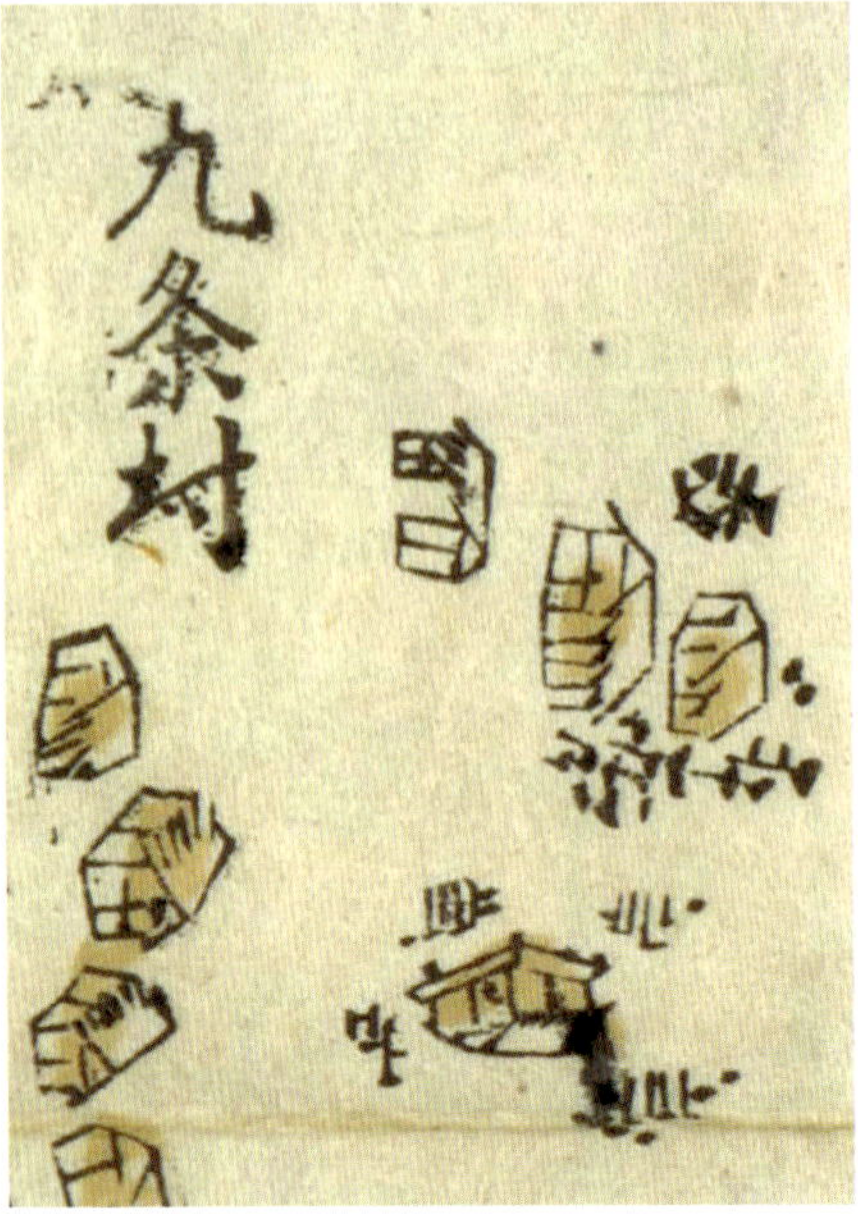

九条村集落

九条島と安治川

市岡新田のできた九条島の北側には、九条村（左上図）の集落が描かれている。中ほどには茨《いばら》住吉（左下図）の鳥居の絵がある。九条島の開発がはじまったときに、産土神《うぶすな》として当地に勧請された社である。

九条島は中津川・大川の河口に発達した砂洲である。もともと南浦とよばれていたが、寛永元年（一六二四）に先述の高西夕雲が幕府に願い出て、地元の池山新兵衛らとともに開発をはじめ、幕府お抱えの儒学者、林羅山が衢壌《くじょう》島と命名した。延宝年間（一六七三～一六八一）の洪水のと

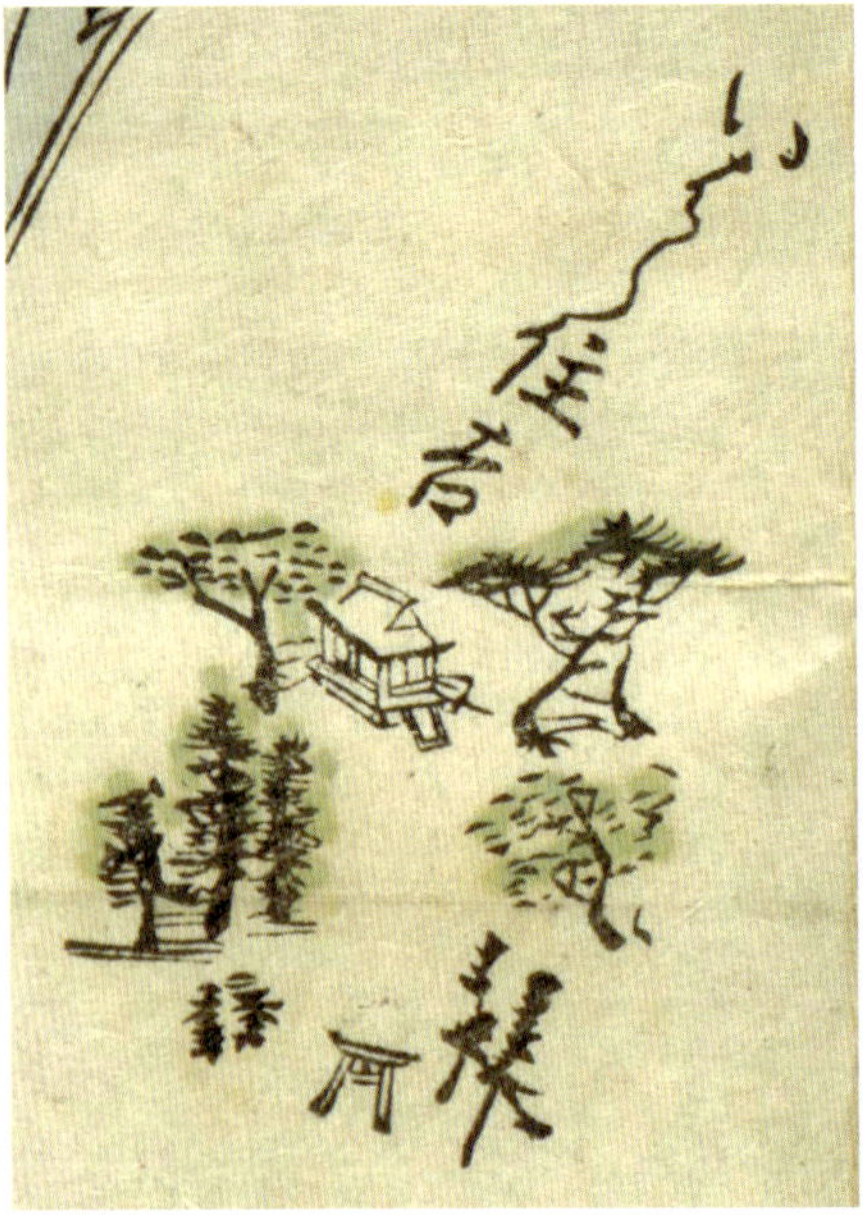

茨住吉

き、一本の木笏《もくしゃく》[*1]が漂着し、京都九条家のものと判明したので九条島と字を改めたという。

開発がすすめられたものの、川の流れをふさぐかたちで横たわる九条島は洪水の一因であり、大坂に出入りする船の運航にとっても障害になっていた。貞享四年（一六八七）には、たびたびの洪水に悩む大坂の治水のために、河村瑞賢が九条島を開削して大川・中津川の流れを大阪湾に直接むすぶ工事を完成させた。図（一二八頁）の新川と書かれた箇所の両側が、開削された部分である。のちに安治川と命名された新川の開通で、諸国から来た船は迂回せずに市中に入っていけるようになった。

九条島の南に新川筑山（下右図）と記された小山が描かれているのは、工事のときにさらえた土砂を積み上げたもので、波除《なみよけ》山あるいは瑞賢《ずいけん》山ともよばれた。山は眺望の名所になり、一帯は潮干狩りや舟遊びを楽しむ行楽地として親しまれた。

東の対岸には寺島（下左図）がある。豊臣時代には木津川口の御番所が置かれ、江戸時代には海船の船大工が多く住んだ。島の北は古い松の大木があり、松ケ鼻とよばれ、明治になると新地がひらかれた。遊廓で名高い松島がこうして生まれた。

もっとも、九条島開削と安治川開通は、当初の目的だっ

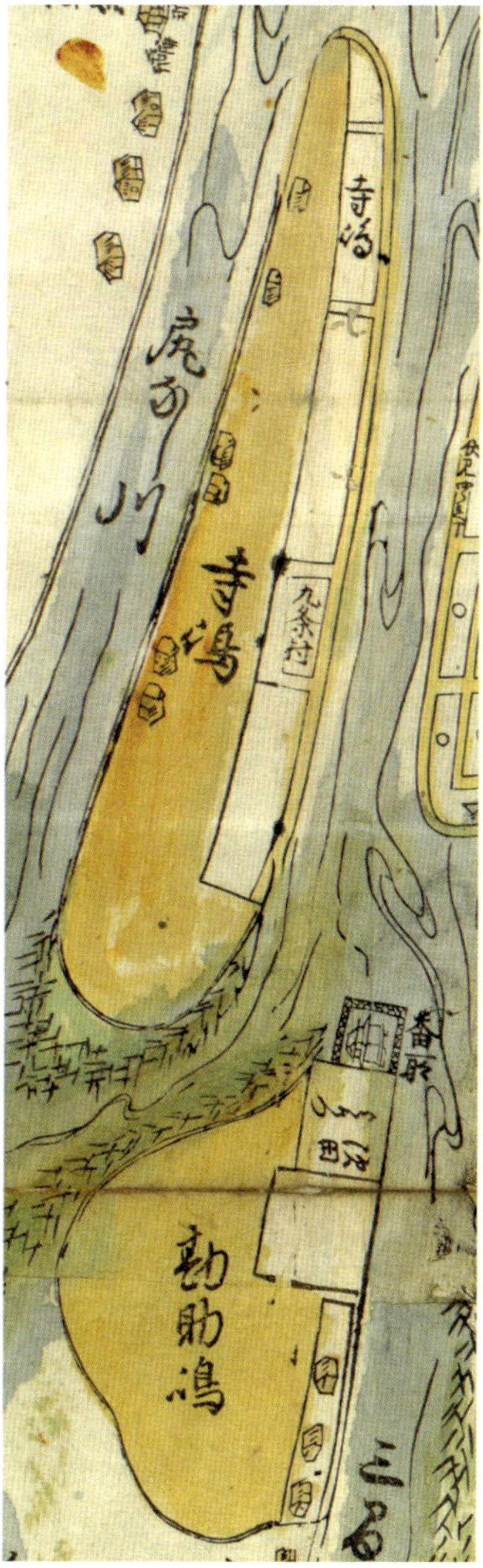

寺島と勘助島

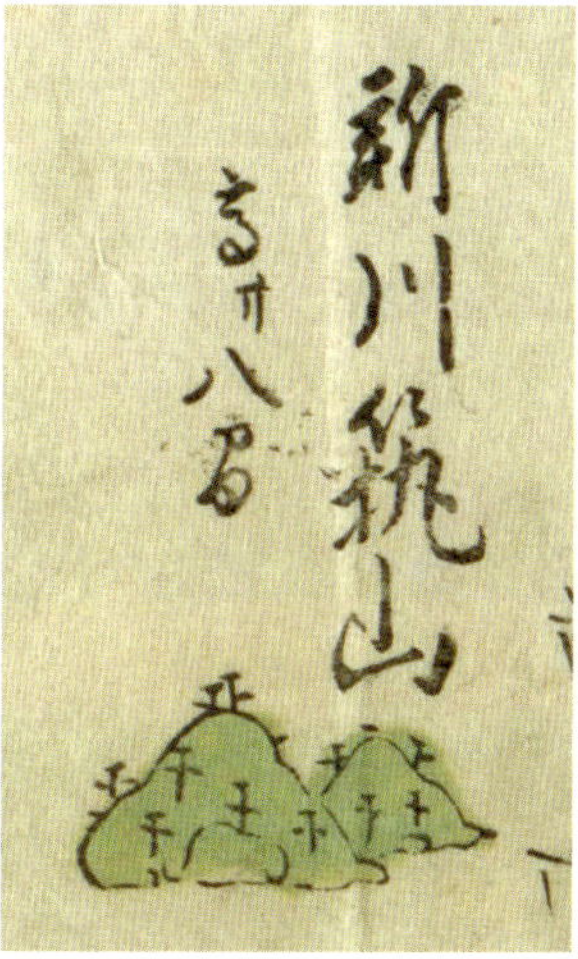

新川筑山

た治水に関しては、目立った効果をあげられなかった。根本的な治水対策は大和川の付け替えの大工事を待たなければならない。

＊1　木笏……束帯装束の着用に際して威儀を整えるために手に持った板片。長さがほぼ一尺なので、シャクの名になった。

三、大和川付け替えで変わる河内・和泉

下図の大和川は、宝永元年（一七〇四）に川筋が付け替えられる前の大和川である。図が発行されたのは元禄九年（一六九六）だから、八年前の姿だ。そのころ大和川は河内平野を北上したのち西進し、下図のように大坂城付近で淀川と合流していた。源流は奈良東部の初瀬川で、奈良盆地で佐保川を合わせて大和川となり、さらに飛鳥川・葛城川・高田川・富雄川・竜田川をも合わせ、生駒山地の南端を通って柏原に入り、石川と合わさり、久宝寺川と玉串川に分かれて北へ流れ、玉串川は菱江川・吉田川になり、吉田川は深野池・新開池に至って西に向かい菱江川とひとつになり、森河内（東大阪市）で久宝寺川とも合流して、大坂城の東で平野川といっしょになり、淀川にそそいだ。

次頁の河内国絵図を見ると、大和川水系の複雑さ、深野

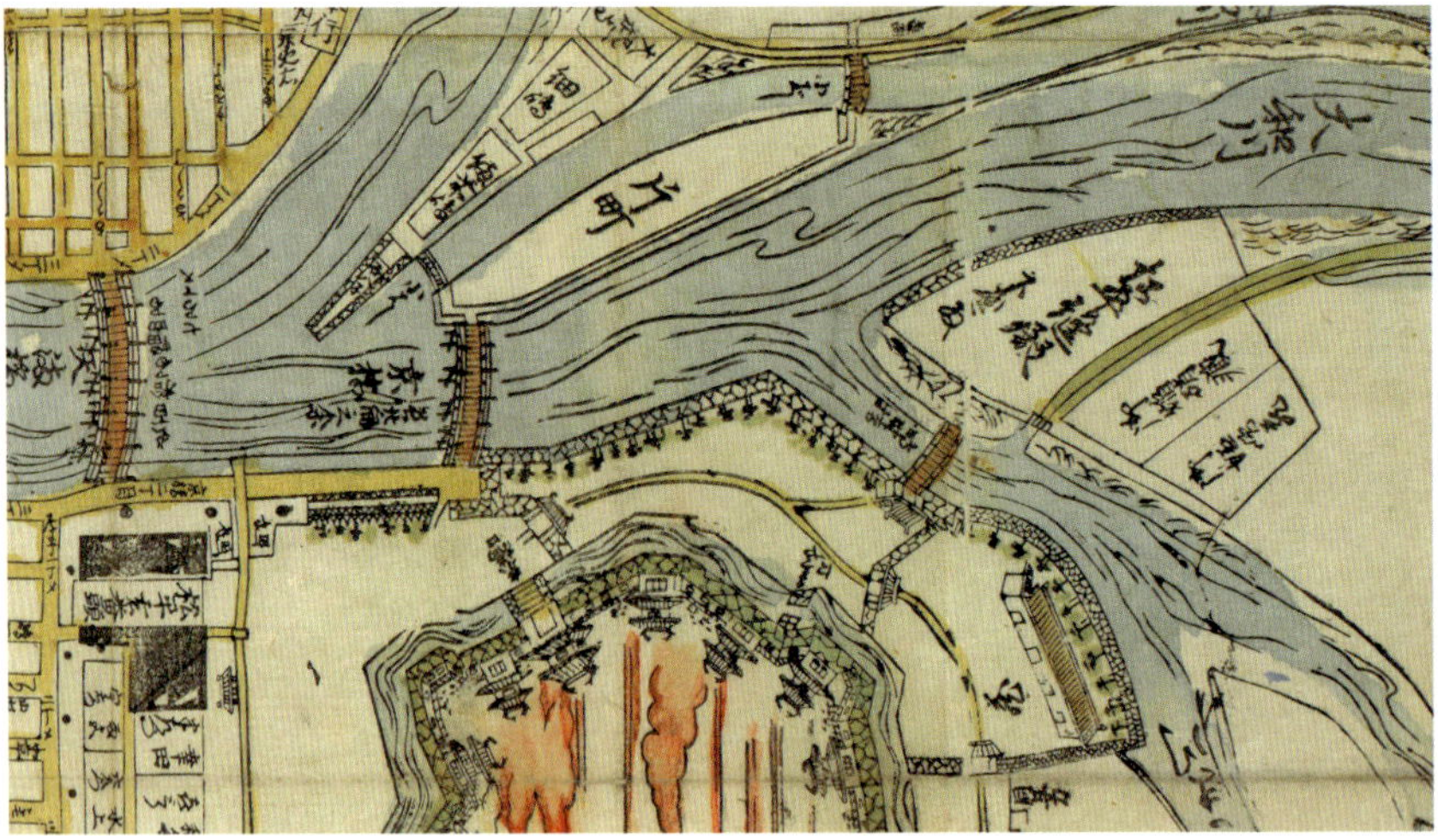

旧大和川・淀川の合流（第一章第一図より）

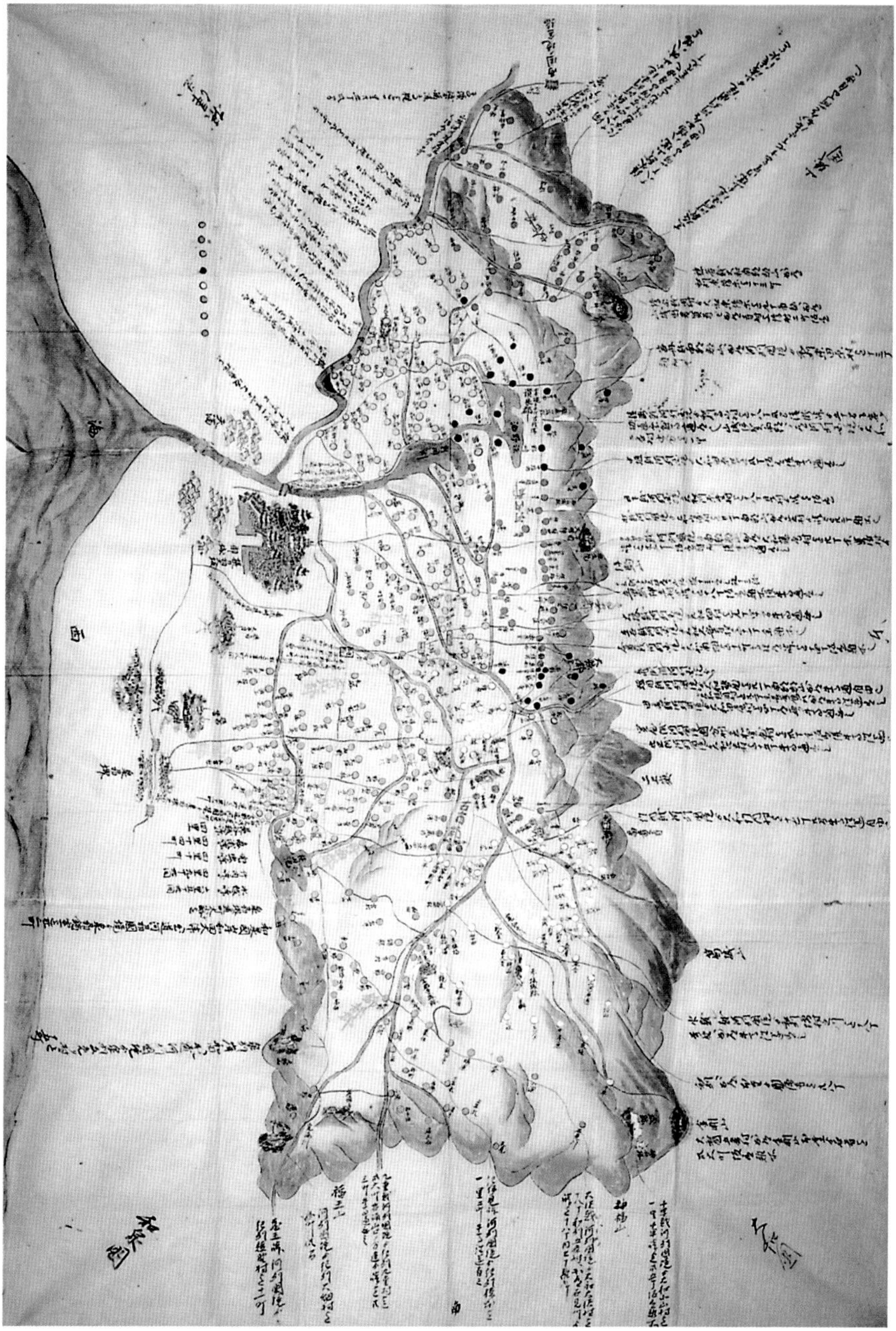

河内国絵図

池・新開池の大きさがよくわかる。かつての大和川はじつに入り組んだ水系をもち、河内の低湿地帯を覆うようにして通っていた。川筋の村々にとっては水源であると同時に、いったん氾濫すると手のつけられない暴れ川でもあった。大和川の水害の歴史は古く、奈良時代後半の四十年間だけで十余回あり、延暦七年（七八八）には和気清麻呂が天王寺の茶臼山付近に堀江を開削して大和川を西に流そうとしたが失敗している（第一章第七図の二参照）。元和から元禄に至る江戸時代はじめの六十年間でも、じつに十二回もの大洪水が起き、村々は被害をうけた。

川筋の付け替えは長年にわたる嘆願の末、ようやく幕府が承認して実現。総工費七万両、のべ二百四十四万人の人出をくりだしての大規模な工事だった。これで河内と和泉がさまがわりをする。

工事によって大和川は柏原から西に流れ、西除川・東除川を合わせ、大坂と堺をへだてる境界となりつつ大阪湾にそそぐようになった。旧大和川筋や深野池・新開池は宝永二～五年（一七〇五～一七〇八）にかけて、千六十三町歩（約十・五平方キロメートル）の新田に姿を変えた。最大の新田（二百町歩）となった新開池跡は豪商の鴻池善右衛門が開拓し、鴻池新田とよばれた。鴻池新田の名は現在もJR学研都市線の駅名に残っている。

新川、新田を生む

新しい大和川は長さ七千九百二十間（約十四・四キロメートル）、川幅百間（約百八十メートル）。新川の川筋で三百七十四町歩（約三・七平方キロメートル）の田畑が消失したが、旧川筋で開拓された新田はその三倍以上で、洪水の被害も防げたので、全体としての利益は大きかった。

新川に接する堺にとっても、河内・大和への水運の便がよくなり、剣先船、平田船が行き来するようになった。しかし、その後の経過は堺にとって望ましいものではなかった。新川は堺と大坂の間に横たわった。遮断された紀州街道には、長さ百間（約百八十メートル）の大和橋が架けられたが、これが大坂に通じる唯一の陸路となってしまった。新しい大和川は堺の港に土砂をはこんだ。川ざらえが追いつかず、新地が生まれ、港がしだいに埋められていった。江戸時代後半の堺港は土砂との闘いにつねに悩まされることとなった。

新大和川の流す土砂の量は多く、付け替え後の二百五十年間で堺の海岸線が約三・五キロメートルものびるほどだった。生まれた新地は開拓されて新田になった。北島新田・南島新田・松屋新田・山本新田・塩浜新田などが、次々とひらかれた。こうして和泉では海岸線の風景が大きく変わっていった。

第二章　古地図読みくらべ

疑問にぶつかったら、つねに図に戻り、じっくりと眺めてみるのがいい。古地図散策、読み解きの第二幕を楽しんでいただきたい。

読み解き応用編

時代を語る三つの古地図

町並みの変遷をたどる

読み解き応用編として、第二章では三つの古地図を用意した。江戸時代以前・江戸時代初期・江戸時代後期の各年代の大坂絵図である。

第一章と同じように、それぞれをいくつかのエリアに分け、小図を掲載し解説文を添えた。（　）内は、各図のキーワードである。

一、浪華往古図（小坂村・渡辺津・熊野古道・玉造の入り江）

一、明暦三年新板大坂之図（大坂城の天守閣、上町・船場・天満の町名と丁目）

一、天保新改摂州大阪全図（凡例と記号・新地開発・川口と新田）

キーワードを手がかりに、三つの図が物語るそれぞれの時代それぞれのエリアのイメージを読みとっていくことにする。第一章で見た元禄の大坂とは異なる顔があらわれるだろう。ここでも主役はあくまで、古地図である。

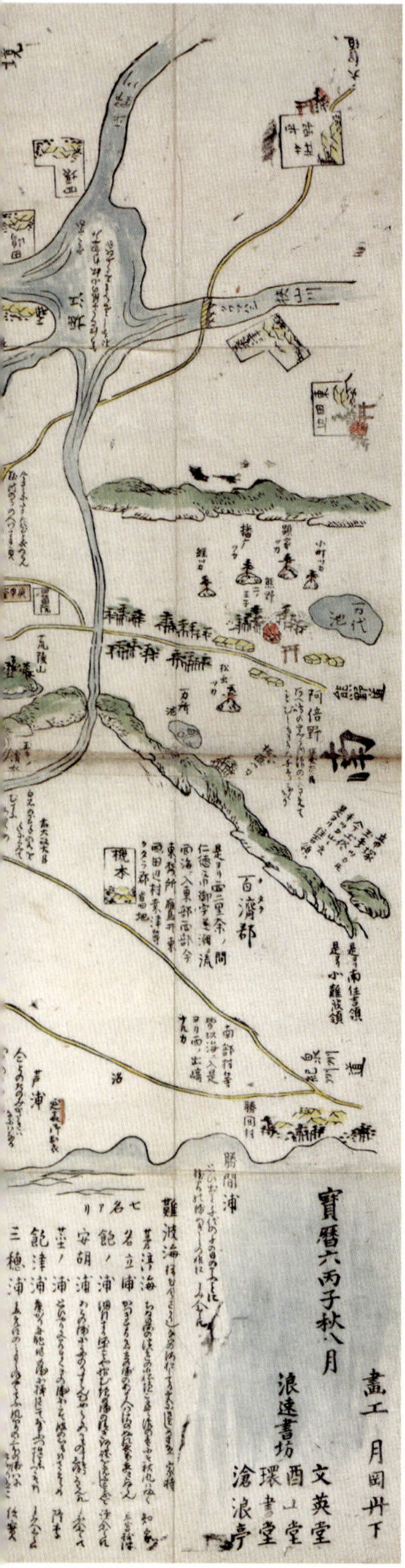
寶暦六丙子秋八月
畫工 月岡丹下
浪速書坊
文英堂
酉山堂
環書堂
滄浪亭
百済郡
阿倍野
万代池
勝間浦
難波海

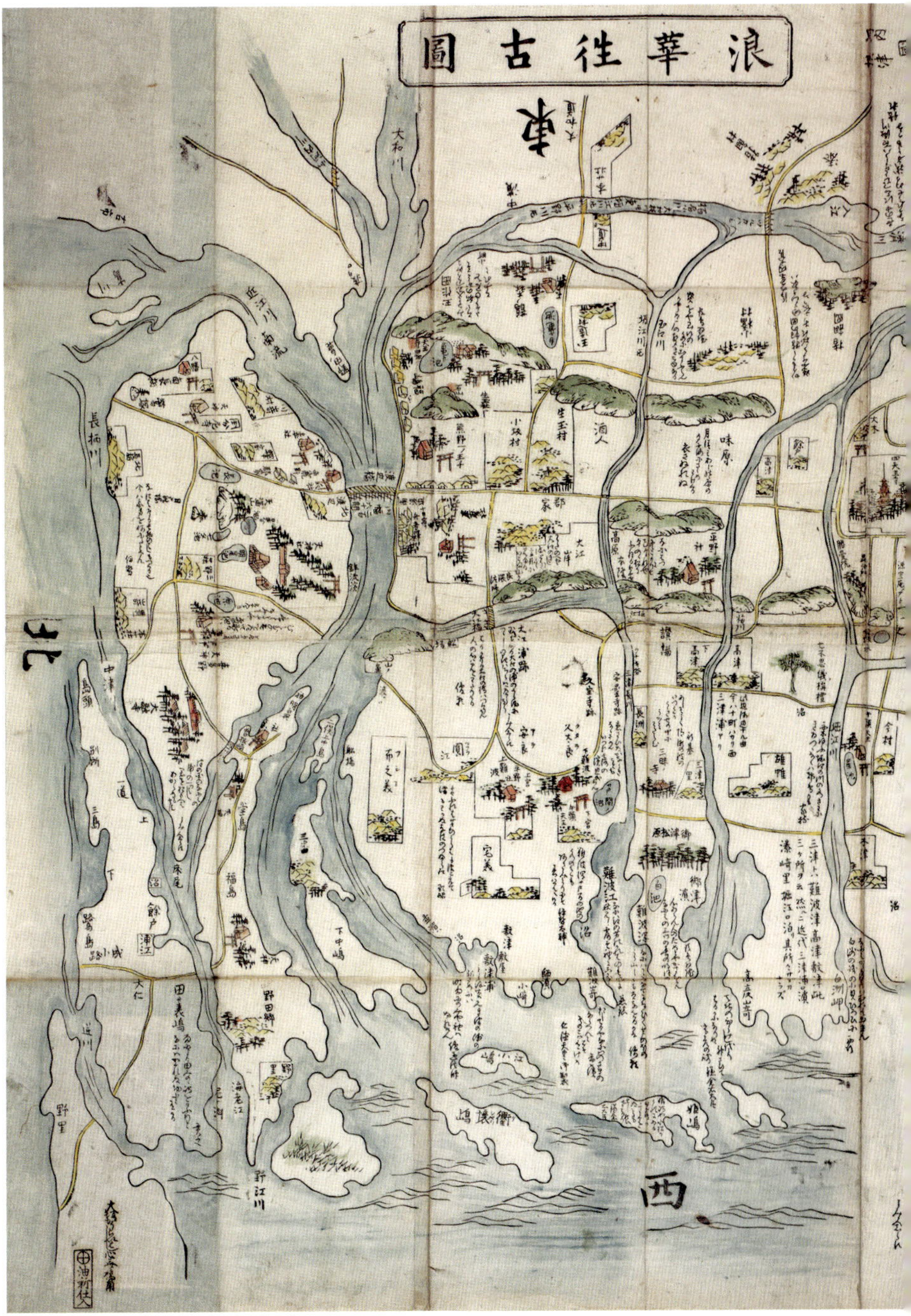
浪華往古圖
東
北
西
大和川
長柄川

一、往古の浪華への憧憬

「浪華往古図」は往古図と総称される一連の絵図の一枚である。古代から中世にかけての大阪の姿を描いたとされ、浪速上古図、難波往古図などとも題され、江戸時代に多くの種類が流布した。内容に類似点が多く、同一の図をもとに作成されたと考えられている。

江戸時代に流布はしたものの、往古図は今、資料としては省みられていない。信頼性に問題ありとされているからだ。掲載の図でも、じっさいにはなかった川が、上町台地を東西に横断して流れ、堀江川（左図）と名が記されている。平野川との合流点に堀江（次頁図）とあるのは、『日本書紀』に書かれた「難波の堀江」[*1]との関係を示唆しているのだろうか。あるいは、奈良時代に和気清麻呂が計画して挫折した上町台地開削の記憶の反映だろうか。とにかく、「浪華往古図」の作者が想像した〝いにしえの浪華〟は、ここにゆったりと川の流れが横たわっていた。史実とは異なるかもしれないが、フィクションとしてはなかなか興味深い大坂像に思える。

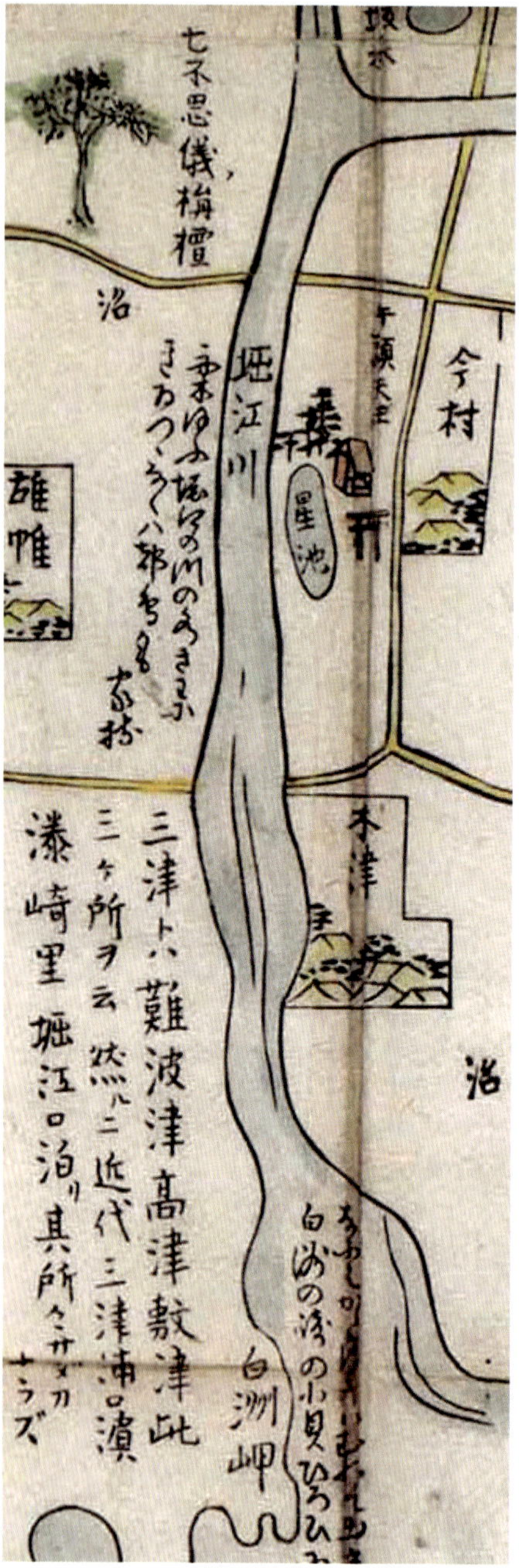

堀江川

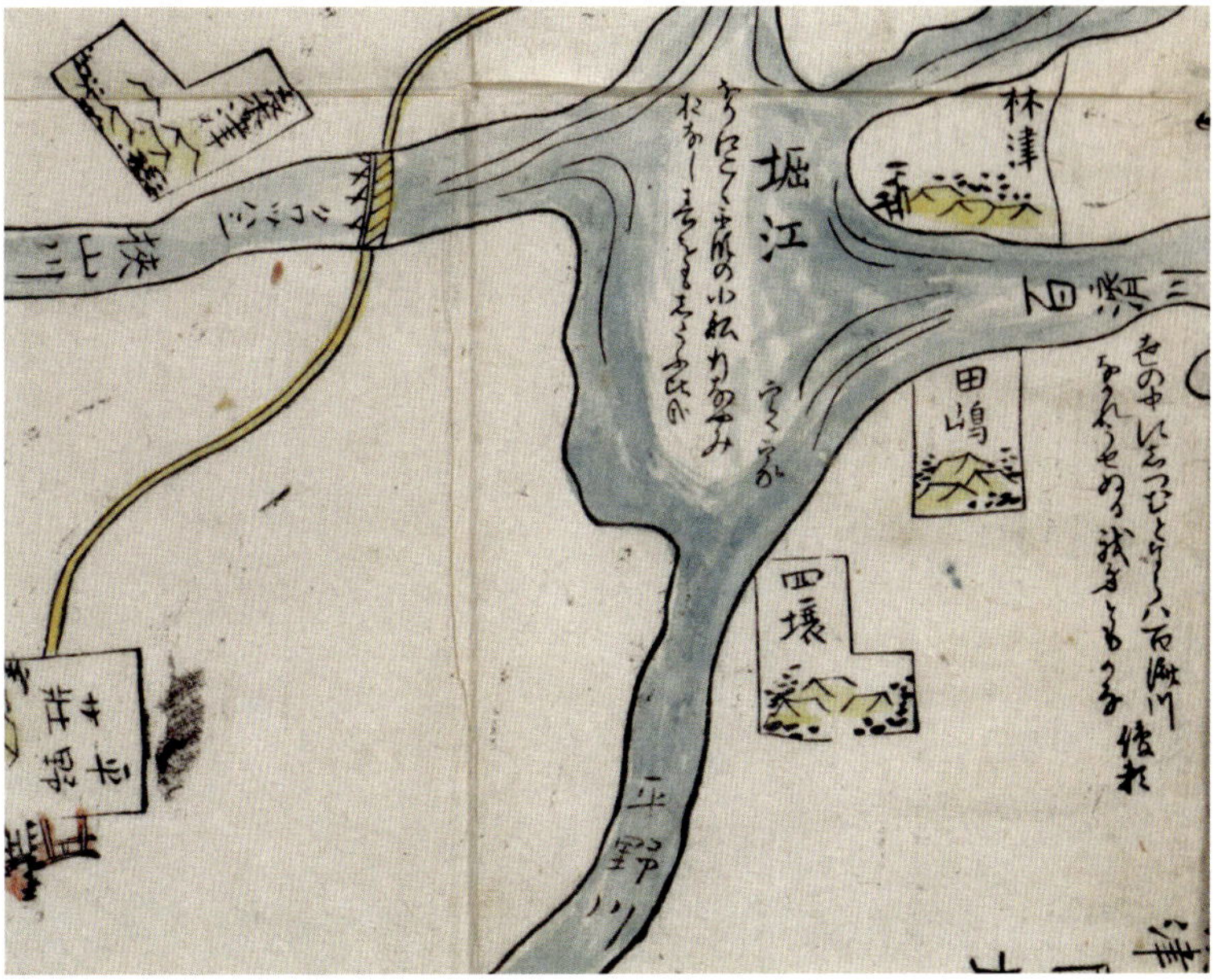

難波の堀江

というのは、「浪華往古図」に描かれた大坂は、網の目の川におおわれ、海原に切れ切れの陸地が浮かんでいるように見えるからだ。まるで多島海である。古代の大坂の呼び名〝八十島《やそしま》[*2]〟を連想させる眺めではないか。どうやら、「浪華往古図」に描かれているのは、古代以来のいくつもの伝承を折り重ねたイメージとしての大坂のようだ。八十島の神祭[*3]が行われ、堀江つまり人工の川を掘りすすんだ人々の営みがあり、それらに思いをはせている江戸時代の人々がいる。往古図には、過去の事蹟への深い憧憬が感じられるのである。

　川といえば、「浪華往古図」に描かれた川に、私たちにおなじみの淀川がない。上町台地の北で大和川と合流している川には、「近江川南流」（次頁図）と名が記してある。これがじつは淀川なのだが、この流域で淀川という名が定着したのは江戸時代になってからのことである。それまでは、山崎川あるいは近江川、淀川などの呼び名がいりまじってつかわれていた。「近江川南流」とは、つまり近江に源を発する川の南の流れとの意味になる。

　往古図の作成者は、近江から京都、大阪湾までの一本の流れと、川口を埋める島々の姿を思い描いていた。その島のひとつに、小さな小坂の村があった。

＊1　**難波の堀江**……仁徳天皇が行ったとされる治水工事で掘

近江川・大和川合流

られたもので、現在の大川にあたると考えられている。

＊2　**八十島**……多くの島との意味で、古代の難波の風景をさす。

＊3　**八十島の神祭**……大嘗祭の翌年、勅使を難波に遣わし、住吉神などの神々を祭った儀式。

小坂から大坂へ

上町台地の北端に山が描かれ、石山（次頁上図）の文字が見える。隣接して、生玉社（次頁上図）の鳥居があり、小坂村（次頁下図）、生玉村（次頁下図）の集落が描かれている。

問題は、「小坂」という地名である。

「浪華往古図」と題された図には書き入れがあるものも多く、『浪華百事談』にはそのひとつとして、「大江の岸の東に小坂村ありて、その南方に生玉の庄内生玉村あり。また小坂村の跡に、後年大坂となる」と書かれた例をあげている。図には「大江」「小坂村」「生玉村」が見え、そのうちの「小坂村」がのちの大坂になったのだという。いわば大坂発祥の地である。

　大坂誕生の発端は、左上図で上町台地の北端に見える「石山」である。岩山の絵が描かれている。ここに蓮如が石山本願寺をひらいたとき、多くの石が出て、御坊の礎石にももちいた。石山本願寺の名の由来である。

　石山本願寺がたてられた場所が小坂だった。『厳助《げんじょ》往年記』の弘治三年（一五五七）四月十七日の条に「小坂本願寺」の名が出てくる。『後奈良天皇宸記』の天文四年（一五三五）六月十三日の条に、「昨日尾坂本願寺に於て合戦有り」と書かれているとおり、尾坂と表記された例もある。もともと「おさか」の呼び名があり、そこへ「小坂」「尾坂」の文字があてはめられたのだろう。また石山本願寺とは、のちの呼称で、建てられたころの名は「小坂

石山に隣接する生玉社

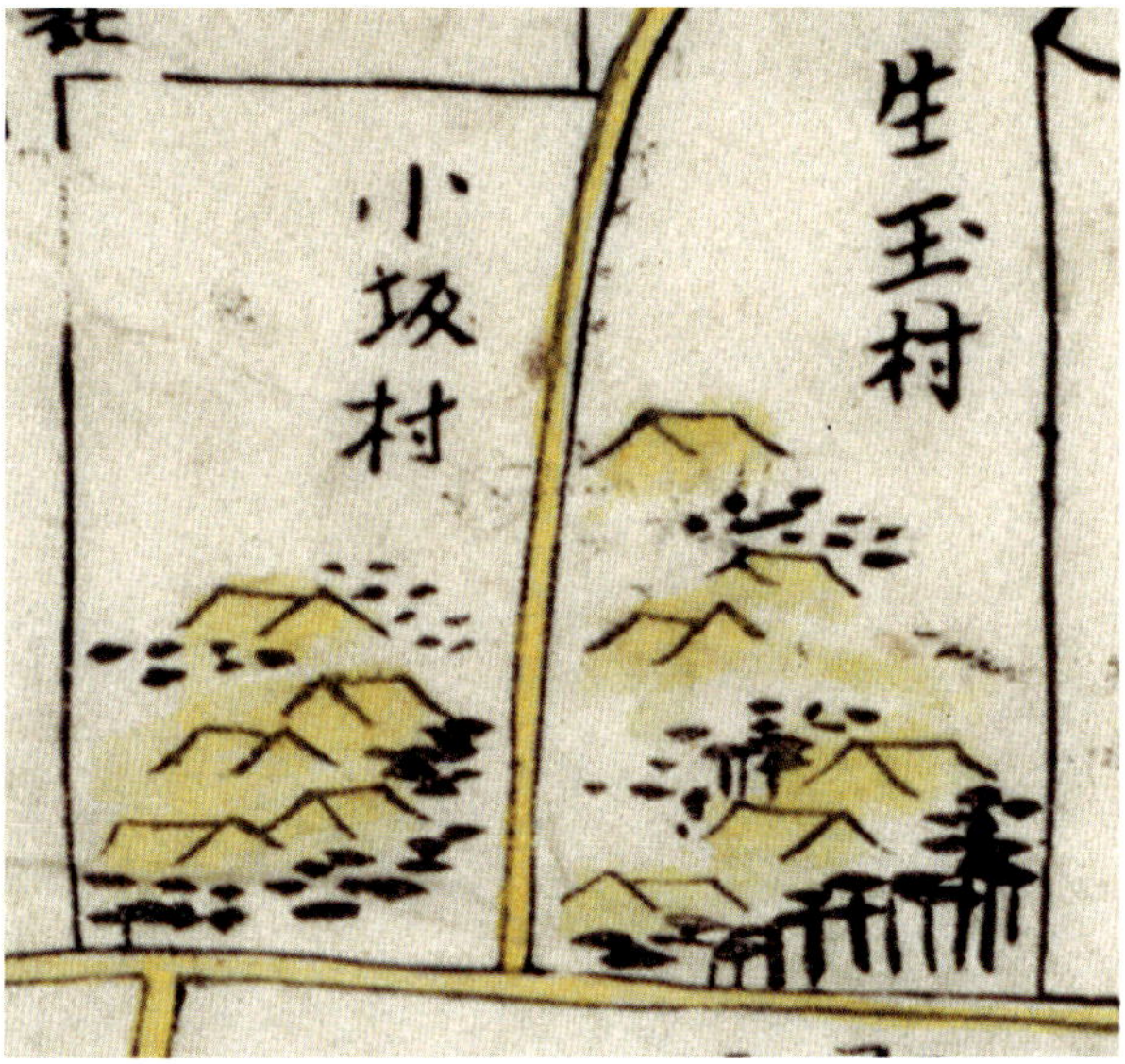

小坂村と生玉村

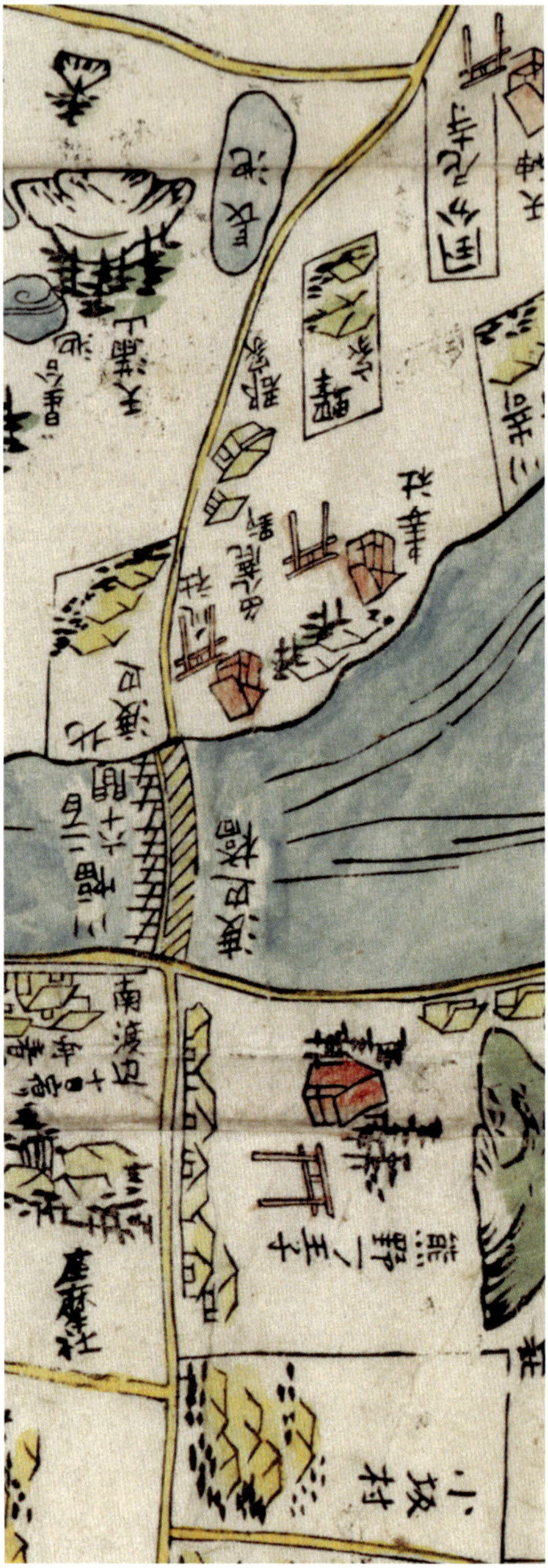

小坂村への道

（尾坂）本願寺」だったのである。

本願寺はまわりに堀と塀をめぐらし、城砦化した敷地のなかに寺内町をつくった。その範囲は往古図でいえば、小坂村を中心に生玉村・玉造村・石山・大江岸などをふくんだ、川で囲まれた島の内側である。大坂城の本丸、二の丸あたりに相当する区域で、本願寺寺内町の位置については、これが定説になっている。

この区域が「大坂」と呼ばれるようになる。蓮如が門徒に向けて、明応五年（一四九六）秋に一宇の坊舎を建立したと伝える書状には「そもそもこの在所大坂において」とある。これが文献にあらわれた「大坂」の初見とされている。「大坂」は最初、「おさか」であったのが、やがて「おおさか」になった。

たとえば、『蓮如上人御詠歌』に次の歌がある。

又舟にのりてぞとおるわたなべの磯ぎわとおる大坂の山
いく玉のひかりかがやくしぎのもりみちもひろげにみゆる大さか

いずれも「大坂」を「おおさか」と読んで三十一文字に

なる。最初の歌の「渡辺の磯際」は、前頁図の渡辺橋のあたりの岸をさす。船で来ると、本願寺は渡辺津の近くまで迫る大坂の山の上にあったというのである。二番目の歌は、大坂へは東成郡生玉庄内の鴫《しぎ》（志宜）の森から坂道をあがっていくとの意味。鴫の森は、左図の「白竜池」の東に木々が描かれた一帯。広げに見えると歌にある道は、大和道から中道を経て鴫の森を抜け、小坂村と生玉村のあいだを通る道。じっさいは、さほど広くない坂道で、その頂上あたりを大坂と呼んでいる。

おそらく「大坂」とは「小坂」の読み替えであり、本願寺の地としてふさわしいように「大」の字があてられ、大きい坂、大坂と呼ぶようになったのではないか。村から寺内町、さらには城下町へと変遷していく歴史は、やはり「小坂」よりも「大坂」の字を選んだのである。

白竜池と鴫（鵲）の森

大坂は虎と狼のすみか？

本願寺建立の頃の大坂について、蓮如の子の実悟が記した『拾塵記《しゅうじんき》』には「虎狼のすみか也、家の一もなく畠ばかりなりし所也」とある。家の一軒もなく、虎や狼の住む荒れた土地だったというのだが、いささかおおげさな記述のようだ。小坂はもともと次頁図の生玉社（生国魂神社）の門前にあり、生玉社の神宮寺だった法安寺に隣接していた。法安寺は京都の相国寺鹿苑院の子院で、鹿苑院に地子銭を納めていたので、まわりに寺領があり、田畑や集落もあったはずである。

『真宗懐古鈔』にも、小坂の三方には田畑があって民家が多く、米穀や野菜の産地で、一方には海原が広がり、客船が出入りし、仏法を広めるのにふさわしい霊場と記されている。貧しい土地ではなかったのに、荒地であるかのように書いたのは、なぜだろう。蓮如が当地に寺内町を築いた功績を際立たせるためだったとするのは『新修大阪市史』の見解だ。あるいは新たな布教の拠点を築くには、「虎狼のすみか」に乗り込むような気概が必要だったのかもしれな

生玉社門前

い。蓮如は山科本願寺が焼き討ちにあい、追われて石山にやってきた。世は戦国の時代である。

天文年間（一五三二〜一五五五）のはじめには、寺内に北町・清水町・南町・北町屋・新屋敷・西町の六町が生まれ、のちにはさらに青屋町・桧物《ひもの》屋《や》町・横町・造作町・中町などができ、大いに繁栄した。

二、渡辺津と熊野古道

渡辺橋を通る道に注目してみる。南北に大坂をつらぬき、小坂村、生玉村を抜けて四天王寺の脇を通る。南端には熊野道（次頁図）と記されている。京都から淀川を船で下り、渡辺津に着く。渡辺津は、図の渡辺橋のある場所と重なる。正確な位置については現在も議論がつづいているが、中世には天神橋一帯にひらけ、江戸時代には天満橋のあたりに移って八軒家浜とよばれたとする説が有力なようだ。この渡辺津が、熊野街道のはじまりである。

熊野街道の道のりは長い。紀州の熊野三社まで、熊野権現の分身とされる九十九王子をたずねて祈り、加護をうけて進んでいくのが習いである。図（一四四頁）で、小坂村の北に熊野一ノ王子とあるのは、熊野街道の最初の王子の意味で、中世には渡辺王子あるいは大渡王子、窪津王子などの名称で呼ばれたようだ。渡辺津で下船すると、まずここに立ち寄る。

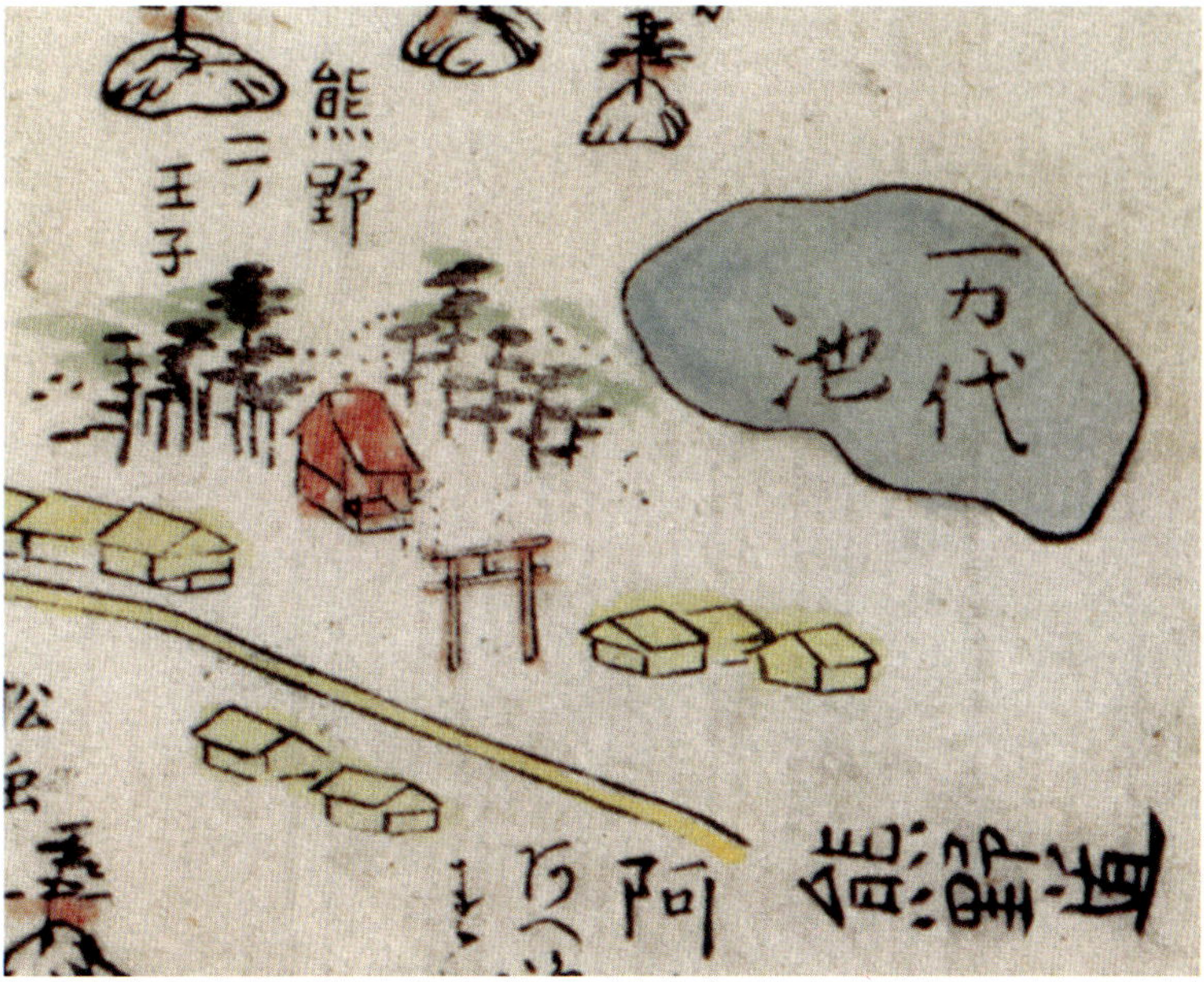

熊野道・熊野第二王子・万代池

上図の南の端の万代池の北側には熊野第二王子がある。おそらく、万代池の近くに今も残る王子社の阿倍王子神社をさすと思われる。阿倍王子神社は大阪府下で現存するただひとつの王子社である。ただし、第二王子は南大江公園[*1]にあったとされる坂口王子ともいわれ、さらに伝承では郡《こう》戸《と》王子、上野王子という名の王子も上町台地にあったとされる。

今では、四天王寺の近くの堀越神社に熊野第一王子之宮が祀られている。まぎらわしいが、これは第一王子の窪津王子が四天王寺西門近くの熊野神社に鎮座していたのを合祀したものと伝えられる。

中世の熊野街道の順路や九十九の王子の詳細は不明な点が多い。往古図に記された内容も、そのまま信じるわけにはいかないが、中世以前の大坂の姿の把握には興味深い素材といえるだろう。

＊1　**南大江公園**……熊野街道の一部と考えられている御祓《おはら》い筋を南下したところにある。

坐摩神社と渡辺のえにし

次頁図で渡辺橋の南岸、熊野一ノ王子の西に鳥居が見える。現在、中央区久太郎町にある坐摩神社は、かつてここにあった。延喜式[*2]で定められた大社で、平安時代には坐摩神が宮中神として朝廷に厚く崇敬された。『百錬抄』[*3]によると、鎌倉時代には住吉大社の末社であったようだ。移転したのは、豊臣秀吉の大坂城築城のときである。生玉社も同じときに場所を現在地に移している。

坐摩と書いて「ざま」と読むのは俗称。本来は「いかすり」で、栗田寛[*4]の説によると大宮所《おおみやどころ》を守る神をあらわす居《い》所知《かしり》に由来する。大宮所とは皇居のある場所。『摂津名所図会』は坐摩神社の創祀にまつわる伝承として、神功皇后が三韓から凱旋したとき、神武天皇の逸話[*5]にならって船を難波の岸の浮見石のほとりに寄せ、神璽《しんじ》を沈めて祝ったと記し、さらに神功皇后が石の上で身を休めたところ、難波の人が醤《ひしお》[*6]を献上したという。『浪華百事談』にも、神功皇后が休んだ石は神石となり、その地は坐摩神社の御旅所《おたびしょ》になったとの言い伝えも記されている。

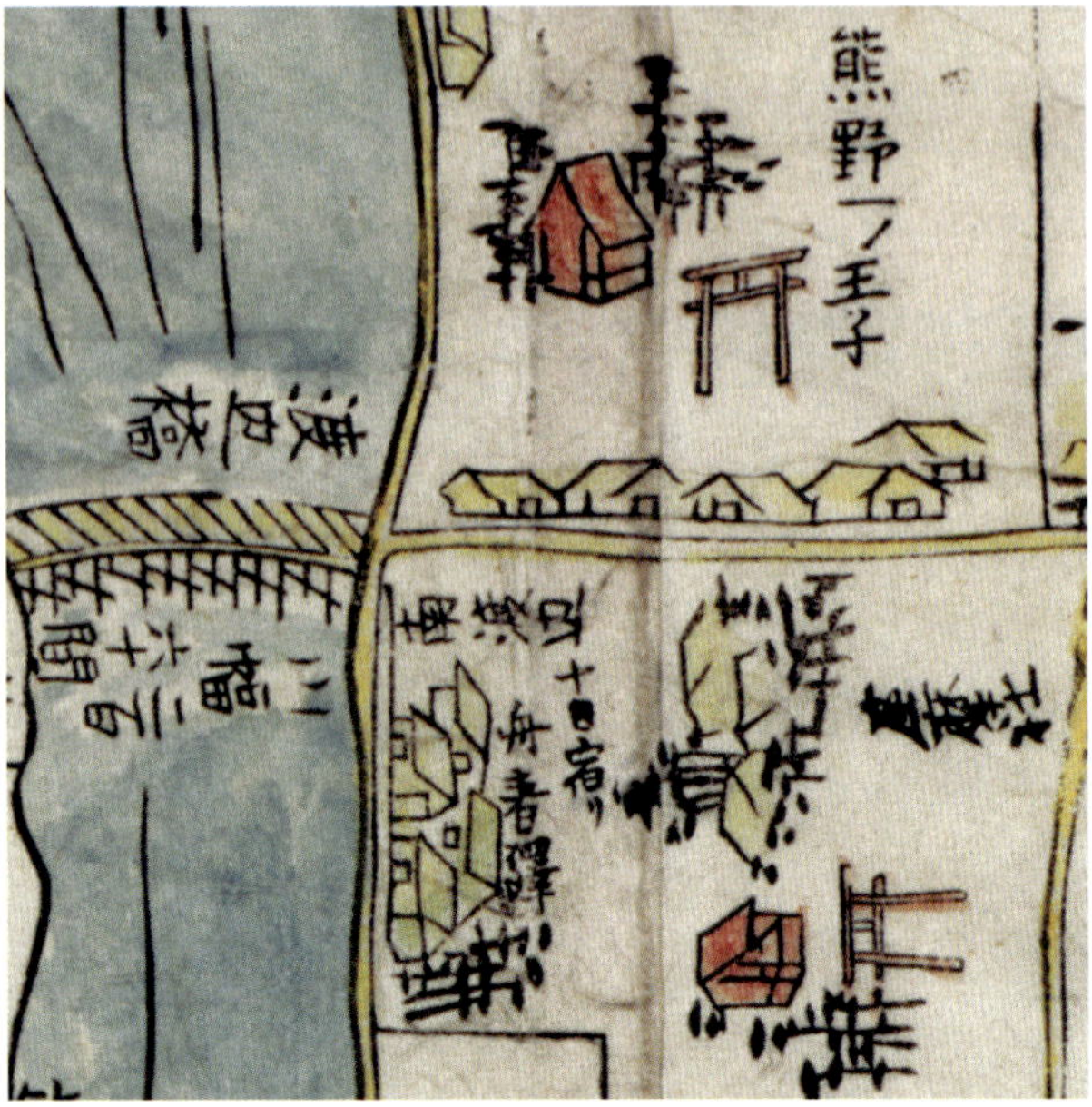

坐摩神社鳥居・熊野第一王子・渡辺橋

坐摩神社の神官は代々渡辺氏がつとめた。『浪華百事談』は、中世の武士団として活躍し、渡辺綱《わたなべのつな》[*7]を輩出した渡辺党の末裔と述べ、南北朝時代には上図の渡辺橋のほとりに城を築いて戦い、南朝を守護したとの話をつけ加えている。坐摩神社の現住所に「久太郎町四丁目渡辺」とあるのも「渡辺」との縁の深さを思わせる。

＊2　**延喜式**……平安初期の禁中の年中儀式や制度を記した律令の施行細則。

＊3　**『百錬抄』**……平安中期から鎌倉中期の編年体の記録。編者未詳。公家方の重要史料とされる。

＊4　**栗田寛**……水戸藩の歴史学者で『大日本史』の編纂にあたる。明治維新後は東大教授に。

＊5　**神武天皇の逸話**……神武天皇の東遷のおり、難波崎で速

い潮流に助けられ到着が早くなったとの『日本書紀』の記述をさす。

＊6　醤……古代の発酵調味料。味噌・醤油の原形とされる。

＊7　渡辺綱……源頼光の四天王の一人。大江山の酒呑童子《しゅてんどうじ》退治などで名高い。

三、生玉社と石山

左図では本願寺のあった石山のすぐそばに生玉社がある。

生玉社鳥居と石山（拡大）

現在、天王寺区生玉町にある生国魂神社（生玉社）は、はじめここにあった。社伝によれば、神武天皇が筑紫より東征のときに、難波津の丘に生島神・足島神を祀って国土安泰を祈願したのが創祀である。日本の国土の神霊として、朝廷の崇敬厚く、摂津国では住吉大社・大依羅《おおよさみ》神社などとならぶ神社とされてきた。

明応五年（一四九六）に蓮如が石山に本願寺を建立してからも、生玉社は変わらず残った。織田信長と十年ものあいだ戦った石山本願寺は当地に堀や塀をめぐらし、強大な寺内町をつくったが、生玉社は寺内町の一角でなお祭礼などの営みをつづけた。しかし、信長の本願寺攻めにより、天正八年（一五八〇）に生玉社は本願寺とともに焼失してしまう。同十一年（一五八三）に小祠が建てられたが、本格的な再建は、豊臣秀吉の大坂城築城のときだった。秀吉は生玉社を現在地に遷座し、新たな社殿を建て、三百石の社領を寄進したのである。

上図の生玉社は小坂村、生玉村に隣接しているが、もともとこのあたり一帯は「生玉庄」と呼ばれた鎌倉時代以来の荘園である。荘域は広く、現在の天王寺区北部までふくんでいたという。戦国時代には荘園の所有権も転々とする。一説には、最終的に石山本願寺に寄進され、それによって寺内町の建設がすすんだとも伝えられている。

玉造の入り江

上図で玉造村のあるあたりは、玉造庄とよばれた室町時代以来の荘園で、比叡山の寺領だった。地名の由来は、大和朝廷に勾玉《まがたま》などの玉をつくって献納する玉造部の人々が、当地に住み着いていたことによる。

玉造江との古い呼び名もある。

湊入の玉つくりえにこぐ船の音こそたてね君を恋うれど

とは、小野小町の歌。上図を見ればわかるように、玉造の間際を川が流れている。玉造江とは玉造の入り江の意味で、船の発着場にもなっていた。現在の玉造からは考えられない水辺の風景が広がっていたのである。『大日本地名辞書』によれば、玉造江とは、下図の百済川が小橋で江になるあたりをさすという。図には百済川が小橋に至る手前に「入江」と記され、入り江のようなかたちが描かれている。玉造江とよばれた範囲は、小橋を中心にかなりの広がりをもってとらえられていたようだ。

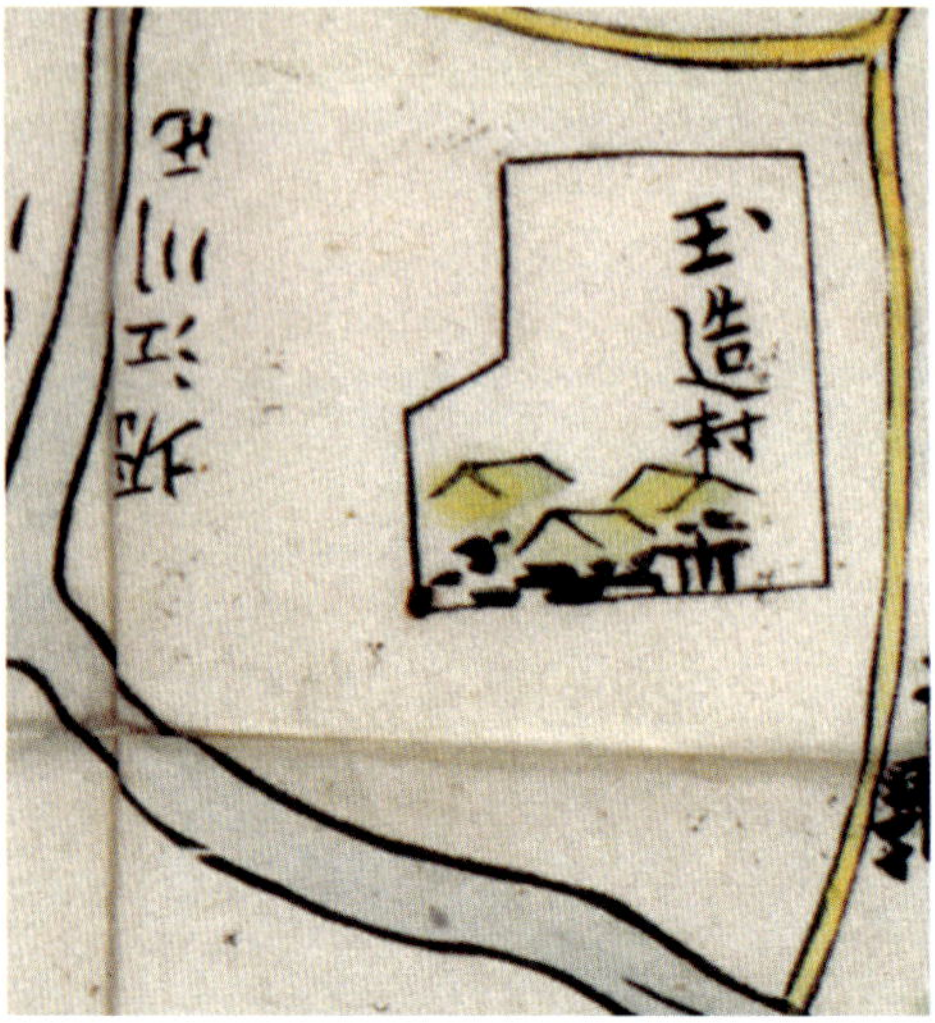

玉造村

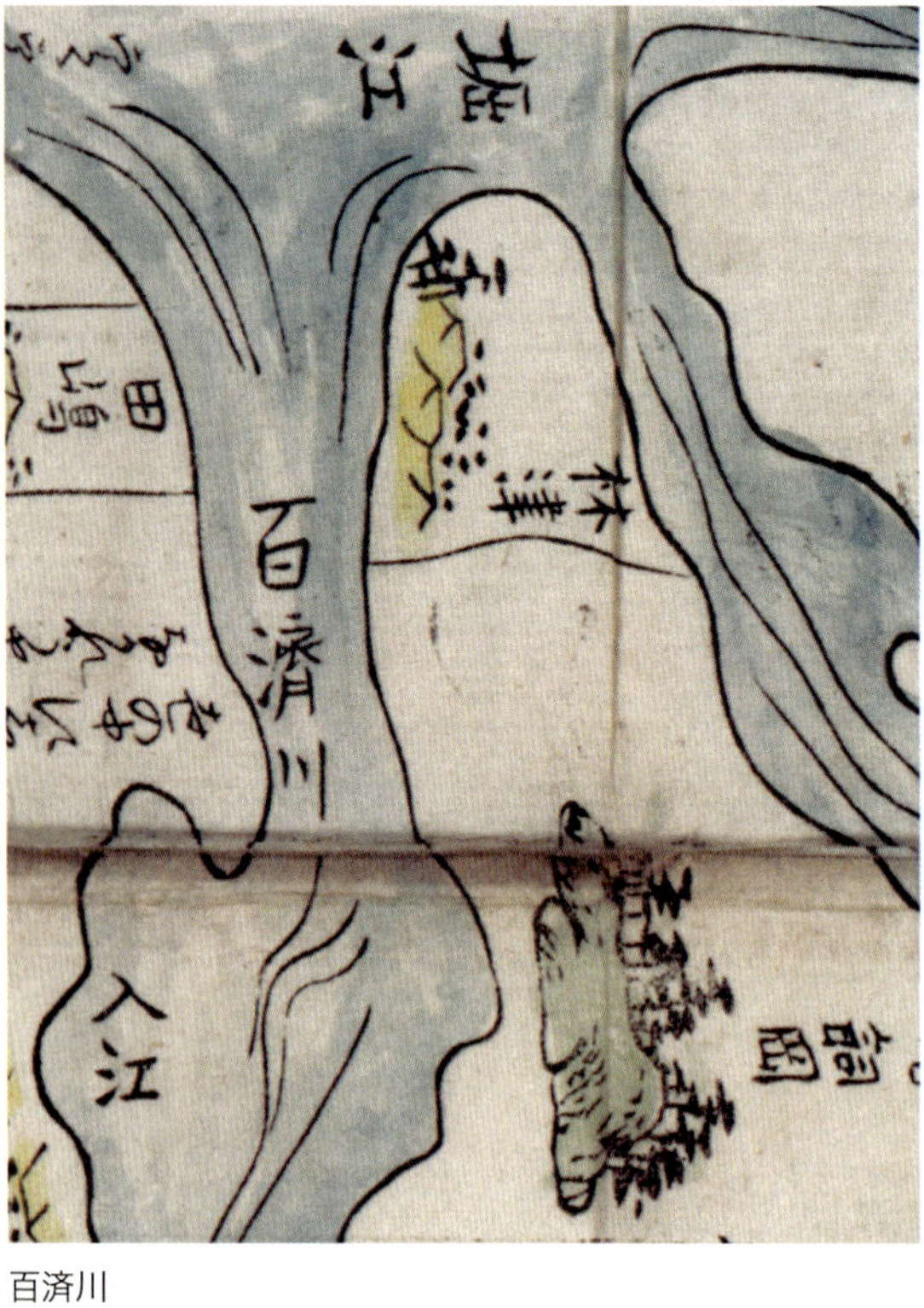

百済川

　玉造には興味深い伝承がある。四天王寺が玉造で創建され、のちに荒陵《あらはか》に移建されたとの説である。『扶桑略記』『聖徳太子伝私記』『今昔物語』などに記されている。『日本書紀』には、推古天皇元年のときに「始めて四天王寺を難波の荒陵に造る」とあり、荒陵創建説の根拠となっている。現在は荒陵説が定説だ。

　下図の上で四天王寺の建つ荒陵と玉造は、上町台地の南と北にあり、距離はそれほど離れていない。荒陵は難波津に近く、玉造は渡辺津に近い。以後まったく異なる発展の仕方をするふたつの地域だが、往古図で見るとずいぶん共通点があるのに気づく。

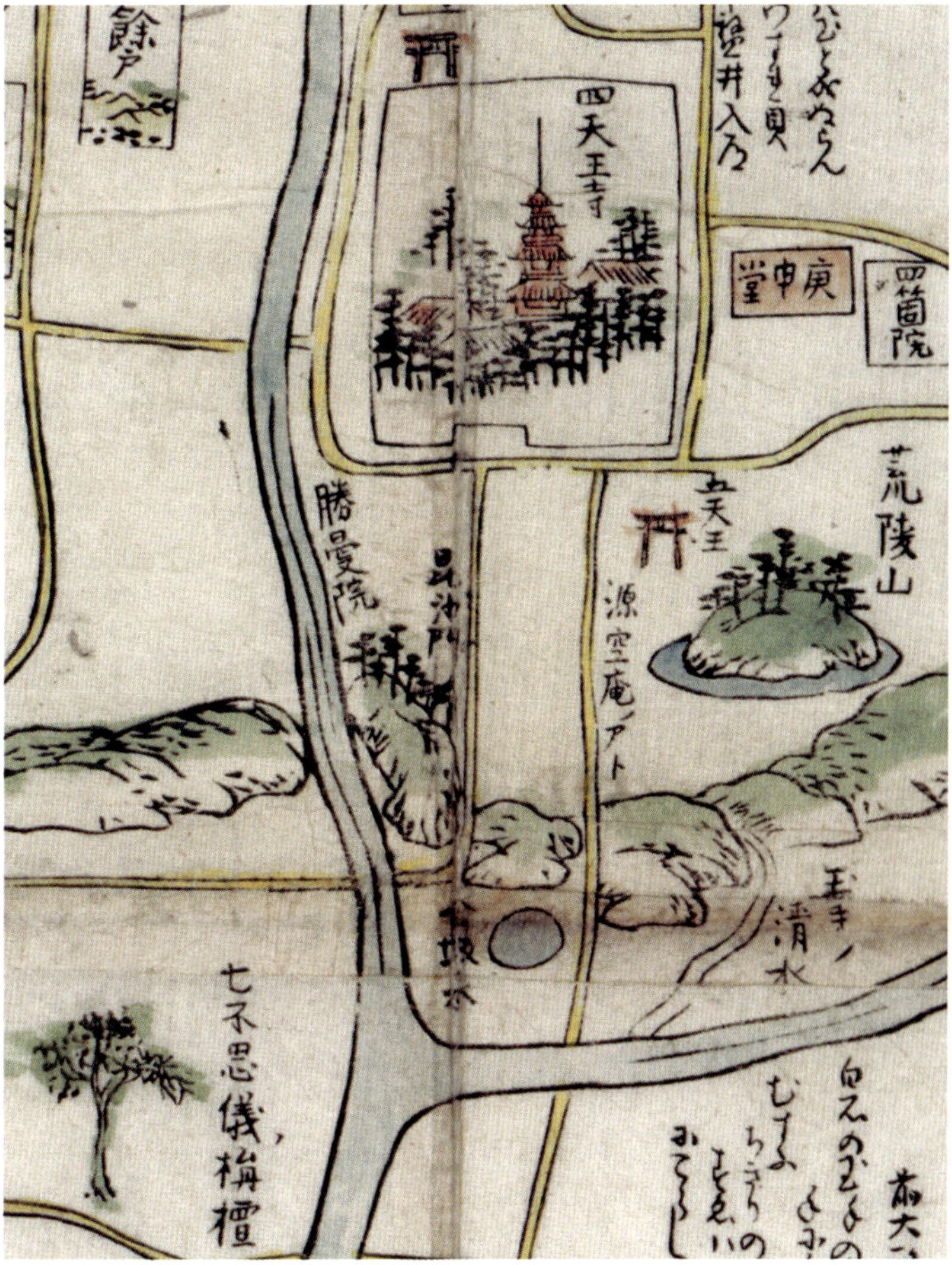

四天王寺と荒陵

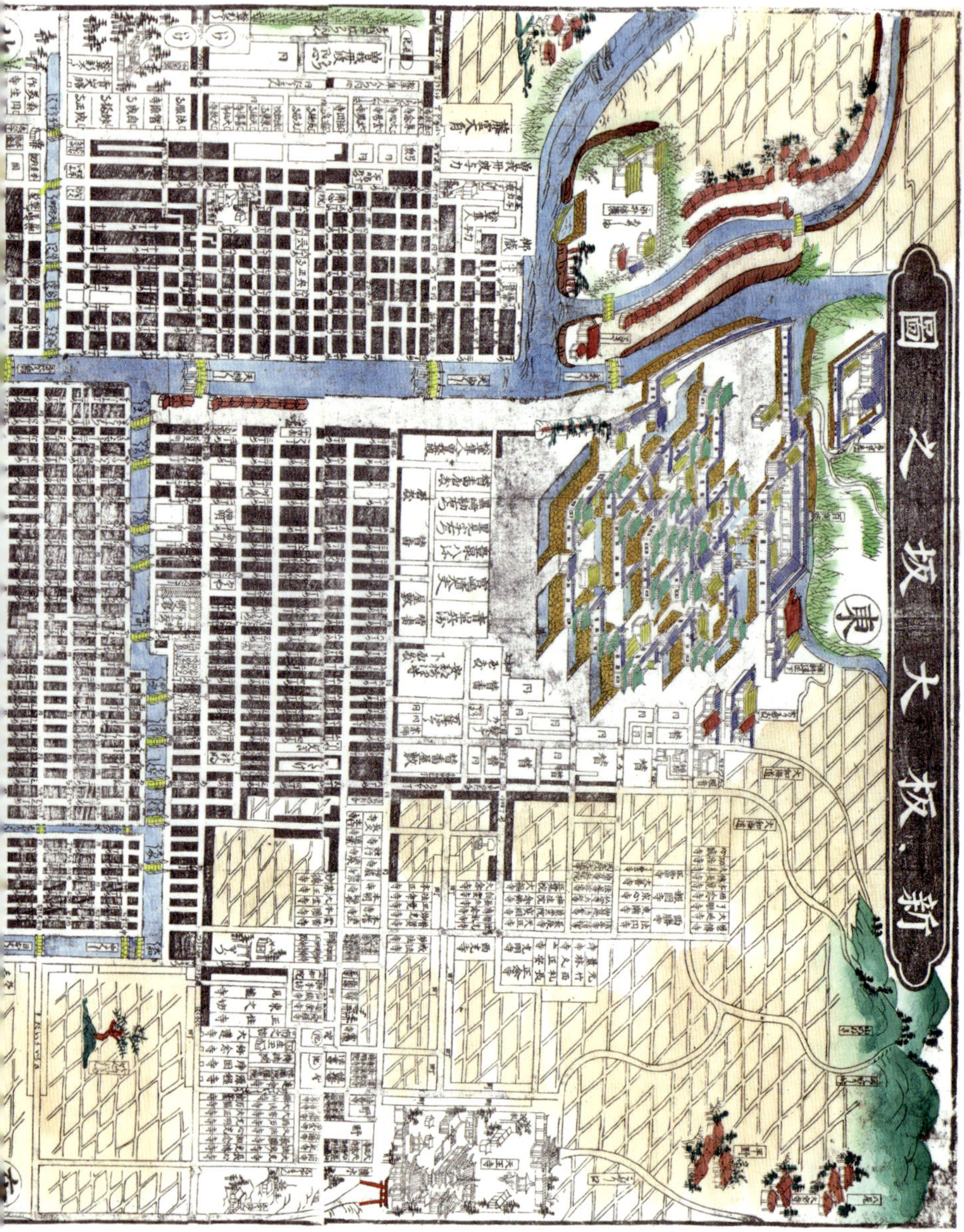
新板大坂之圖

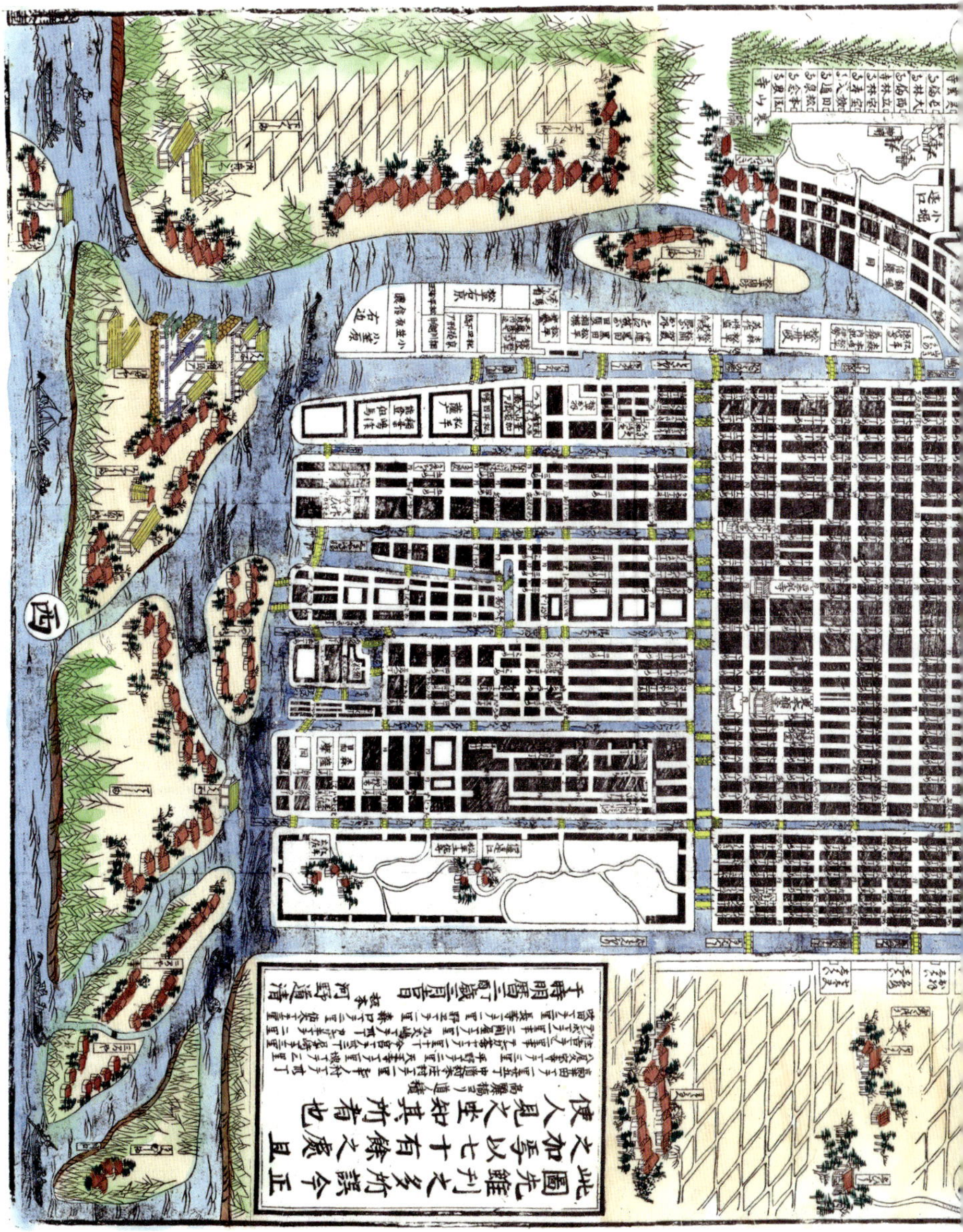
西

一、天守閣そびえる大坂城

明暦三年（一六五七）新板大坂之図は、巷間に流布した大坂の町絵図としては、もっとも初期のもので、京都の河野道清が出版した。

重要な建物や郊外の景観が俯瞰図で描かれ、町家の街区が墨色で塗られているのが目につく。京都で作成されたため、当時の京都町絵図の特徴があらわれたのである。大坂城がひときわめだつのは、京都図で内裏（御所）がめだつのと同じで、縮尺を度外視して大きく描いているからだ。

新板大坂之図の大坂城には、貞享・元禄以後の大坂町絵図の大坂城にはないものがある。

五重にそびえる天守閣（下図）だ。豊臣時代の大坂城の天守閣は、慶長二〇年（一六一五）の大坂の陣で城もろとも炎上した。徳川時代には寛永三年（一六二六）に天守閣再建、寛永六年（一六二九）には新しい大坂城が完成したが、寛文五年（一六六五）の落雷で天守閣が焼失。明暦三年（一六五七）発行の新板大坂之図から八年後の災禍である。以後、昭和六年（一九三一）に復活するまで、大坂城に天守閣はなかった。

新板大坂之図に描かれた天守閣は、現存している指図（設

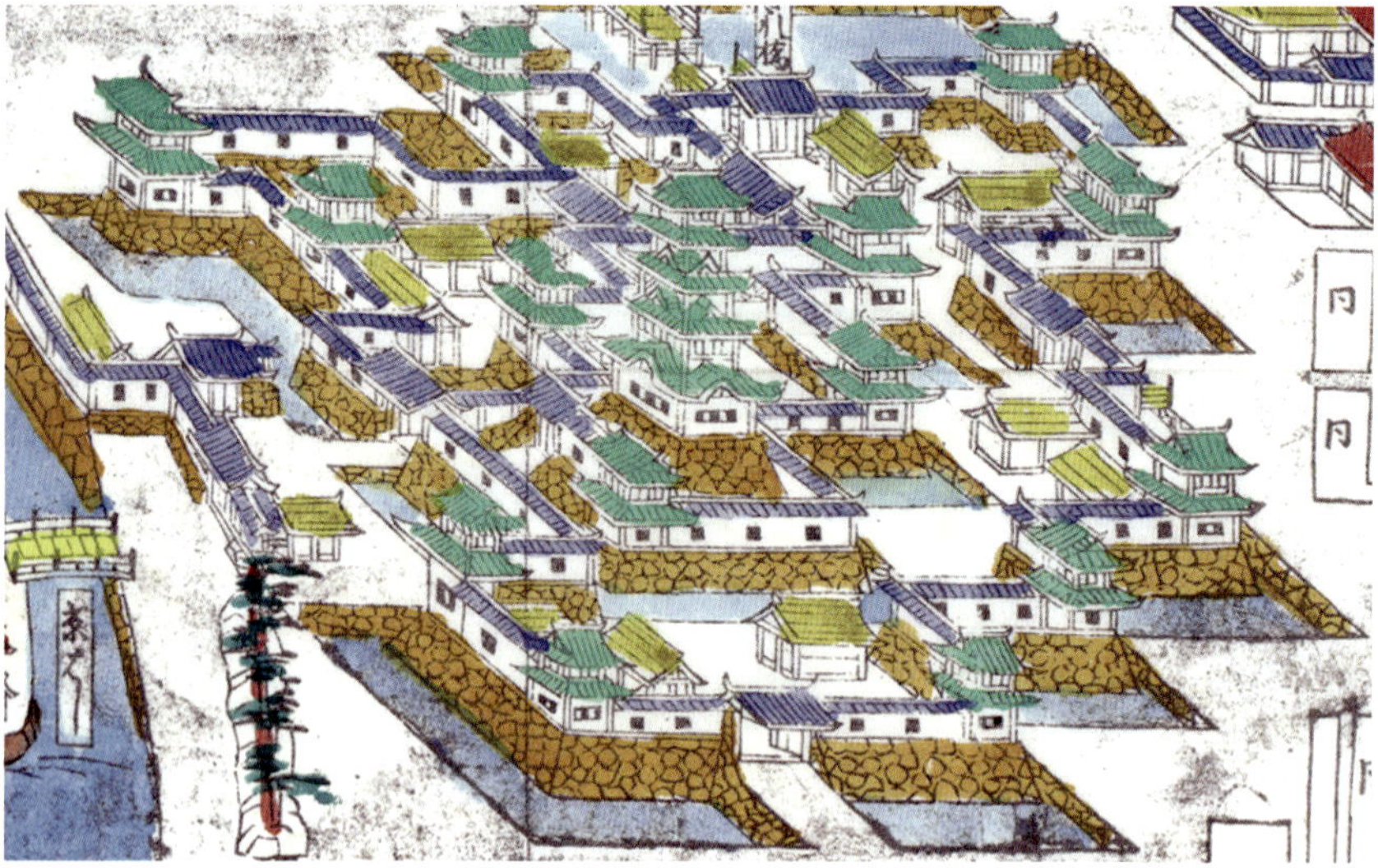

天守閣

計図）とくらべると、あるべきものが省略されている。実物と同じ五重だが、千鳥破風を上下で三角形に重ねる重厚な外観は再現されず、全体にすらりと細身である。どことなく京都二条城の天守閣に似ているのは、京都の絵師が描いたからというわけではないだろう。町絵図では城の姿を正確に描かないのが、習いである。以後の大坂図も、城については部分を省略したり、デザイン化するなどして、姿を変えて描いている。

天守閣をそなえた大坂城を最上段に鎮座させ、市街を文字どおり城下の町として見下ろした構図は、現在いわれているような町人の都のイメージとはむすびつきにくい。むしろ城下町としての大坂の姿が見える。江戸時代初期の人々が抱いた大坂像も城あっての町だったのではないか。絵図からの類推である。

明暦の頃はまだ大坂の町絵図の刊行が非公認だった。そのなかで発行された最初期の図として見るべきものが多い。

蔵と橋

新板大坂之図と書かれた題字のすぐ下に「えんせう蔵」（下図）の文字が見え、四角形の敷地に蔵が描かれている。大坂城の焔硝（火薬庫）が、ここにあった。見るからに大きな蔵である。要塞としての城を支える重要な施設で、川

焔硝蔵

をへだてて城郭の外に置かれた。

　新板大坂之図の刊行から、わずか三年後の万治三年（一六六〇）、「焔硝蔵」は落雷による大爆発で、城と町に甚大な被害をおよぼす（第一章第一図の一参照）。図に描かれた蔵の大きさに、あらためて目がとまる。

　大坂城はその後も、寛文五年（一六六五）の天守閣焼失、天明三年（一七八三）大手多聞櫓の落雷・焼失、慶応四年（一八六八）の炎上と、災禍に見舞われる。新板大坂之図は、天守閣と焔硝蔵などがきれいにそろった初期大坂城の姿が見られる珍しい絵図である。

　城内、「かハん屋敷」（上図）とあるのは玉造口にあった加番屋敷。「保科弾正下」（下図）とは定番の下屋敷。「百間蔵」（次頁上図）は倉庫で、百間は巨大さをあらわしている。

　面白いのは本丸へつづく「きれ橋」（次頁下図）だ。じっさいに絵では、橋がまん中で切れている。橋としての用をなさない、不思議な橋である。位置からみて、この橋は現在の極楽橋にあたる橋と思われる。

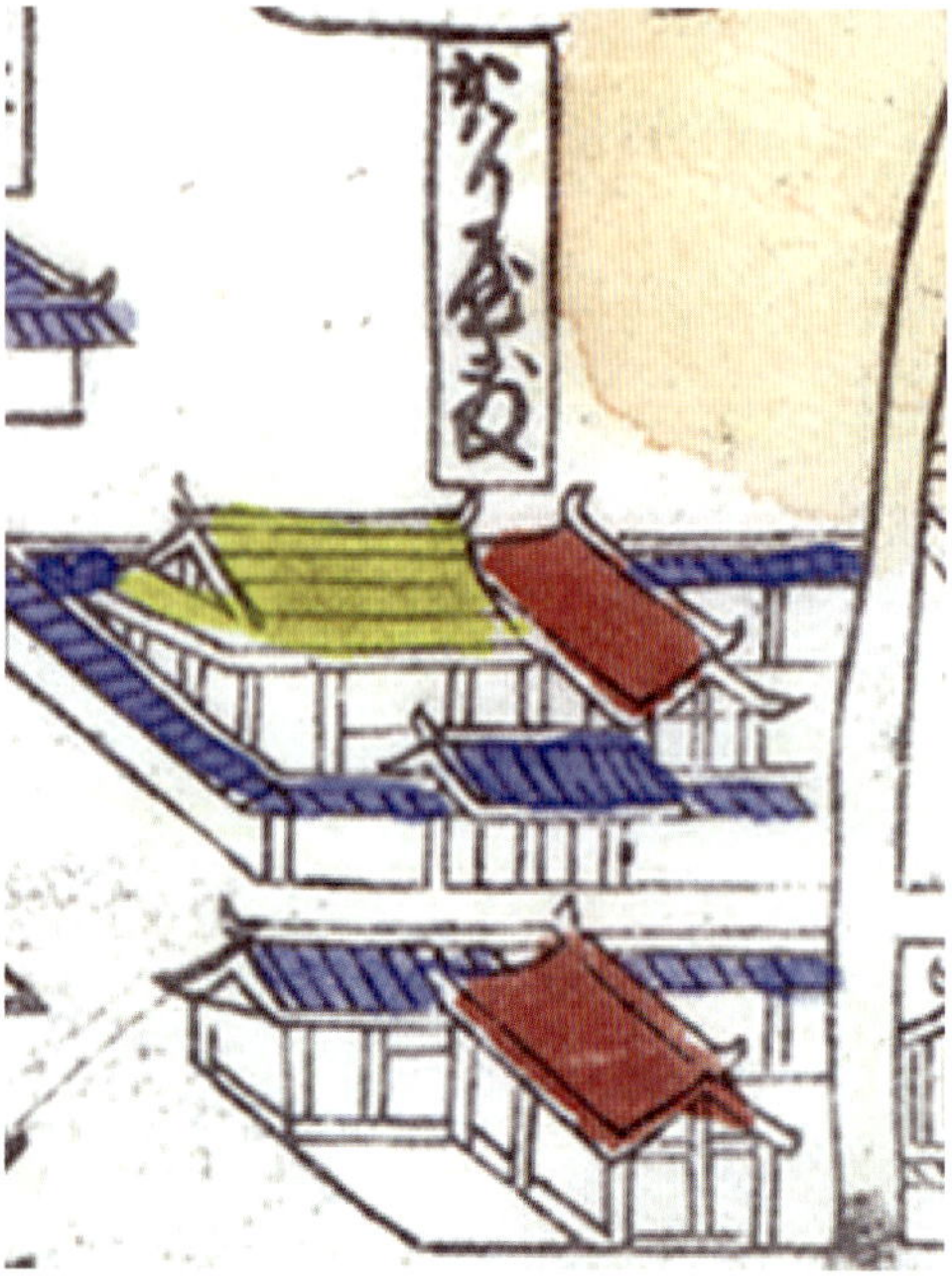
加番屋敷

定番下屋敷

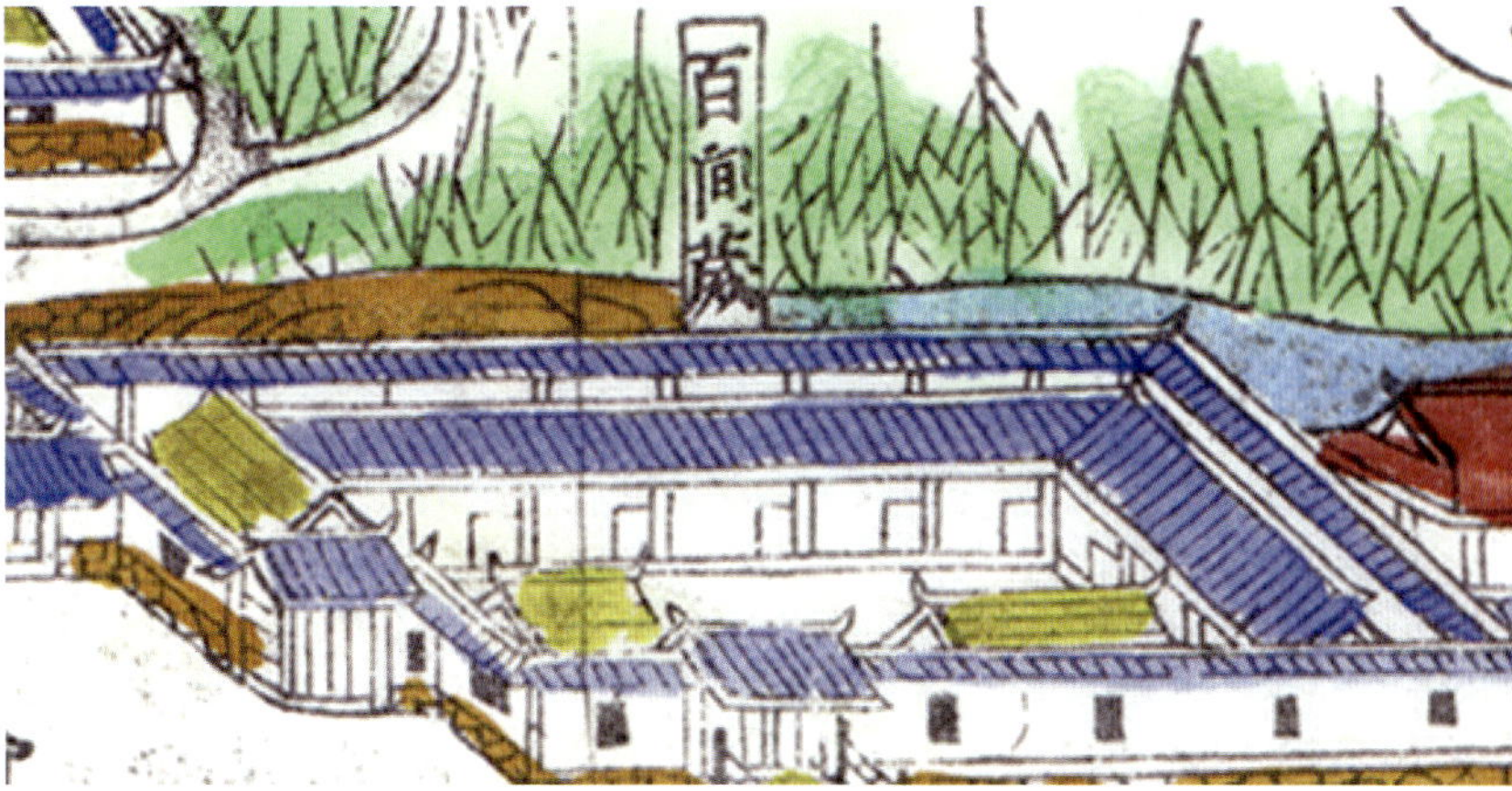

百間蔵

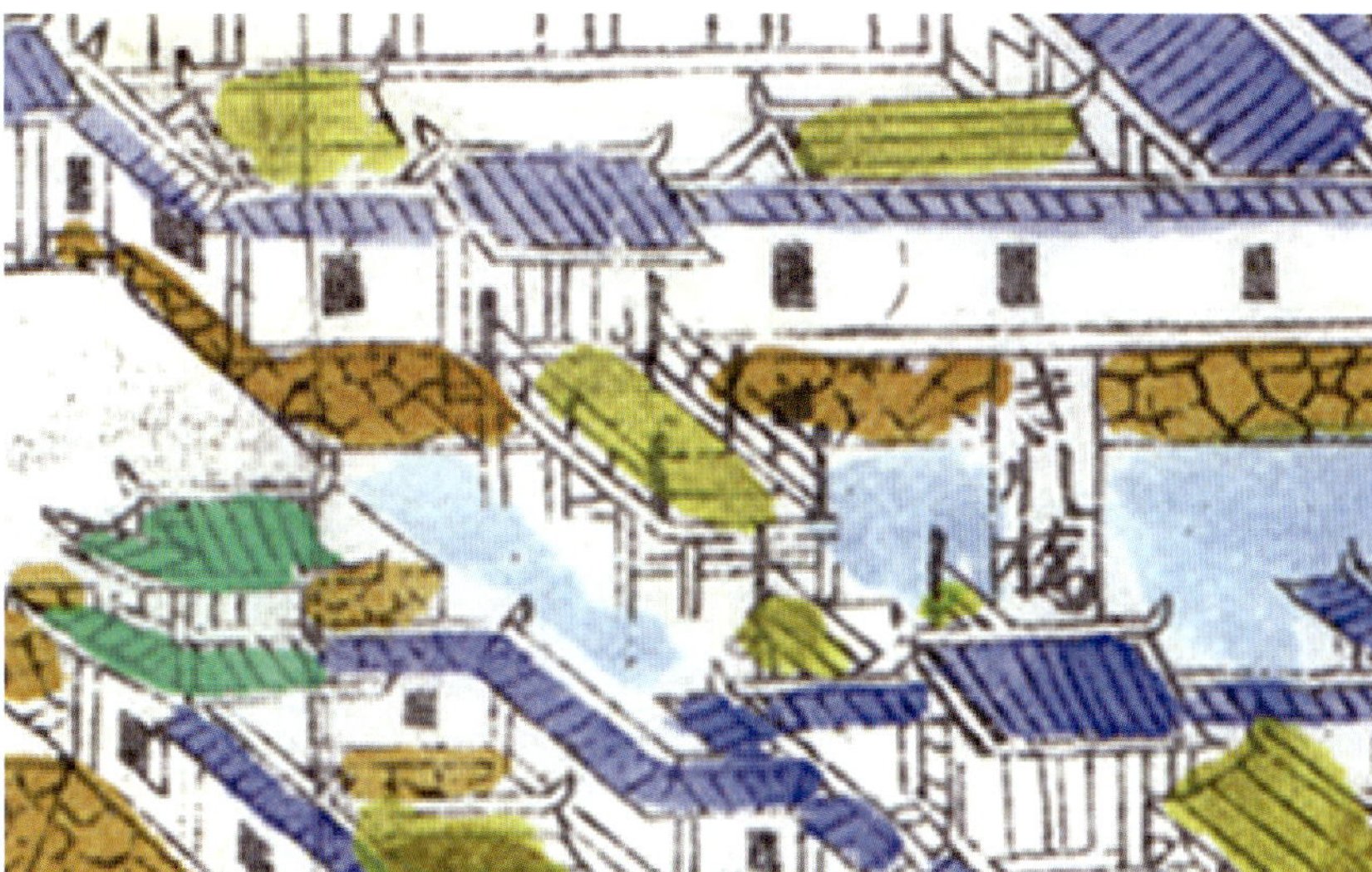

きれ橋

二、城代は誰なのか

全図の右下隅（一五三頁）に、次の記述がある。

「此《この》図《ず》先に之《これ》を刊すといえども、誤るところ多く、今正して之《これ》を加うること七十有余の処を以てす」

この新板大坂之図より以前に出た版があったが、誤りが多く七十余箇所の訂正を加えて、ここに再版したというのである。以前の版とは、明暦元年（一六五五）刊行の新板摂津大坂東西南北嶋之図をさす。

玉置豊次郎『大阪古地図集成解説』によると、初版はたとえば城代の名前を「安部津の守」と誤って記していた。下図では城代の下屋敷のところに「安部摂津守」と訂正されている。じつは、これも誤りで、正しくは「阿部備中守正次」なのだが、城代に赴任したのは寛永三年（一六二六）から正保四年（一六四七）の期間で、新板大坂之図刊行のときにはすでに退任していた。明暦三年（一六五七）の時点で城代をつとめていたのは、松平丹波守光重である。訂正したはずが、なんと十年前の古い情報を載せていたわけである。

とはいえ、江戸時代の絵図に、現代の地図のような正確さを求めるのは、見当ちがいだ。以後の絵図にしても、間違いはしばしばで、描かれたままを鵜呑みにできない点に変わりはない。それでもたぶん、当時の人は文句を言わなかった。よほど甚だしい場合をのぞいて、少々の誤記はあってあたりまえ、見る方もそのつもりで見ていたものと思われる。現代人とは時間の観念もちがう。情報の更新についても今とはずいぶんテンポがちがっていただろう。

絵図は絵の面白さが第一の魅力だが、見ようによっては、こうした間違いでさえも当時の人々の認識や感じ方を知る手がかりになり、興味深い。

さて、図にはまだ大きな間違いがある。丁目に関する記載である。

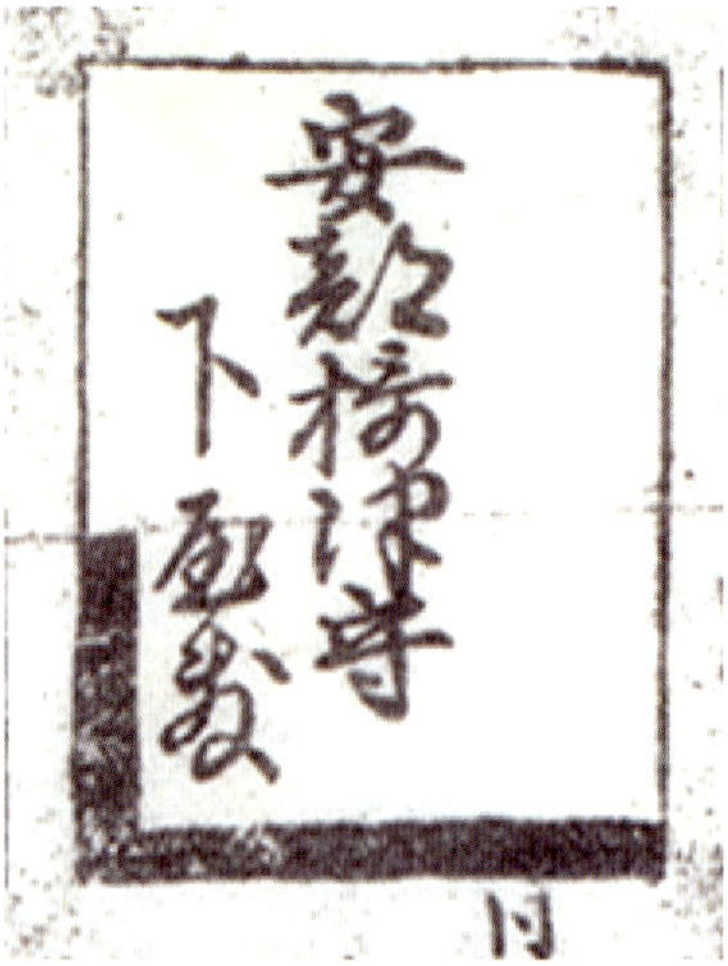

城代の下屋敷

丁目をどこから数えるか

大坂城と東横堀川のあいだに広がる上町を見てみる。本来は城に近い方が一丁目で、そこから二丁目、三丁目とつづいていくのだが、下右図では東横堀川の側が一丁目で、城に向かって二丁目、三丁目と記されている。城にもっとも近い側は、六丁目である。

なぜ、こんな間違いが起きたのだろうか。誤った表記の原因には、おそらく新板大坂之図が京都の版元の制作であるのが関係している。京都の住所には、もともと一丁目、二丁目の表記がない。東西と南北の通り名を組み合わせて、上る（北へ）・下る（南へ）・西入る（西へ）・東入る（東へ）をつけ、最後に町名をそえるのが京都流である。新板大坂之図はもっとも初期の大坂町絵図で、参考にするモデルもなかった。

そこで、今度は船場に目を向ける。どの通りを見ても、東横堀川を起点に一丁目、二丁目と記されている。つまり、上町でも、船場でも丁目のはじまりは東横堀川なのである。

どうしてだろう。

全図の右下隅の付記（下左図）をもう一度見てみる。後半は、各地への里程を記している。「高井田マデ一里廿五丁」といったぐあいである。「高麗橋ヨリ道ノ積」と書かれているように、距離を測る基点は東横堀川に架かる高麗橋（下右図）である。高麗橋は市中から大坂城への入り口にあたる。街道の出発点であり、城に出入りする大名行列もここを通る。新板大坂之図は、城下町大坂の

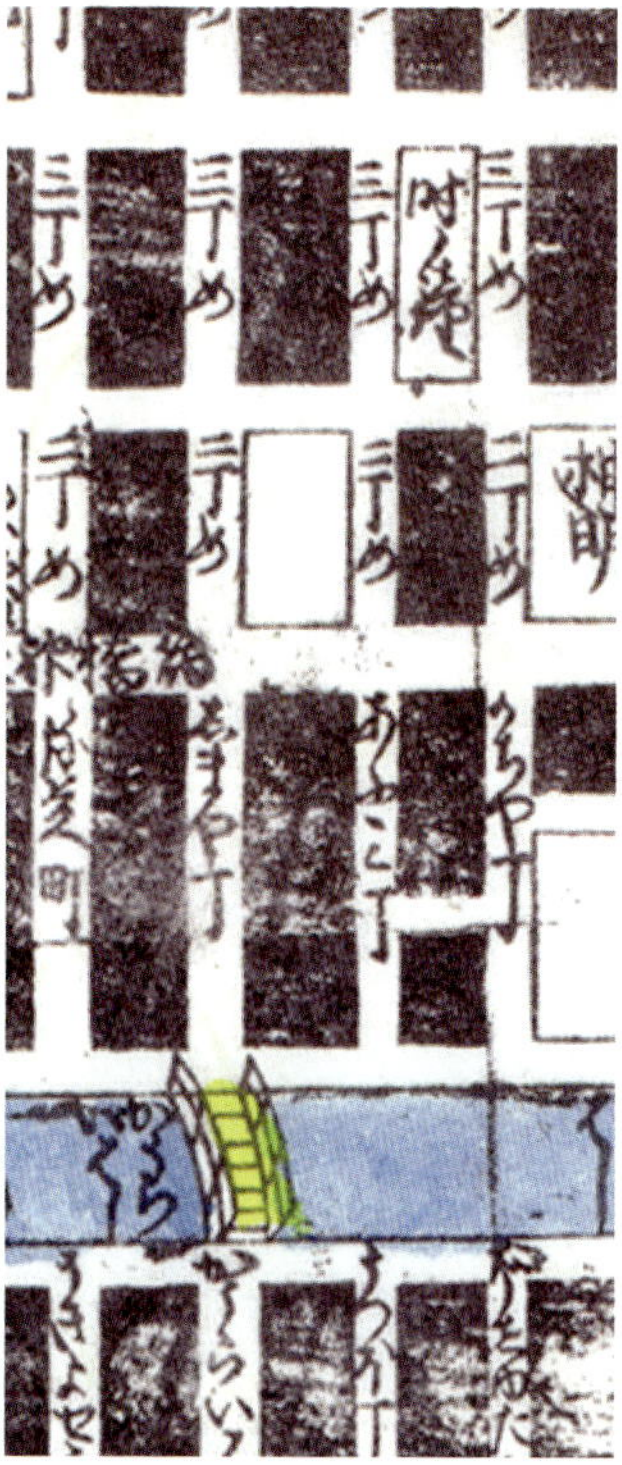

上町の丁目。高麗橋から東へ、丁目が逆になっている

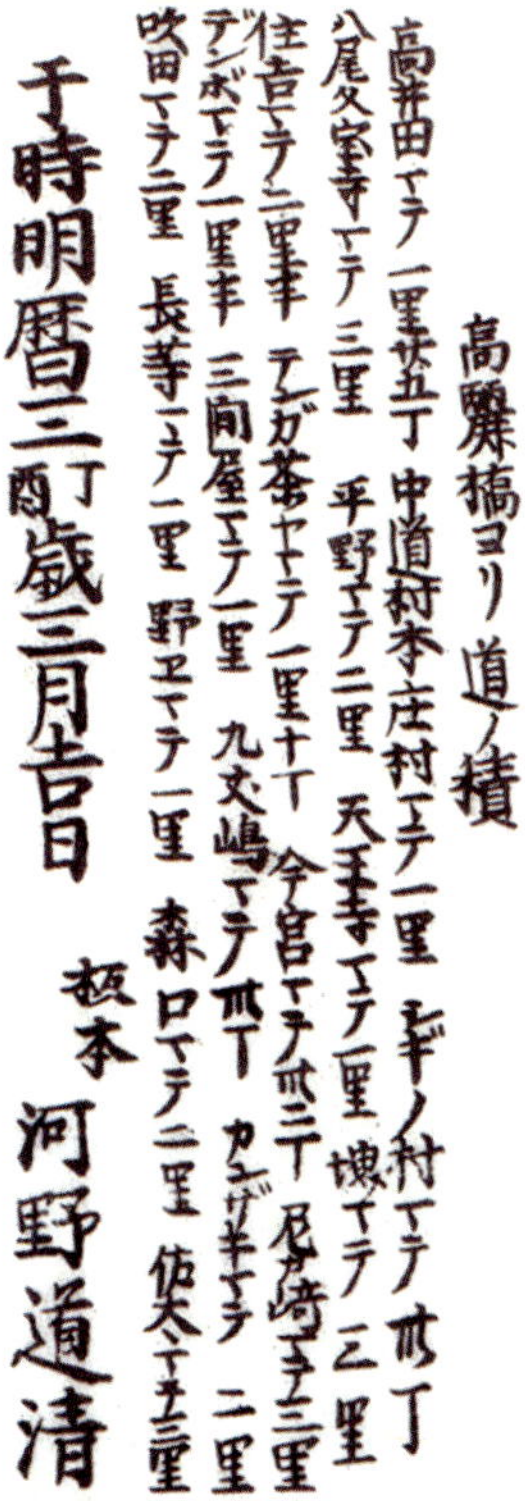

里程表

玄関口・高麗橋を丁目を数える基点にしたと考えると、辻褄があってくる。間違うにしても、それなりの理屈がとおっているのである。

三、消えた町名、残った町名

次に注目したいのは町名である。船場を例に、上図に記された町名を北から順にあげてみる。

くわいしよ丁（過書町）・いまはしすち（今橋筋）・うきよせうし（浮世小路）・かうらいはし筋（高麗橋筋）・うつほ丁（靭町）・たう志ゆたな（道修棚）・平のはしすち（平野橋筋）・あハち丁（淡路町）・かハら丁（瓦町）・ひんこ丁（備後町）・あつち町（安土町）・本町北しやうし（本町北小路）・本丁はしすち（本町橋筋）・本町南しやうし（本町南小路）・米や丁（米屋町）・から物丁（唐物町）・久太ろう丁（久太郎町）・南久太ろう丁（南久太郎町）・北久ほうしまち（北久宝寺町）・久ほうしはしすち（久宝寺橋筋）・はくろう丁（博労町）・志ゆんけい丁（順慶町）・あんたうし筋（安堂寺筋）・志お丁（塩町）の二十四町の名前が見える。

元禄九年大坂大絵図（下図）を見ると、これらの町名はそのまま残っているが、区画が細分化されて新しい町名がいくつも生まれている。たとえば瓦町のところには、瓦町

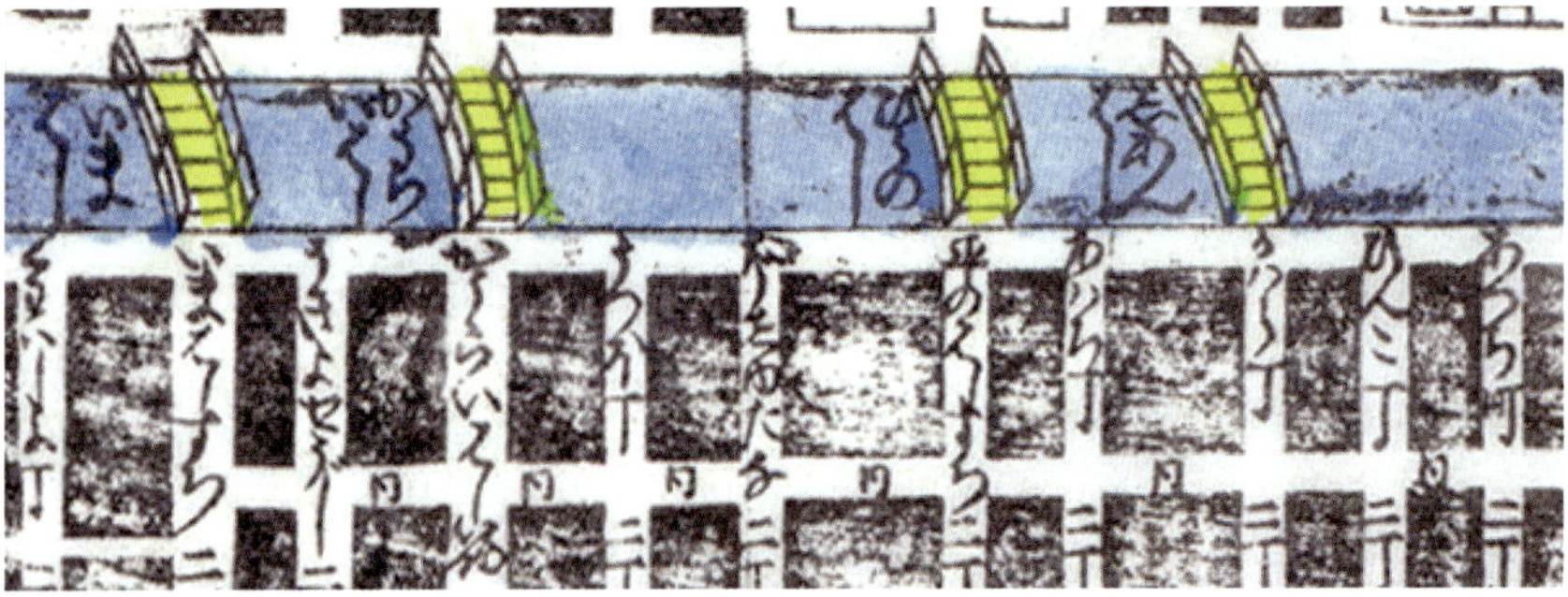

船場の町名（新板大坂之図）

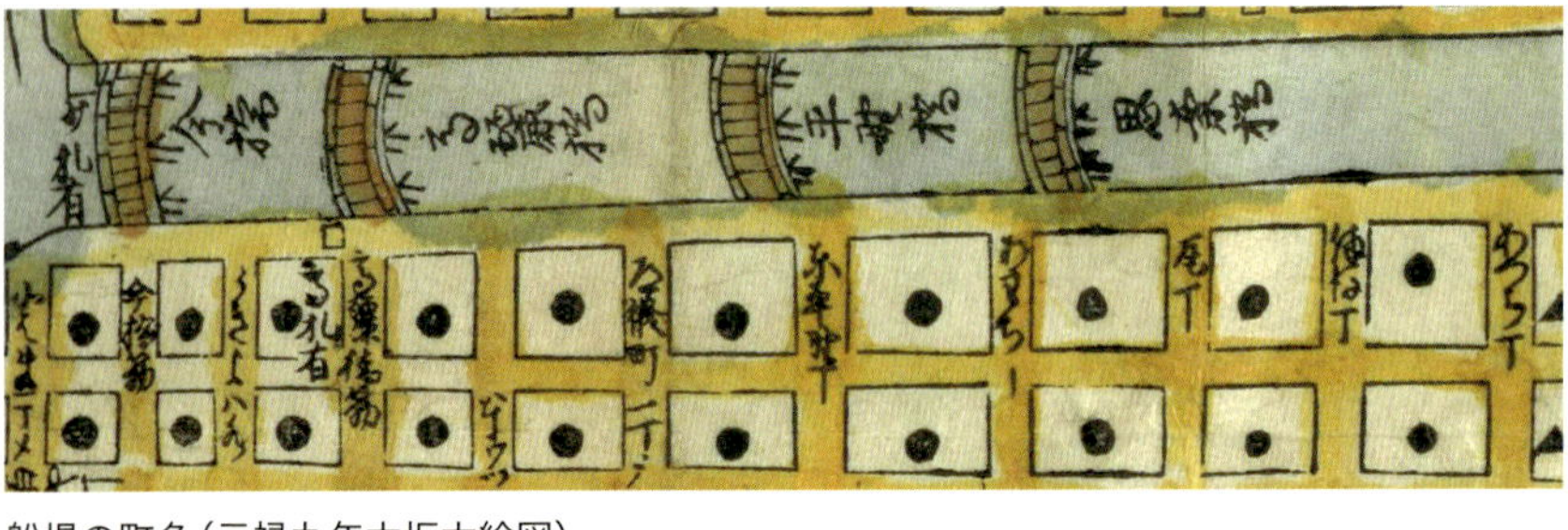

船場の町名（元禄九年大坂大絵図）

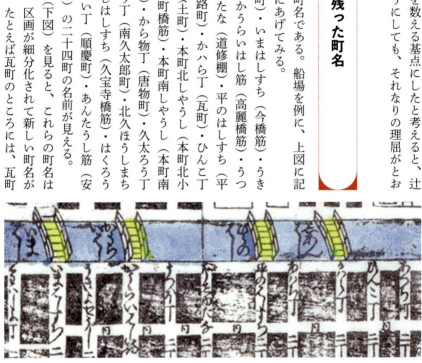

だけでなく百貫町、南鍋屋町、三郎右衛門町、津村町の文字が記されている。津村町はのちに津村東の町・津村中の町・津村西の町に分かれる。

現在、このうち過書町は北浜に、浮世小路は地名からはなくなり、靱町は伏見町、米屋町は南本町、唐物町もなくなり、久宝寺橋筋は南久宝寺町、順慶町・安堂寺筋・塩町は南船場に現在は変わっている。そのほかは、本町北小路・本町南小路・本町橋筋はあわせて本町になり、今橋筋は今橋、高麗橋筋は高麗橋、道修棚は道修町、平野橋筋は平野町とほぼ同じ名で残った。淡路町、瓦町、備後町、安土町、久太郎町、南久太郎町、北久宝寺町、博労町はそのままの名で今もある。途中で変遷はあったが、半分以上が江戸時代のまま、あるいはほぼ同じ町名が現在も使われている。時代とともに町名はうつろうが、生き残る町名も少なくないのである。

実現しなかった町名

島之内はどうだろう。同じように上図の町名を北から順に見てみる。

うなき谷（鰻谷）、大ほうし丁（大宝寺町）、せきたや丁（雪駄屋町）、すハうとの丁（周防殿町）、もめんや丁（木綿屋町）、ミつてら丁（三津寺町）の六町がある。

元禄九年大坂大絵図（下図）でも、これらと同じ地名が

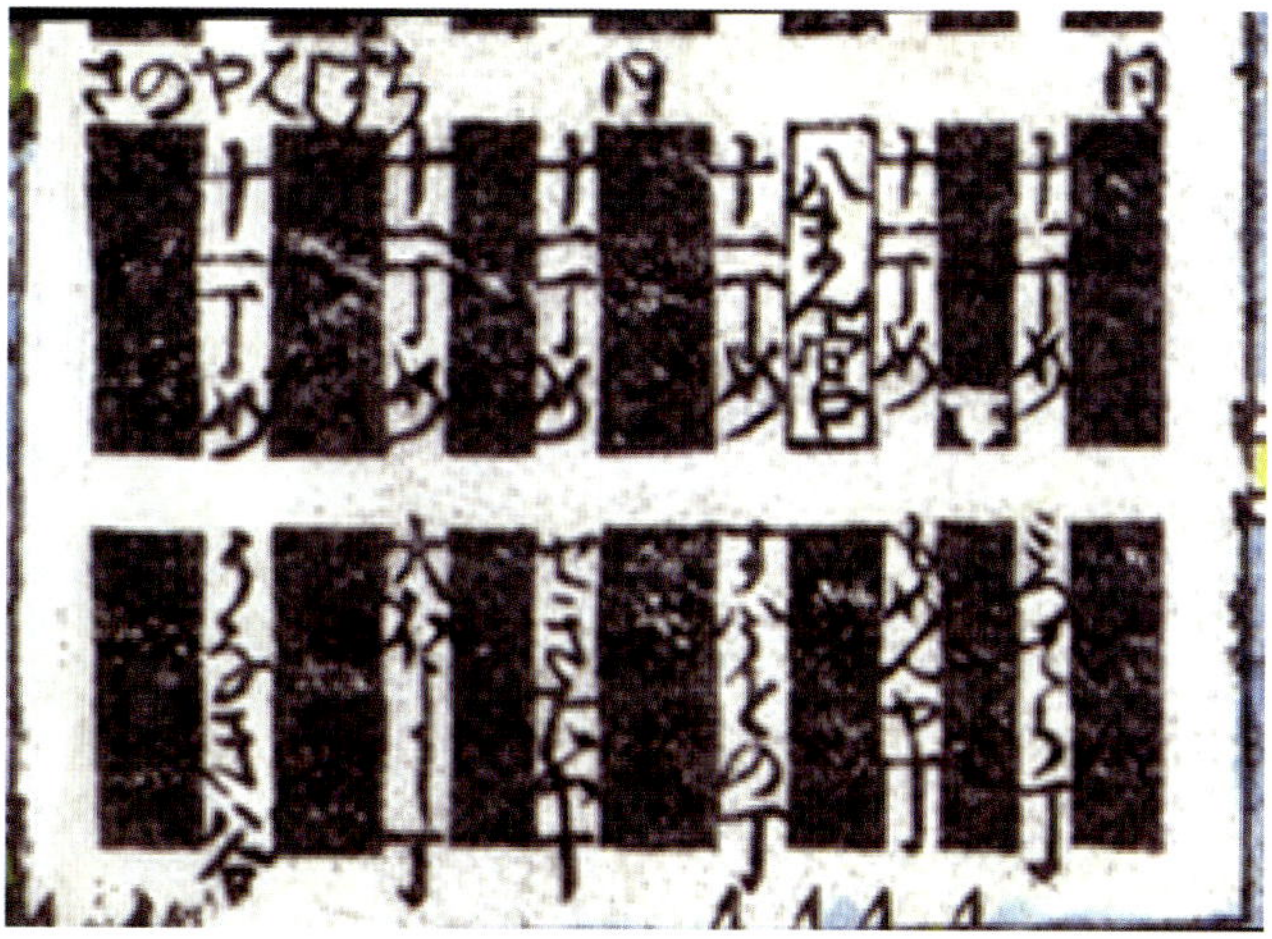

島之内の町名（新板大坂之図）

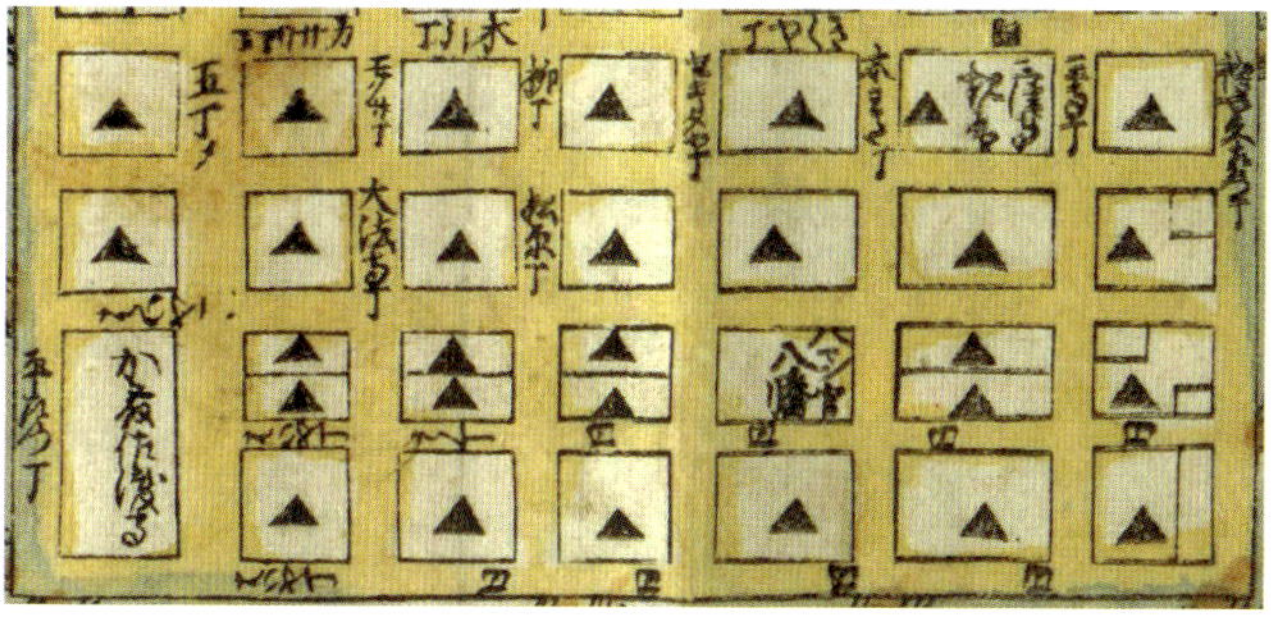

島之内の町名（元禄九年大坂大絵図）

見えるが、変わったり、一部付け加わったりした町名が多い。いずれにしても、現在も町名として残っている名前はない。かろうじて鰻谷が通称で今でもつかわれているだけである。

新板大坂之図の島之内の町名が大きく異なっている理由について、『大阪古地図集成解説』は、秀吉が城下町を造成する時にこのような町割を考え、町名をつける計画をしていたのをもとに、絵図製作者が現地調査の裏付けなしに図面したとの推理を展開している。島之内では、秀吉の計画時に考えられていた町名は一部しか実現せず、多くは別の町名をつけられたとする説だ。背景には、長堀開削による計画内容の変更があるという。本当だとすれば、図の島之内の半分は計画だけの幻の町名が記されたという結論になり、新たな興味をそそられる。

新板大坂之図、元禄九年大坂大絵図の二枚をくらべながら、町名の変遷を垣間見た。生き残る町名がある一方で、消えた町名、さらには実現しなかった町名も絵図のなかでは生きているとしたら、面白い。

四、西船場の空白地の意味

さて、新板大坂之図で見るべきものを、もうひとつあげるとすれば、西横堀川以西のいわゆる西船場の姿だろう。元禄十二年大坂大絵図とくらべると、この区域にはまだ黒枠で囲まれた空白地（右図）が目立つ。空白だから何もない土地とは限らない。ご覧のとおり、中之島や西船場の堀川沿いは諸藩の蔵屋敷が多く建てられた。空白地は屋敷地の主の名が抜けたのである。船場や天満、上町は、秀吉時代に市街ができていたが、この区域の開発は江戸時代になってからはじまった。西船場との通称が生まれるのも後年の話。まだまだ開発の過渡期であり、絵図製作者に充分な情報がなかったとも考えられる。

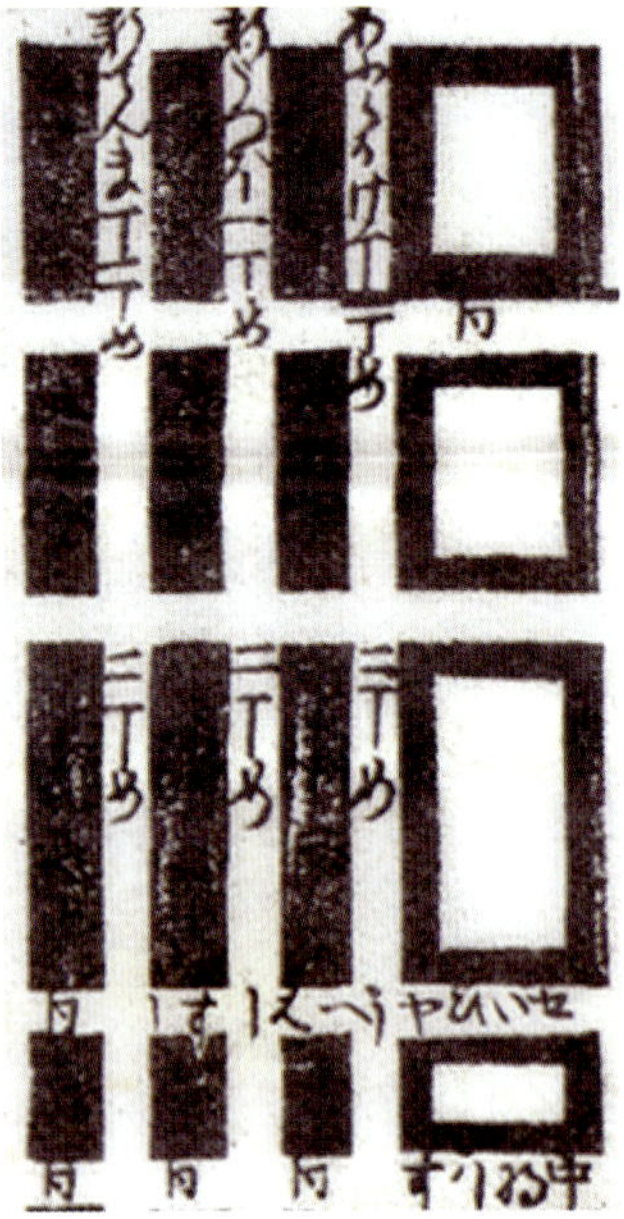
西船場空白地

元禄十二年大坂大絵図で堀江新地ができあがっていた場所は、武家屋敷が三つあるほかは集落が点在するだけの寂しさだ（次頁上図）。元禄九年大坂大絵図（次頁下図）を見

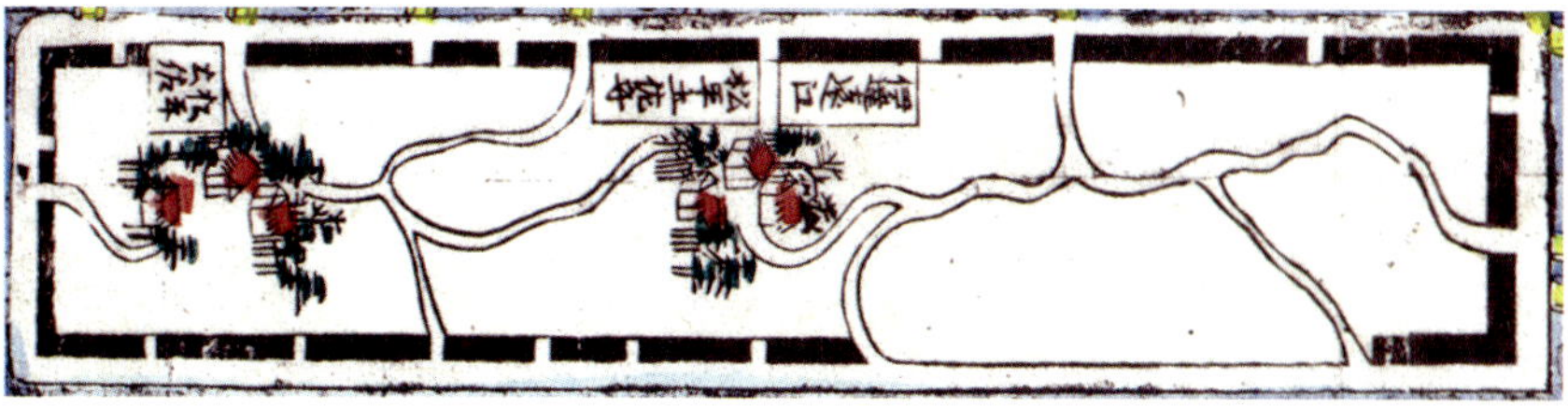

造成前の堀江

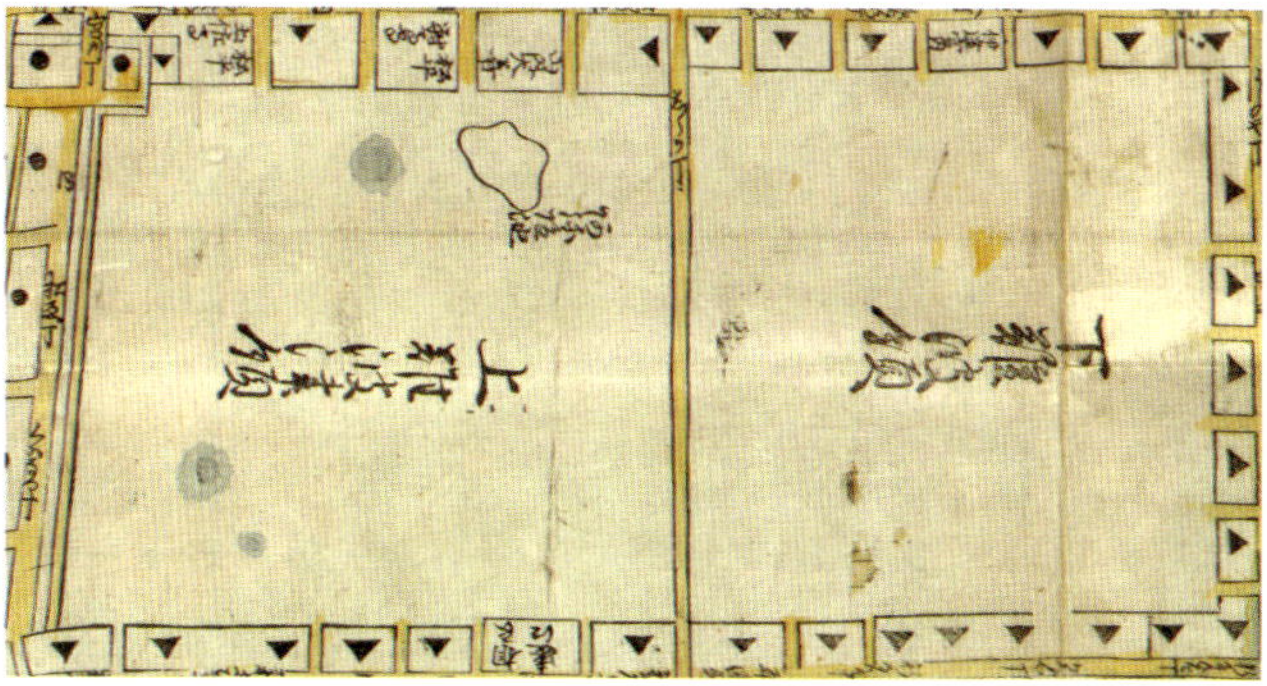

上難波領・下難波領（元禄九年大坂大絵図）

ると、上難波領・下難波領とだけ書かれ、造成が行われていないままの土地だったのがうかがえる。

大坂が幕府の直轄地となった時点での市街の西端は、御堂筋・心斎橋筋のあいだにあった。西横堀川より西側の土地は、北から順に天満村、津村、上難波村、下難波村のそれぞれの村領だったようだ（『新修大阪市史』）。

江戸時代になると、まず元和六年（一六二〇）に京町堀川が開削され、京町堀七丁の町がひらかれた。京町堀の名は、伏見の京町通の有力町人が移住し、開発したという経緯による。同八年（一六二二）には淀屋三郎右衛門・鳥羽屋彦七が葭島を開発。靱町と天満町の塩干魚商が移住してきて新靱町・新天満町・海部堀町ができ、寛永元年（一六二四）には海部堀川が開削された。そのあとも堀川は次々と開削され、平行して川筋沿いに市街地が形成されていった。堀川の水運を頼りに諸藩の蔵屋敷も建てられたのである。

次頁図では西船場の堀川がほぼ出揃っている。北から順に江戸堀川、京町堀川、海部堀川、阿波座堀川、薩摩堀川、立売堀川、長堀川である。まずはじめに堀川があり、市街地ができていく。元禄十一年（一六九八）に堀江川が開削され堀江新地ができて、西船場一帯の開発が完了するのは、新板大坂之図の刊行から四十一年後だ。

天満・上町にも空白が

西船場の空白地を見たあと、他の区域をあらためて眺めてみる。船場には一箇所の空白地（次頁上図）があり、島之内にはない。天満と上町にはいくつかある（次頁中・下図）。

船場の空白地は中ノ嶋（中之島）の対岸にある。元禄九

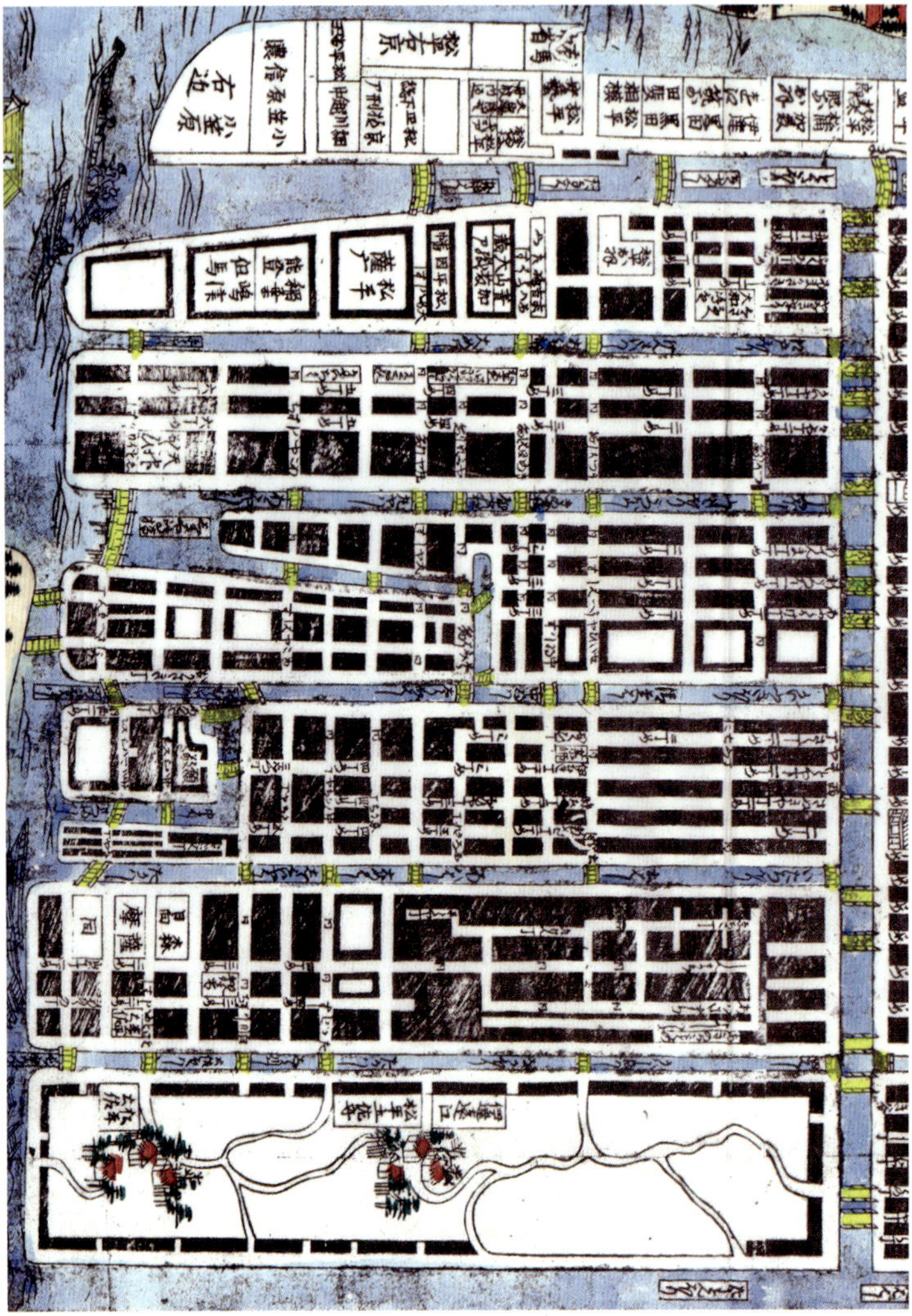
西船場の堀川

年大坂大絵図では、同じ位置に●印がつき、一ブロック東が空白地になっている。そこは北組・南組のどちらにも属していない。つまり町域ではなく、武家地と思われる。

船場と島之内はともに町人が主役の商工業地で、武家地は最小限しかなかった。船場と島之内に関しては、町人の都の空気が色濃く漂っていたといえる。

上町は大坂城の隣接地で当然、武家屋敷が多い。天満は秀吉時代から繁栄しており、江戸時代には与力屋敷、同心屋敷もあって、そのほかの武家屋敷も少なくなかった。西船場は新開地であり、川口に近く、自国の物産を持ち込んで換金を計りたい諸藩が屋敷をかまえた。江戸時代になって数十年間は、これらの区域で武家屋敷の新設や異動がかなりあったにちがいない。船場・島之内を囲む市街に多い空白地は、やはり主の不明な武家地と考えてよさそうだ。

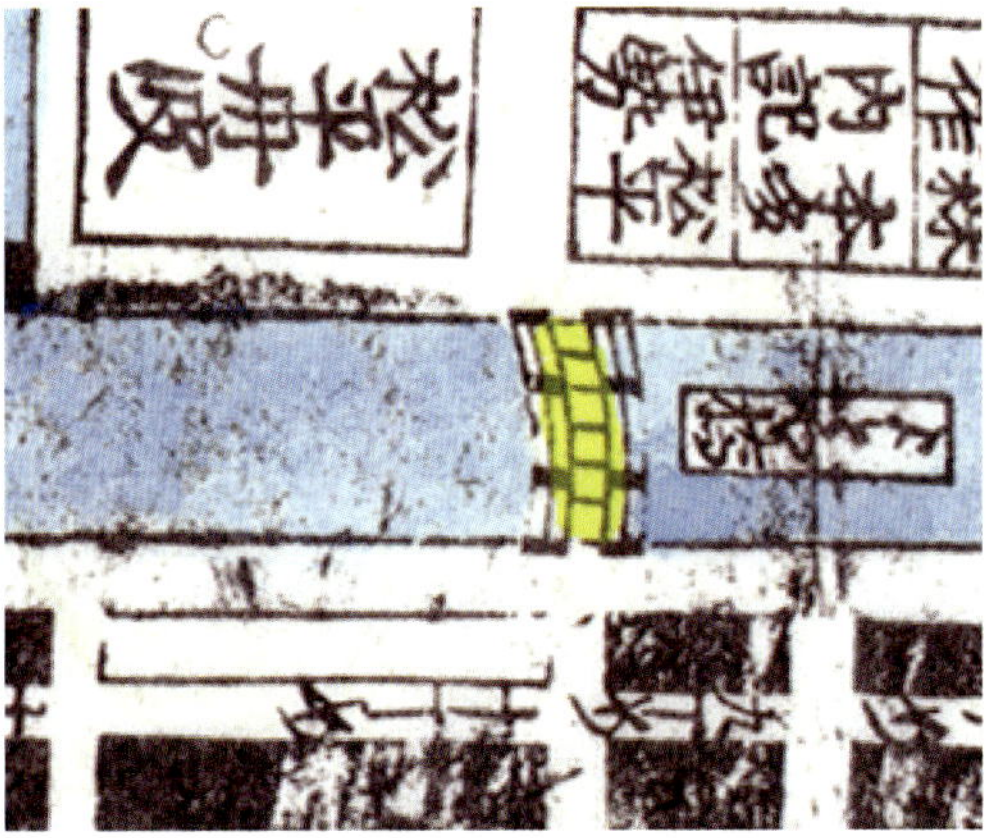

船場空白地（左下）

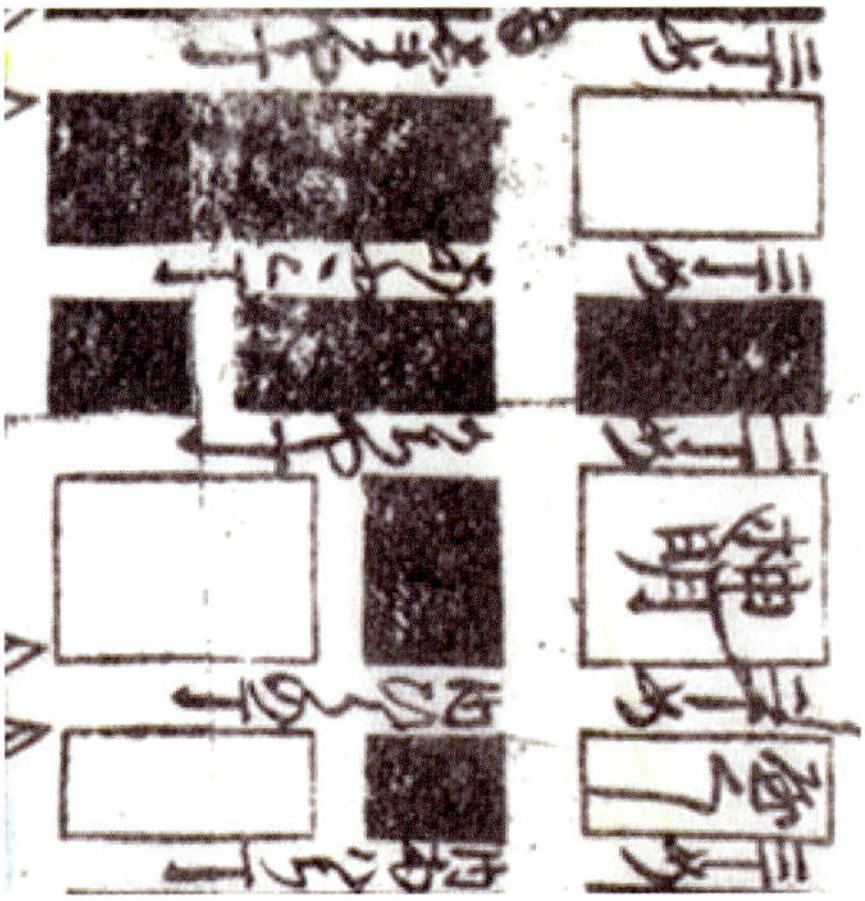

上町空白地

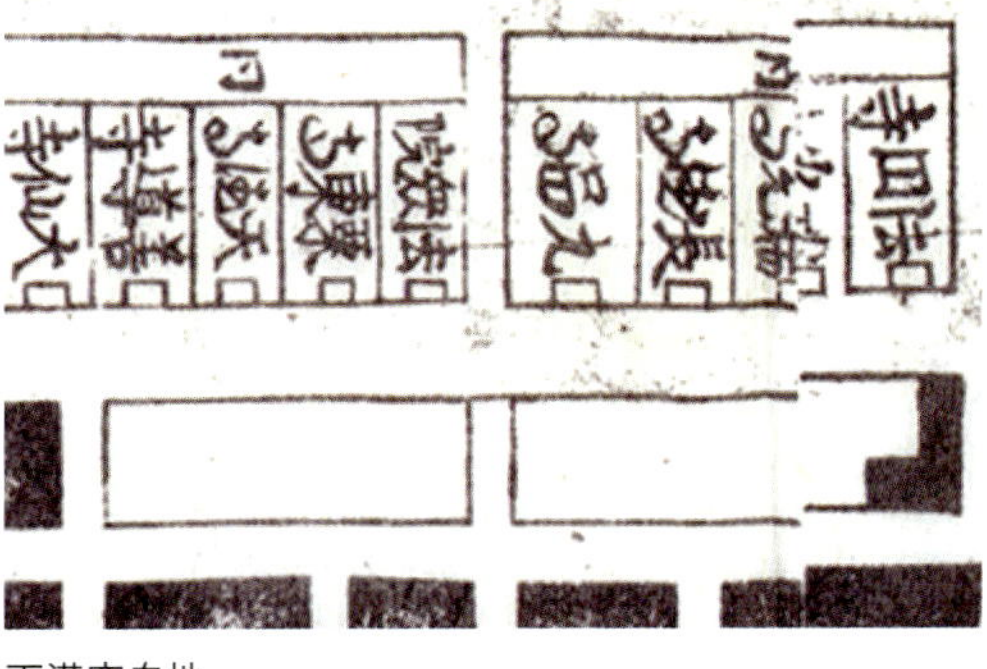

天満空白地

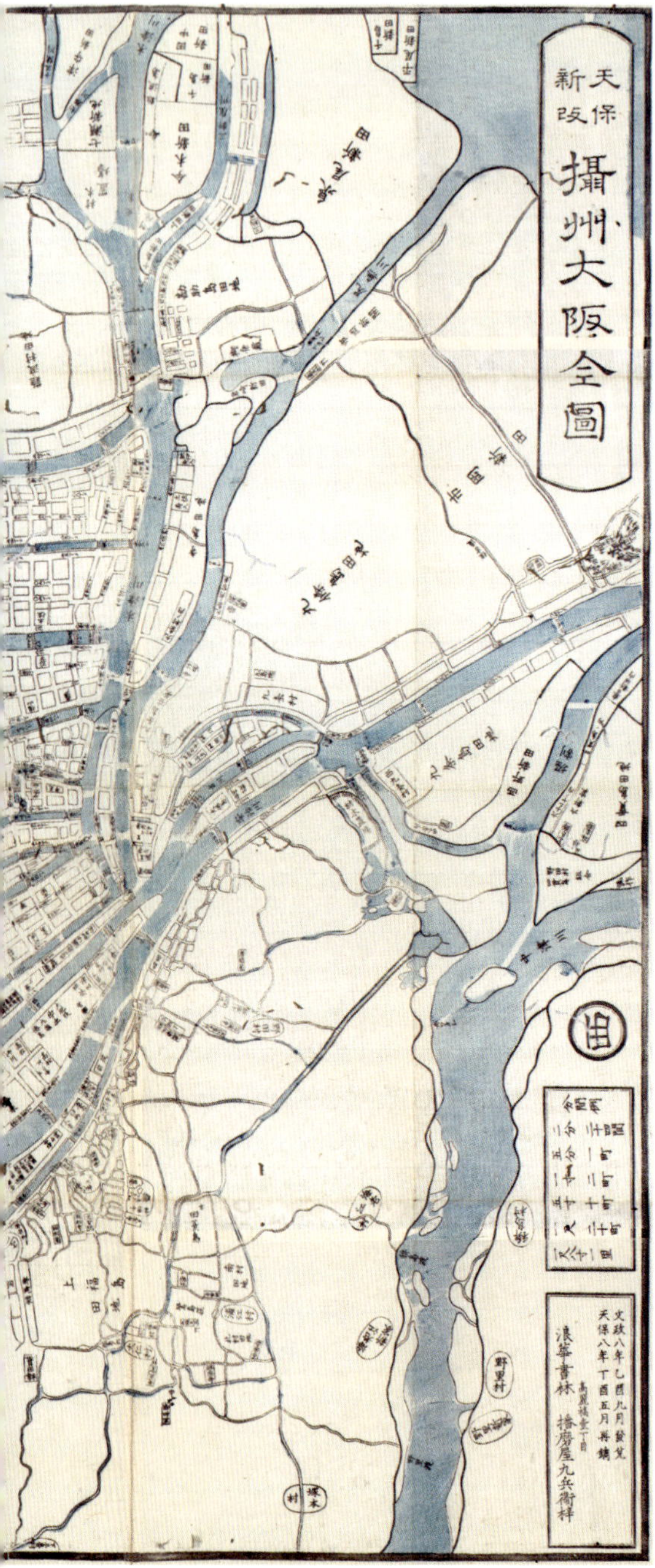

天保新改
攝州大阪全圖
文政八年乙酉九月發兌
天保八年丁酉五月再鐫
浪華書林　高麗橋壹丁目　播磨屋九兵衛梓

御城
東
北

一、絵図から地図へ

幕末に近い天保八年（一八三七）に刊行された図である。版元は大坂高麗橋一丁目の播磨屋九兵衛梓。江戸時代は一般に「大坂」と表記されたが、図の題名は「大阪」の字がつかわれている。同様の図はほかにもあり、伊吹順隆『大坂と大阪の研究』には、文化三年（一八〇六）出版の「増補改正摂州大阪地図」が印刷物で「大阪」を用いた最初の例とする牧村史陽の説が紹介されている。大坂を大阪にあらためたのは明治以後との通説があるが、大坂と大阪の併用はそれ以前から行われていた。

天保新改摂州大阪全図は、貞享・元禄の大坂大絵図や明暦の新板大坂之図とくらべると、絵図の要素が減り、かなり現代の地図に近いものになっている。山や森、寺社などに絵画的な描き方が残っているものの、小さく控えめになっており、縮尺を乱していない。

題字

記号の種類も増え、次のような凡例が載っている。

× 追手口　御城代御屋敷　並御家中御屋敷

ヘ 京橋口　御定番御屋敷　御家中並与力同心御屋敷

ʌʌ 玉造口　御定番御屋敷　御家中並与力同心御屋敷

⧓ 両町御奉行及御舟手御屋敷　並緒御役人与力同心御屋敷

● 御代官御屋敷

大坂城のまわりや上町、天満などの武家屋敷が記号で識

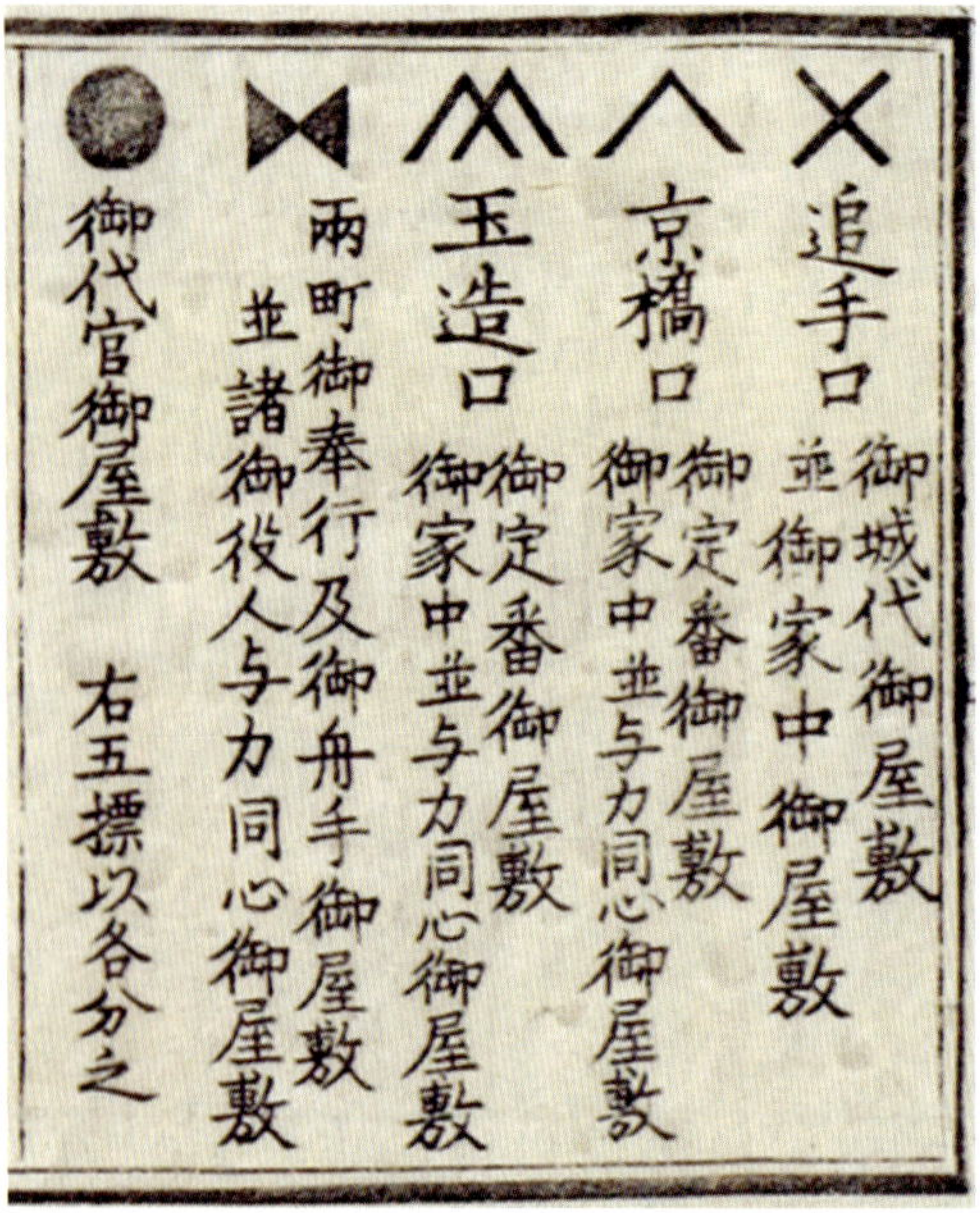

屋敷の凡例

別できるようになっている。ちなみに代官屋敷は東町奉行所の隣にある。

題字の下に載っている「分間例」はいまでいう縮尺。たとえば、「一寸　二町」は図上の一寸（約三センチ）が実際の距離でいえば二町（約二百十八メートル）に相当するとの意味である。同様に一尺八寸（約五十四センチ）はちょうど一里（約四キロ）である。

江戸時代の地図の縮尺は、一分（約三ミリ）が何間（一間は約一・八メートル）にあたるかを基準に測る。一分十間図といえば現代風の縮尺でいえば六〇〇〇分の一に相当する。図の場合は「分間例」から一分十二間の換算になり、七二〇〇分の一の地図であるとわかる。江戸時代の地図は多くが縮尺を明示しておらず、図のような「分間例」の記載は珍しい。

近代への予感だろうか。時代が幕末に近づき、絵図から地図への転換が起きつつあるのが感じられる。

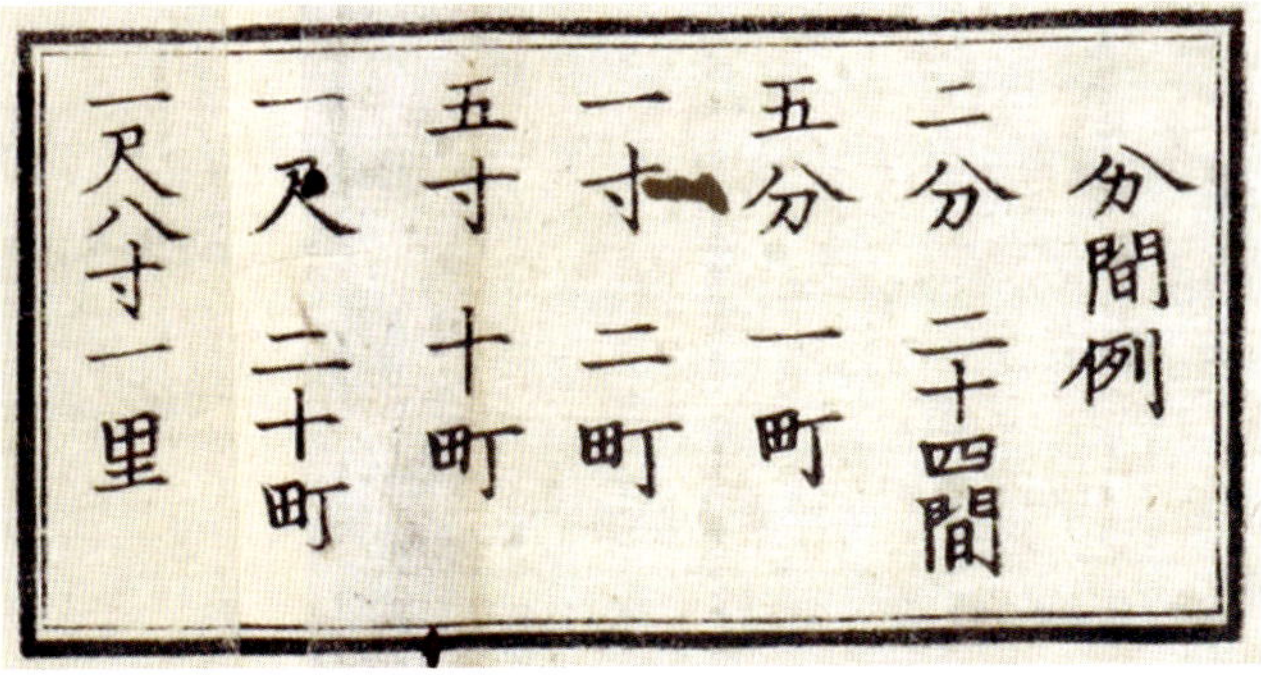
分間例
二分　二十四間
五分　一町
一寸　二町
五寸　十町
一尺　二十町
一尺八寸　一里

縮尺の表

六百二十町をそれぞれ識別

三郷の北組・南組・天満組については、それぞれの町名の表記の頭に▲△○の印がついている。凡例に次の情報が記されている。

▲　此印北組　町数　二百五十町
△　此印南組　町数　二百六十一町
○　此印天満組　町数　一百零九町
三郷町数合凡六百二十町

江戸時代末期の天保年間（一八三〇～一八四四）には、北組に二百五十、南組に二百六十一、天満組に百九の町が

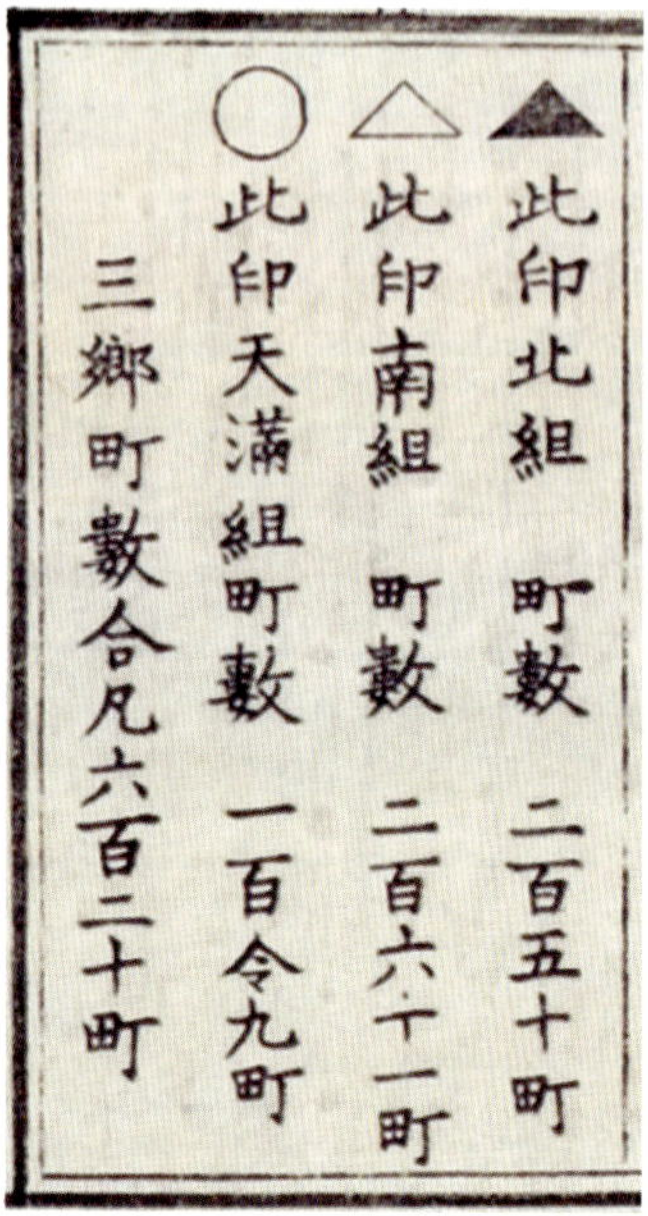
▲此印北組　町数　二百五十町
△此印南組　町数　二百六十一町
○此印天満組町数　一百令九町
三郷町数合凡六百二十町

三郷の凡例

所属し、三郷で合計六百二十の町があったという。この数字は、じつは天明元年（一七八一）の各町数と同じである。

江戸時代のはじめ、寛永十一年（一六三四）の大坂三郷の町数は合計四百七十町で、のちに天下の台所と呼ばれた貞享・元禄期（一六八四～一七〇四）には六百一町だった。町数は江戸時代中頃まで急増をつづけ、天明年間（一七八一～一七八九）にピークを迎えて、幕末まで維持された。

人口に関しては、やはり中頃まで急増し、元禄年間（一六八八～一七〇四）には三十五万人を超え、元文～天明年間（一七三六～一七八九）のおよそ五十年にわたって四十万人台がつづいた。最大のピークは明和二年（一七六五）の四十一万九千八百六十三人である。以後は幕末までゆっくり減りつづけ、天保新改摂州大阪全図が出版された天保八年（一八三七）には、三十二万八千九百六十三人になっている（『大阪編年史』）。

町数が幕末までピークを維持しながら、人口は最盛期から下り坂の減少を示していた。近郊開発がすすんで市街化し、市中の人口が流出したのをはじめ、いくつかの原因が考えられる。大都市が成熟化していく過程で見られる現象のひとつかもしれない。

先述の人口が端数までくわしく出ているのは、大坂では宗旨改帳が寛文五年（一六六五）から明治元年（一八六八）まで保存され、その記録をもとに算出が可能だったからである。江戸時代の人口推移が、これほど詳細に把握できる都市はほかにない。

図に話をもどす。新板大坂之図では北組・南組・天満組がまとめて黒く塗られていた。大坂大絵図では北組・南組が●▲の記号で、天満組は無印で区別されていた。天保新改摂州大阪全図では、ひとつひとつの町が▲△○で所属を明記されている。市街地の把握の仕方がきめ細かくなってきているのである。ここにも地図的な機能の充実がうかがえる。

東西南北どこからでも

大坂大絵図や新板大坂之図が東を上に描かれていたのに

対し、天保新改摂州大阪全図は題字の方向を基準とすれば、南が上になる。内題と凡例もこれにならっている。ただし、分間例は東を上にしている。

大坂城の「御城」の文字は西向きだ（左図）。見渡すと、文字は東西南北それぞれの方向を向いたものがあり、一方にかたよらないように配置されている。床に広げて、四方から複数の人でいっしょに見るのを前提としたレイアウトである。製作者には特定の方角を上にした意識はなかったと思われる。

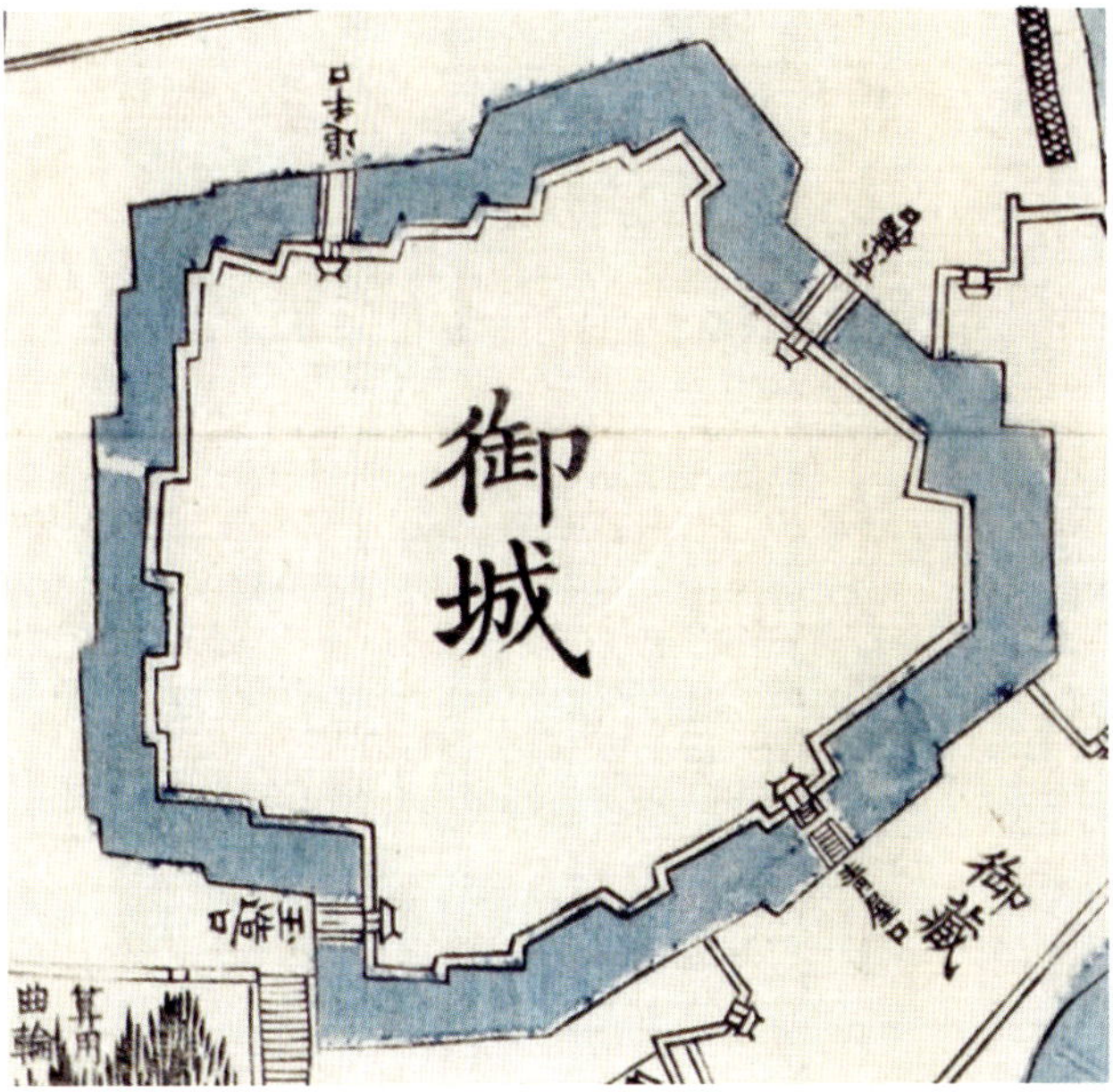

御城周辺の文字

題字が入っている位置も、四隅のなかでもっとも空白の大きい場所が選ばれている。南を上にして題字を入れたのではなく、題字が無理なく入るスペースに置いたら、たまたま南が上だったというのが真相のようだ。内題と凡例は題字にならっても収まったが、分間例は文字がより自然におさまる向きに収めようとして図のようになったのだろう。結果として向きはばらばらになったものの、それには理由があったのである。

絵図の方角については第一章入門編でもふれたが、大坂の絵図は城のある東を上にしたという俗説の反例が、ここにまたひとつあらわれた。

二、堂島・曽根崎・堀江の新地開発

元禄の大坂大絵図になかった新開発の地を見てみる。

堂島は元禄元年に新地ができ、その後、もともと北浜で繁栄していた米市が移転し、新たな発展をみせた。図で堂島川畔の大江橋と渡辺橋の間に「米市」（次頁上図）の文字が見える。相場の取引は指の符丁をもちいるため、大人数で行うには見通しの良い広い空間が必要で、米市は屋外に立った。浜に米市が記されているのは、そのためである。

堂島は開発当初は遊里が繁盛する新地だったが、その後、米市場ができ、蔵屋敷が建つようになると、遊里の賑わいはあとからできた曽根崎新地にうつっていった。図ではかつての堂島新地の面影はなく、蔵屋敷と町場が混在した市街地になっている。

大坂大絵図では村落だけがあった曽根崎は、宝永五年（一七〇八）に新地が誕生した。次頁図では町割がすすみ、多くが天満組（〇印）に組み入れられているのがわかる。新地と隣接して曽根崎村があり、元禄十六年（一七〇三）初演の近松門左衛門『曽根崎心中』の舞台で有名な露天神《つゆのてんじん》（下図）も見える。

曽根崎新地も堂島新地もはじめは北組・天満組の両方が支配していたが、のちにいずれも天満組になった。大川より北の広域は、江戸時代の感覚でいえば天満の地続きだった。もっとも、通称は曽根崎新地も堂島新地も「北の新地」であったから、遊所としては船場・中之島の北であるのを意識し、市街地としては天満の西部という両面性を持っていたわけだ。現在は堂島・曽根崎とも梅田を中心とするキタ文化圏の一員とみなされているが、かつての天神祭の氏

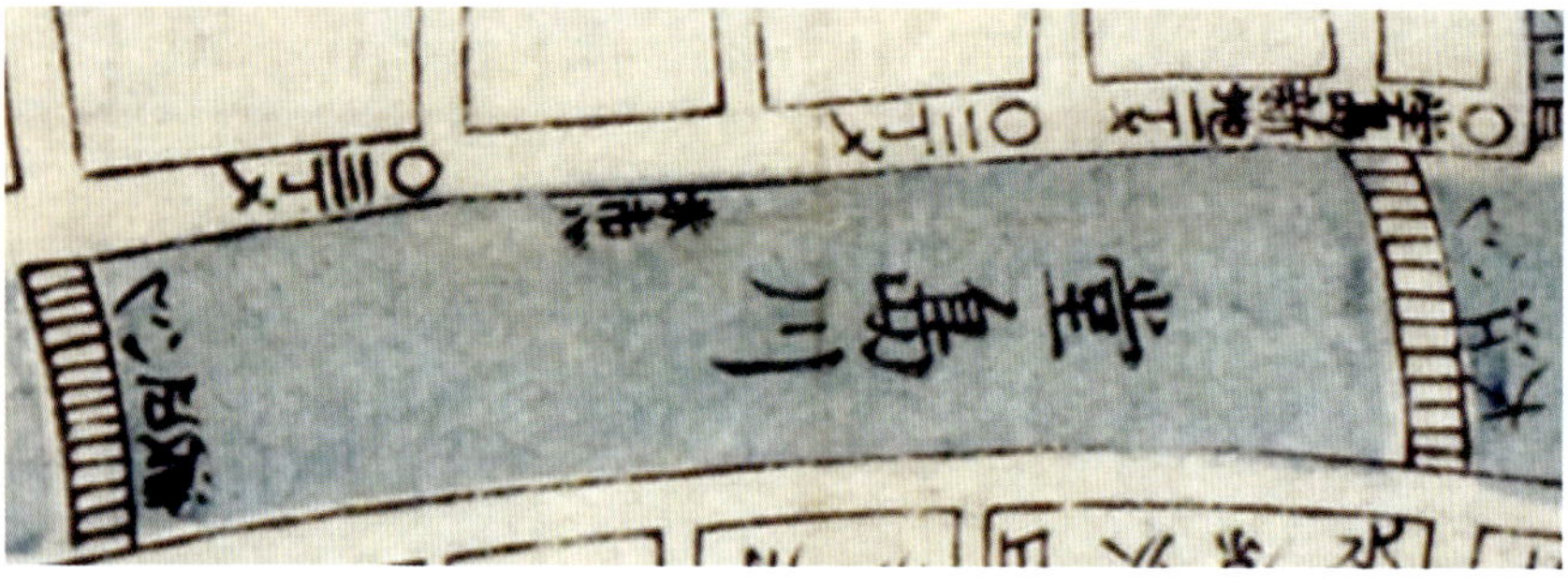

堂島米市

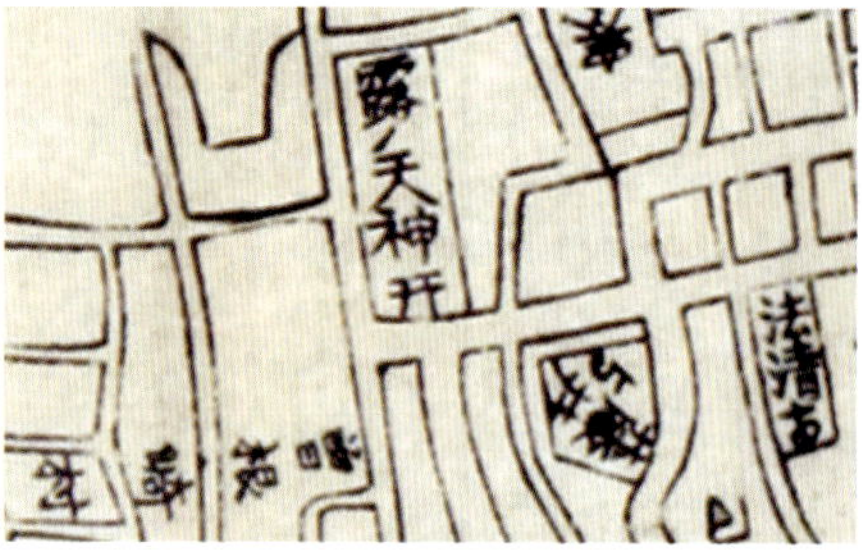

露天神

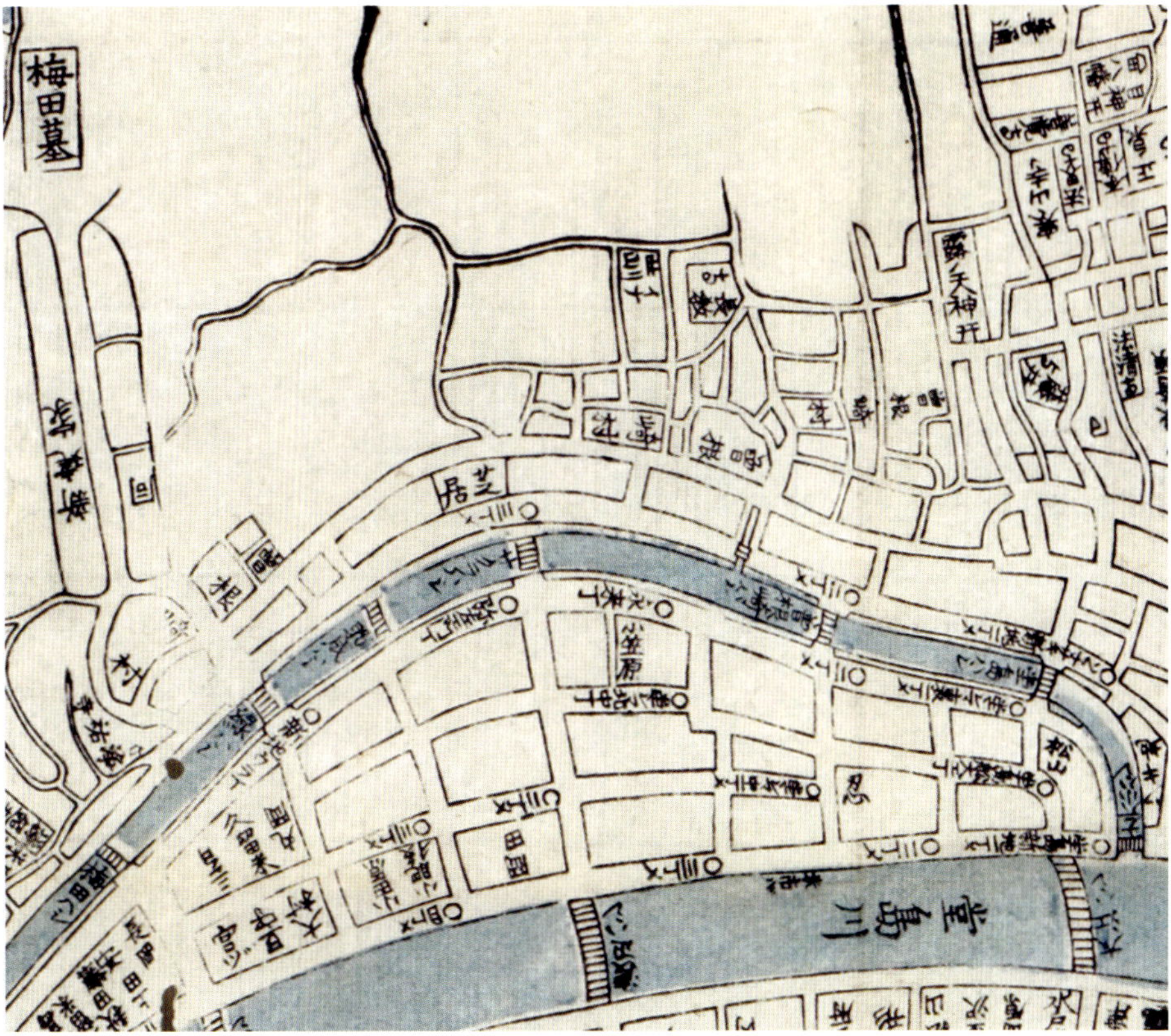

堂島・曽根崎

子行列のコースには北新地も入っていた。一時、コースからはずれていたが、二〇〇九年に四十年ぶりに北新地が復活した。キタと天満の文化の交わりを考えるうえで、興味深い。

　元禄十一年（一六九八）にひらかれた堀江新地（次頁図）はどうだろう。元禄十二年大坂大絵図では、町割はされているものの、川沿いの旧来からあった町々をのぞいて、ほとんどの区域に三郷の印がまだ記されていない。天保新改摂州大阪全図を見ると、堀江は、開削された堀江川を境にして北堀江、南堀江に分かれており、いずれも北組・南組・天満組がいりまじっている。整然と区分された中心市街とはずいぶん様相がちがう。

　こうした堀江の図は、何をあらわしているのだろうか。どうやら、これには最後発の市街地となった堀江の町の成り立ちが関係している。手がかりとして、堀江新地三十三か町について見てみる。堀江開発のときにできた三十三の町である。

新地の町の来歴

下図で、堀江新地三十三か町をさがしてみる。まず、北堀江に御池通一丁～六丁、北堀江一丁～五丁の十一か町、南堀江に橘通一丁～八町、南堀江一丁～五丁の十三か町がある。これで合計二十四か町。三郷への所属の内訳をみると、天満組（○）七町、北組（▲）十二町、南組（△）五町に分かれている。橘通にいたっては一丁が天満組、二丁～七丁が北組、八丁が南組と、ばらばらである。

あとの九か町は、じつは堀江にはない。ひとつは南堀江より南の道頓堀南岸（下図）に見える幸一丁～五丁の五か町、もうひとつは安治川と古川にはさまれた大佛島（次頁図）に富島一丁・二丁、古川一丁・二丁の四か町で飛び地になっている。幸町は南組（△）、富島町・古川町は天満組（○）である。

堀江には、このほか新地ができる以前から川沿いにいくつかの町があった。下図にも、宮川町、二本松町、下博労町、桑名町、玉手町、葭屋町、松本町、伏見屋四郎浜町、新難波東町、金屋町、新難波中町、徳寿町、新難波町、新戎町、新大黒町、平右衛門町、宇和島町、富田屋町、白髪町、長堀高橋町、西濱町などの名が見える。これらは北組（▲）、南組（△）ふたつに分かれている。

江戸時代は、ひとつの丁が町の単位である。たとえば橘

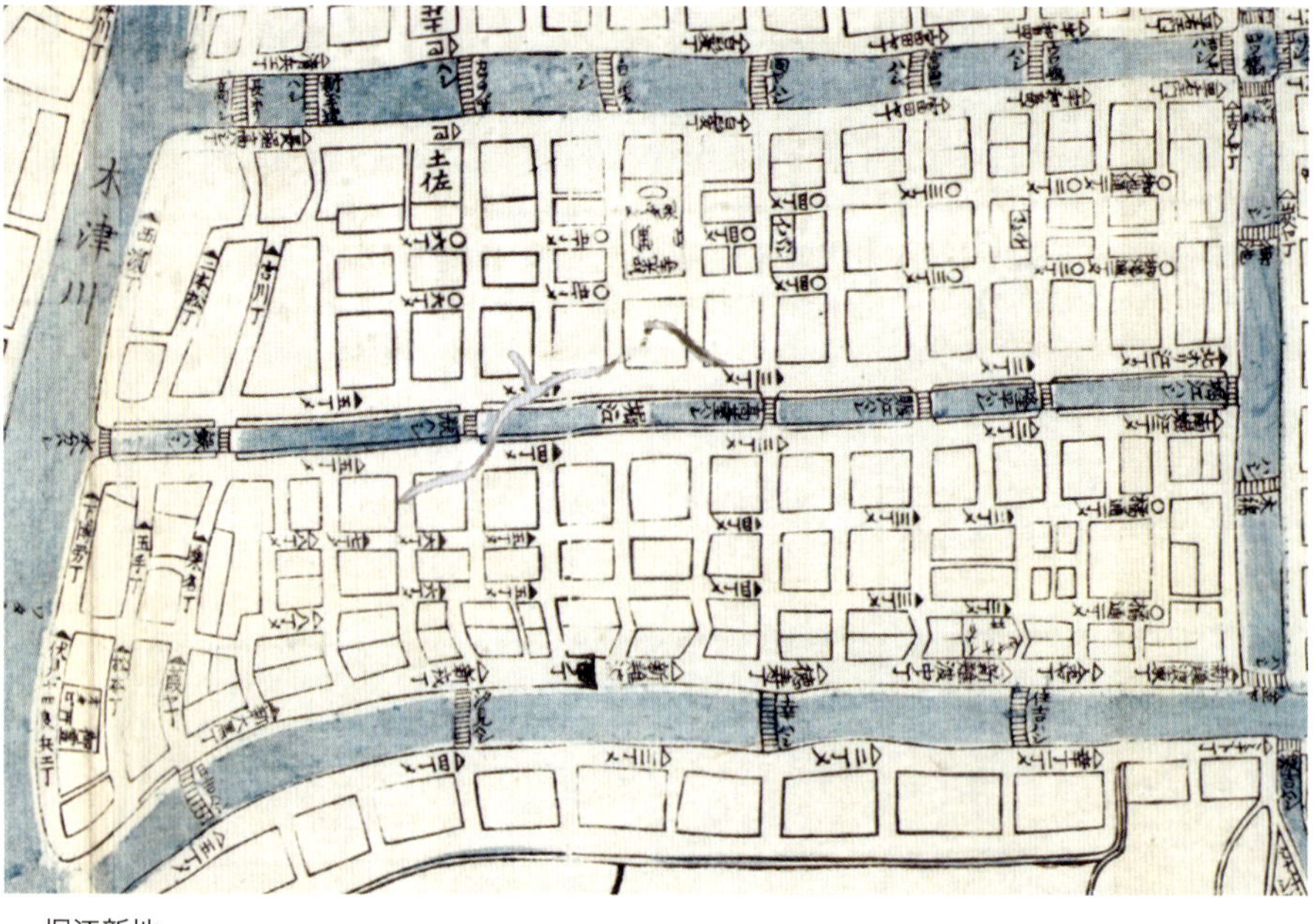

堀江新地

通は一丁~八丁まであるが、八つの丁それぞれがひとつの町として数えられる。天保年間にはそうした町々が合わせ

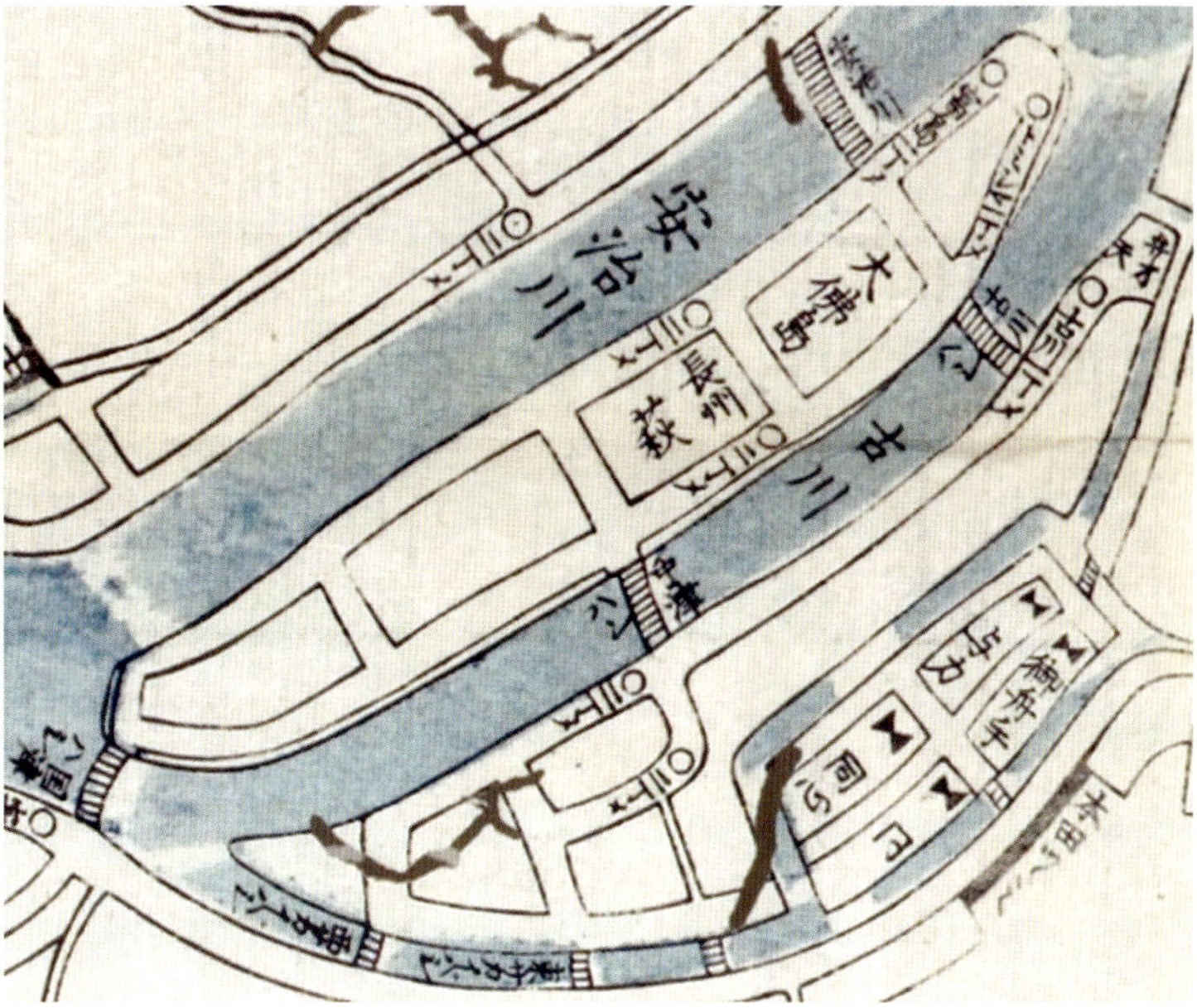

大佛島飛び地

て六二〇あった。だから、同じ橋通でも、八丁だけが南組というような場合も出てくる。

町によって三郷への所属がまちまちな理由に、それぞれの町の来歴のちがいが考えられる。一例をあげると、図の宮川町、二本松町、桑名町、玉手町、葭屋町、松本町は、新地開発の前からある古町で、もとは大坂城玉造口にあった八か町が移転してきたものだ。慶安元年（一六四八）に玉造口定番与力・同心の増員にともない、八つの町地が屋敷地として収公されたため、その代替地とされたのである。住人の移住にさいしては、玉造口のときの町名はあらためられたが、三郷への所属は旧来のまま北組とされた。

堀江新地の開発のときも、三郷の複数の有力商人が地主になっている。道頓堀南岸の幸町、大佛島の富島町・古川町も同時に開発されたため、堀江新地三十三か町に加えられた。堀江は後発の新地だったため、三郷の所属についても町ごとに異なる事情がはたらいた。北組、南組、天満組が入り組んだ堀江の図は、町政の面からは不合理に見えるが、それぞれの町の歴史の反映と考えれば、自然な流れともいえる。

さて、新地とならんでもうひとつ、天保新改摂州大阪全図で注目すべき場所がある。湾岸だ。

安治川口の発展

江戸時代には湾岸の新田開発が大いにすすんだ。左図でも九条新田、市岡新田、泉尾新田などが大きなスペースを占めているのが目立つ。河口に近いところでは、町場もひらけてきている。

安治川の北岸の安治川北一丁〜三丁、南岸の安治川南一丁〜四丁の七か町は、貞享元年（一六八四）に河村瑞賢によって新川が開削されたときにできた新地である。当初は新川北町、新川南町とよばれたが、元禄十一年（一六九八）に新川が安治川と命名され、それにともない町名も変わった。記号でわかるように、三郷の天満組に所属している。安治川の船の往来とともに繁栄した町々である。

安治川沿いや、木津川、尻無川沿いには複数の船番所があり、御船蔵、御船手屋敷がならんでいる（次頁上図）。いずれも安治川に出入りする諸国の船を管理する役所の施設である。

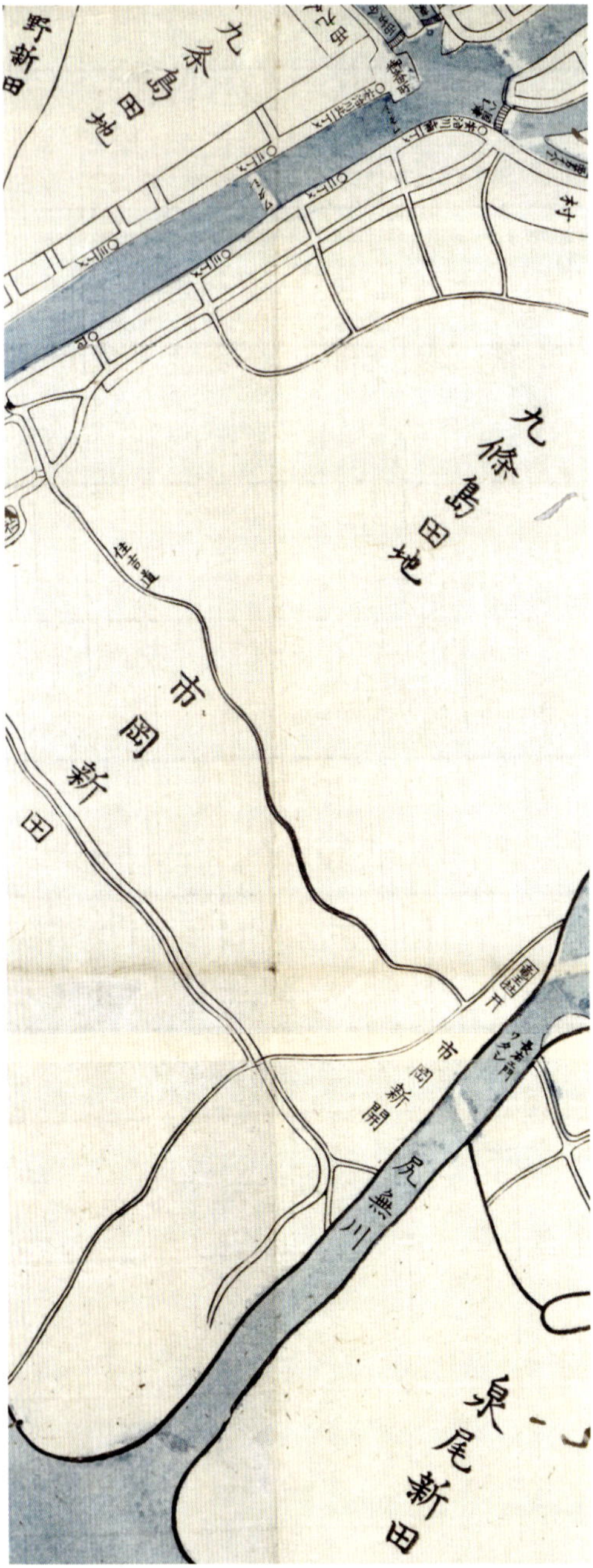

九条新田・市岡新田・泉尾新田

安治川南四丁の南、題字の下に波除山（下図）の絵が描かれている。安治川開削のときの土砂を盛り上げて造った新山で、瑞賢山ともよばれ、航海の目印に利用された。天保二年（一八三一）には安治川の浚渫《しゅんせつ》が行われ、そのときの土砂で天保山ができた。残念ながら天保山は図からはみ出てしまっている。時代はやがて幕末へ。諸外国に対しての大坂の玄関口として、安治川口が脚光を浴びるのは、もうすぐだ。

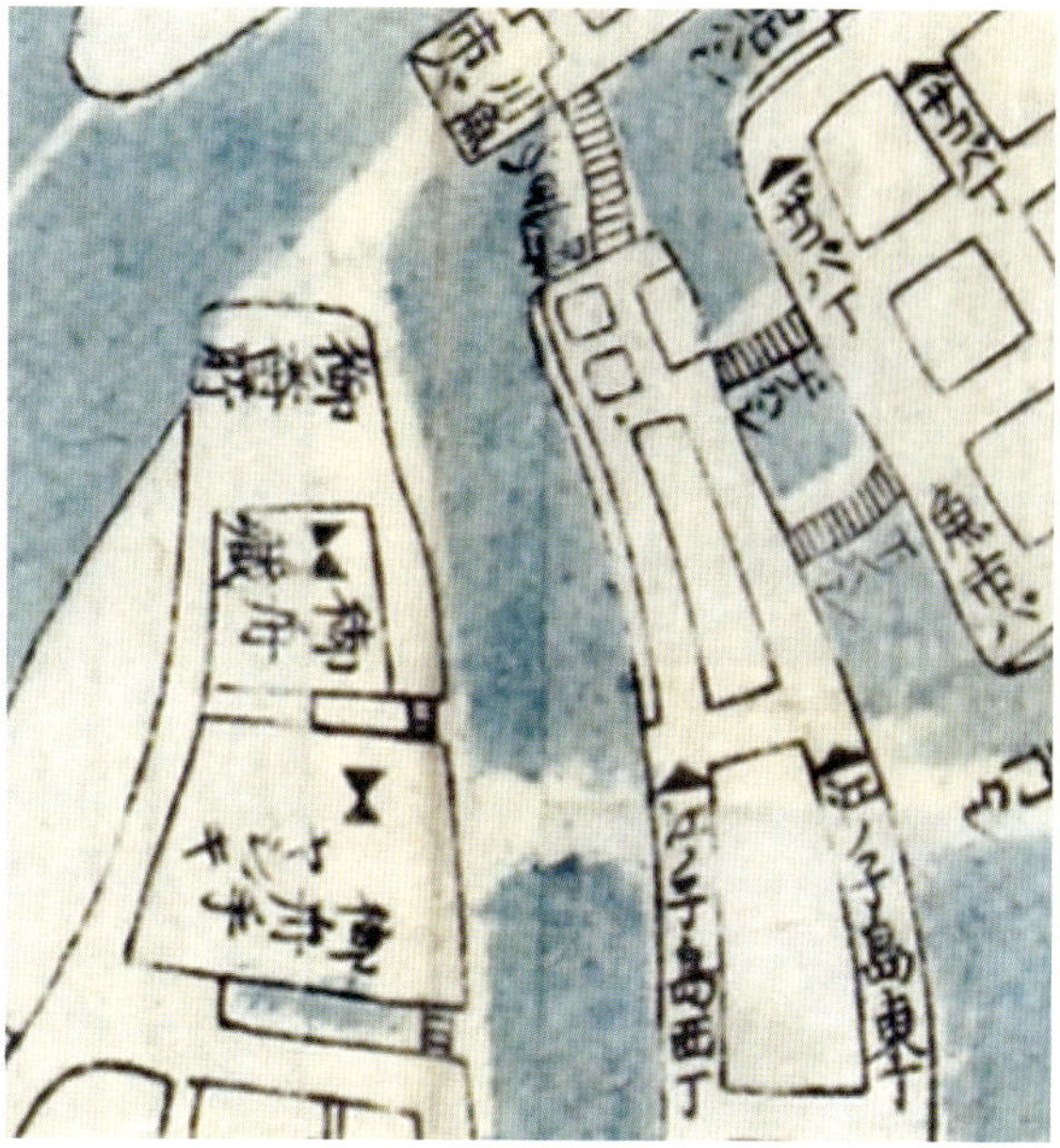

船番所・御船蔵・御船手屋敷

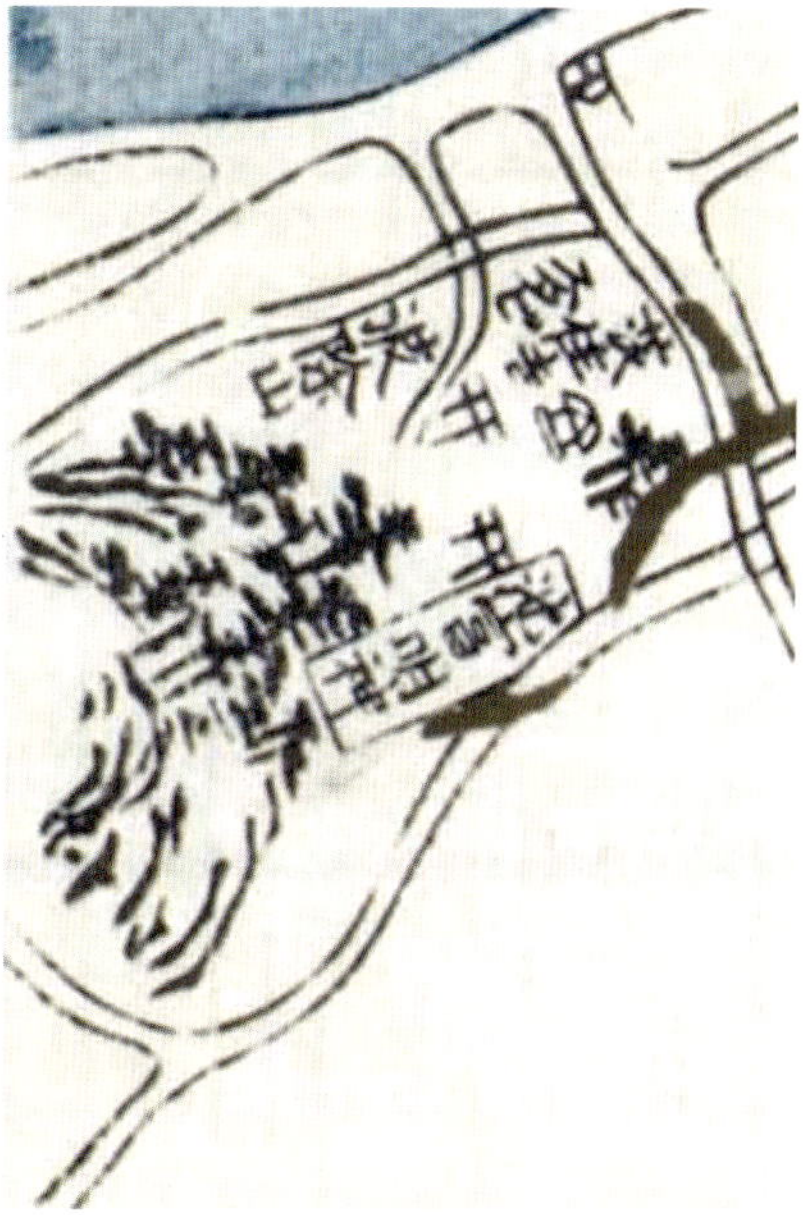

波除山

あとがき

地図が好き

子供のころ、地図探しという遊びをよくやった。友達と地図帳を広げ、地名を出題しあって、どこにあるか早く見つけた方が勝ち。先生が休みで自習授業になったときの定番だったように思う。細かい地名より、見開きにまたがる大きな地名の方が、なかなか目につかなかったりした。

家で一人でいたときも、地図帳があると飽きずに見ていた。パリは放射状の光のような姿からして美しく、桶狭間は名前からして不穏な響きがあった。地名はひとつのイメージで、地図はたくさんのイメージで織り上げた絨毯で、ときに魔法の匂いがした。

もちろん地図は本来、実用品で、大人になってからはよく道案内のお世話になったが、地図を見ながら、しばしば自信をもって正反対の方向に歩いたりした。方向音痴なのである。

そんな筆者だから、こんな地図の本ができたのかもしれない。筆者にとっては、地図は目的地へのナビゲーターというよりも、イメージでつづられた読み物、文字のない本だった。

だから、本書は古地図をあつかう。江戸時代の地図は待ち合わせにはつかえない。大阪駅も地下鉄もツインタワーも載っていない。しかし、イメージならぎっしり詰まっている。宝庫といってもいいくらい、詰まっている。一冊の本にも劣らない読みごたえがある。古地図の世界でなら、いくら道に迷ってもかまわない。むしろ迷うのが楽しい。そうしてイメージはふくらみ、やがて読み解きの道筋が見えてきて、光がぱっとさしてくる。視界がひらけ、未知の風景がそこに広がる……。少々おおげさかもしれないが、文字のない本、古地図は読み物として楽しめるのだ。

ただし読み解くには、多少のコツがいる。地名以外の文字がないから、まず手がかりを探さなくてはならない。古地図は絵のようだ、今はないものが載っている……とそのあたりまではすぐにたどり着く。問題はその先だ。本書が先へすすむ手がかりになるだろう。

とはいえ、本書で読み解きは終わったわけではない。じつを言うと、書き終わった時点で、筆者はまた新たな疑問をいくつも抱えてしまった。古地図はまだまだ道に迷う楽しみを残しておいてくれたわけだ。

さて、次にひとつ練習問題を用意した。方向音痴でない読者の方もいっしょに楽しんでいただきたい。

練習問題「大塩の乱」

大坂の古地図を題材にしたのは、筆者が大阪育ちだからである。練習問題も大坂の話題から選んだ。

江戸時代の大坂で起きた大事件といえば、多くの方が大塩平八郎の乱を思いうかべるだろう。「救民」の旗を先頭に、悪徳を重ねる役人と暴利を貪る富商に天誅を下すべく決起した。乱の火災で大坂市中百十二町、一万二千五百七十八世帯が焼け出されたが、大塩を恨む民衆の声はなく、時を経てその名は英雄として語り継がれた。というのが一般的な大塩の乱への評価だが、一方で大塩が市中に火を放ったのは大火で庶民を困らせるはた迷惑なやり方だったとの非難もある。どちらが妥当か、判定はまた別の機会にゆずるとして、ここでは大塩の乱の一日をふりかえってみる。

以下は、森鷗外が大塩の乱を描いた小説『大塩平八郎』をもとに、大塩一党が決起してから敗れるまでを要約したものである。小説は史実に基づき、ほぼ正確なルートが再現されているが、じつは間違いが二箇所ある。まずは古地図を見ながら、大塩のすすんだ道をたどってみる。

本書第二章で解説した「天保新改摂州大阪全図」が刊行された天保八年（一八三七）は、大塩の乱が起きた年である。図の乱に関係した部分を、次頁に併せて掲げておく。

大塩平八郎の一党がたどったルート

天保八年（一八三七）陰暦二月十九日朝五つ時（午前八時）、大塩平八郎の住む与力屋敷の南に隣接する川崎東照宮の境内に勢揃いした大塩一党総勢百余人が救民の旗を押し立て、決起した。まず向かいの与力朝岡の屋敷に大筒の第一発を撃ち込み、天満橋筋の長柄町に出て、南へ源八町まですすんで、与力町を西へ折れた。大坂城と東町奉行所に接している天満橋を避けて、迂回して船場に向かったのである。天満宮のそばを通って天神橋までくると、橋はすでに奉行所の手でこわされていた。この時点で大塩一党は三百人ほどにふくれあがっており、菅原町河岸を西にすすんで門樋橋を渡り、樋之上町河岸を難波橋のたもとに出た。こちらも今まさにこわされようとしていたが、大塩たちは渡りきる。船場に入ると、総勢は二手に分かれた。一方は今橋筋の鴻池善右衛門、同庄兵衛、同善五郎、天王寺屋五兵衛、平野屋五兵衛など大商人の屋敷、もう一方は高麗橋で奉行所の一隊と交戦し、高麗橋筋の三井、岩城桝屋などの大店を襲撃してのち、東横堀川の東川岸でふたたび合流、内平野町まで出て平野町の米店数店に火をかけ、平野橋の東詰に着いた。そこで奉行所隊と遭遇し、小筒をつるべ撃

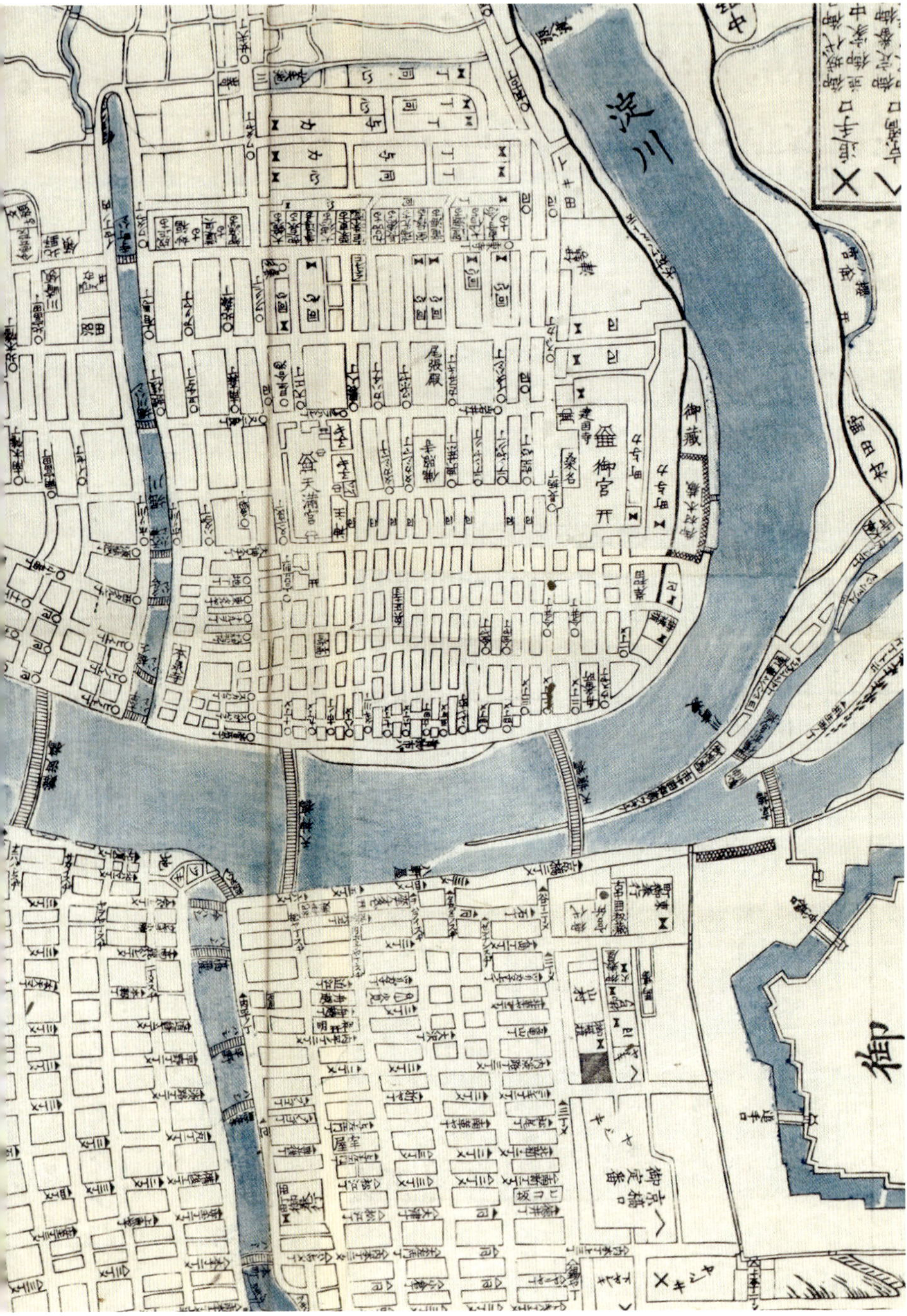
淀川
天満宮
尾張殿
御宮
御蔵
室屋

ちして混乱に陥れた。大塩一党からも戦闘のたびに逃亡者が出て百人余に減っており、淡路町を西へ退いた。そこでまた奉行所隊との撃ち合いになり、大塩隊はさらに減って統制がとれなくなった。大塩は働きもこれまでと、おもだった者を集め「銘々この場を立ち退いて然るべく処決せられい」と言い渡す。大塩はなおも残った十余人の一行と淡路町二丁目から東平野町を過ぎ、焼け跡の町を抜けて、東横堀川の西川岸に出た。高麗橋、天神橋詰を過ぎ、七つ時（午後四時）には八軒家に到着。船で逃亡した。

　さて、右の森鷗外『大塩平八郎』に書かれたルートの間違いはどこか。まず、「門樋橋」とあるのは「太平橋」の誤り。もう一箇所は方角に関する誤記である。図をたどれば、あきらかにおかしな記述であるのがわかるはずだ。答はあえて伏せておく。

　付け加えておくが、誤記があったからといって鷗外の短編小説『大塩平八郎』の価値が下がるわけではない。ドキュメント的な手法で乱の経過を刻々と追う描写に緊迫感がある。決起の終わりはあっけなく、その後は敗れた大塩一党がたどった過酷な運命が淡々とつづられる。作品中の記述は、ここにまとめたものよりはるかに詳細で緻密だ。興味ある方は、鷗外の『大塩平八郎』をお読みいただきたい。そのさいお手元に古地図をお忘れなく。

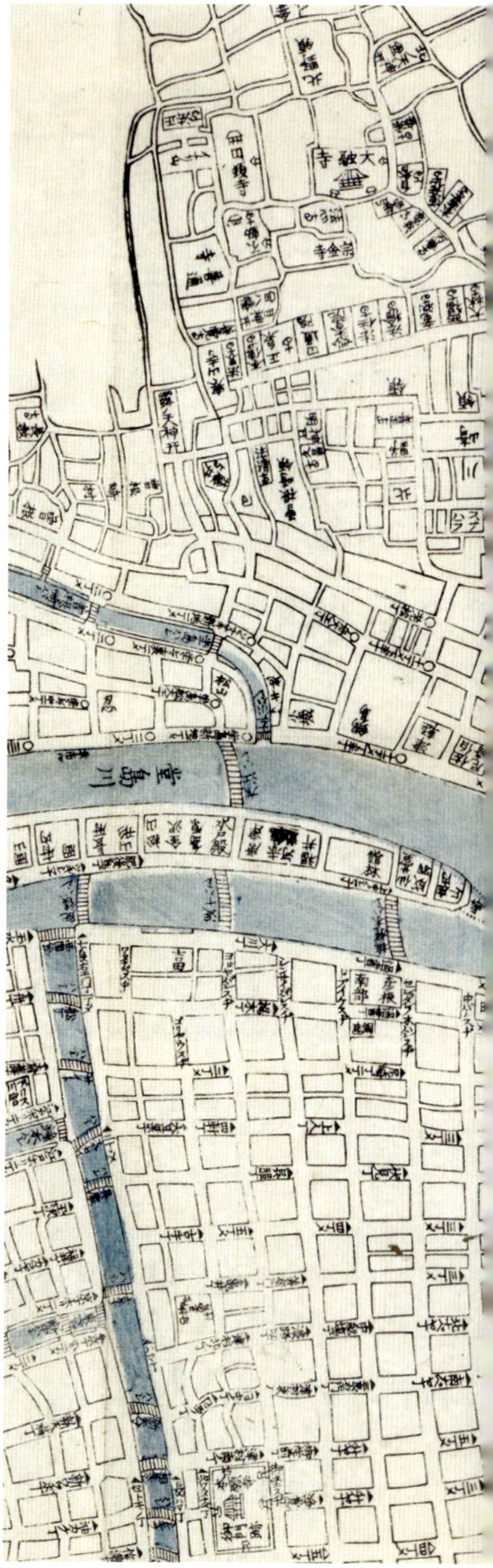

どこで古地図は見られるか

本書で古地図に興味が湧いたという方のために、古地図はどこで見られるか、お話ししておく。お金をかけないというのがポイントである。古書店や古書展示即売会に足をはこんだとしても、原図は眺めて楽しむのにとどめ、もし買われるのなら安価な復刻版をおすすめする。収集家の方が書かれた本を読むと、そら恐ろしい金額をつぎこんでおられるようで敬服する。原図は高価なものが多く、よほどの好事家でないかぎり収集はひかえた方がいいと思う。

もっとも身近に古地図が見られる場所は図書館である。復刻版であれば、閲覧の手続きをすればいつでも見られる。大阪府立中之島図書館（北区中之島）、大阪市立中央図書館（西区北堀江）には、復刻版を集めて箱入りにした『古板大坂地図集成』（佐古慶三編・五図版収録）、『大阪古地図集成』（玉置豊次郎編・二十五図版収録）があり、最初に古地図にふれるのに最適のテキストといえる。どちらも「新撰増補大坂大絵図」「浪華往古図」「明暦三年新板大坂之図」など本書に掲載の図がいくつか収められている。大阪府立中央図書館（東大阪市）には『古板大坂地図集成』がある。

原図は一般の閲覧が不可のものが多く、希望しても見られるとは限らない。大阪府立中之島図書館を例にあげると、同図書館蔵の江戸時代・明治以後の「大阪地図目録」があるので、まずこれを調べて目的の古地図があれば閲覧の申請をする。目録には三百点以上が掲載され、半分近くは江戸時代のものだが、復刻版も多い。もし原図の閲覧が可能な場合は、傷めないように取り扱いに細心の配慮がいる。メモをとる場合でも、インクの出る筆記具ではなく必ず鉛筆を使用するなど、古文書の閲覧と同様の注意事項を守らなければならない。

明治・大正のころの地図なら、大阪市立中央図書館の地図コーナーの一部に自由に閲覧できるものが常時ある。絵図の趣を残した図もあり、楽しめる。

本書に掲載の図版は、それぞれ次の施設の収蔵品を使用させていただいた。

◇第一章
- 見開き図
元禄九年新撰増補大坂大絵図（国立国会図書館）
- 他の図
辰歳増補大坂図（『古板大坂地図集成』所収。清文堂出版）
河内国絵図（写真提供：大阪狭山市教育委員会、個人蔵）

◇第二章
- 見開き図
浪華往古図（筑波大学附属図書館）

明暦三年新板大坂之図（国際日本文化研究センター）
天保新改摂州大阪全図（大阪教育大学附属図書館）
◇付録　元禄九年新撰増補大坂大絵図（国立国会図書館）

博物館の収蔵品は企画展などで公開される場合をのぞくと閲覧は難しいが、博物館発行の図録に古地図が多く載ったものがある。本書の参考文献にあげた『絵図と風景――絵のような地図、地図のような絵』『古地図セレクション』（神戸市立博物館）、『大坂再生――徳川幕府の大坂城再築と都市の復興』（大阪城天守閣）、『堺と三都』（堺市博物館）、『城下町大坂――絵図・地図からみた武士の姿』（大阪大学出版会）は一例である。図録は品切れでなければ、各博物館で販売されている。閲覧したい場合は、図書館あるいは大阪歴史博物館のライブラリー（無料公開）で探すとよいだろう。

神戸市立博物館は国内最大の地図コレクションで知られ、収蔵品目録の古地図の巻を見ると大坂の町絵図だけで九十二点が載っている。古地図をテーマに、しばしば企画展も催している。屏風絵図、皿絵図なども、筆者は同博物館の企画展示で見た。

第一章入門編本文で紹介した国内最大級の古地図、元禄二年堺大絵図は収蔵している堺市博物館が、複写図を壁面をいっぱいにつかって常設展示しており、壮観だ。同博物館は吉田初三郎のパノラマ図を多数収蔵し、過去に企画展も開催している。

狭山池博物館（大阪狭山市）では、「大和川開鑿前地方図」の拡大版が常設展示されていて、大和川付替え前の南大阪の水系がよくわかる。

古地図の復刻版を手に入れられたい方は、古書店で探すか、復刻古地図を扱う一部の大書店をのぞかれるとよい。「元禄四年新撰増補大坂大絵図」「浪華往古図」「明暦三年新板大坂之図」「天保新改摂州大阪全図」「五畿内掌覧絵図」などの復刻版が販売されているのを筆者は確認している。探し歩いて、お目当てのものが見つかったときの喜びは格別だろう。

これから古地図を楽しんでみようという方は、まずは図書館や博物館、資料館に足をはこばれるのをおすすめする。復刻版や原図などをいろいろご覧になって、目を楽しませていただきたい。図書館なら参考文献も読め、入門には最適の足がかりである。できれば時間をたっぷりとって出かけるといい。古地図をひろげてあれやこれやと心を遊ばせたいものだ。

ひとこと

あとがきというより古地図の楽しみ方ガイドのようになってしまった。読者に古地図に親しくふれていただくきっかけになるのなら、こんなスタイルもわるくないと思う。

筆者は古地図の研究家ではなく、収集家でもなく、一介のもの書きにすぎない。縁あって産経新聞に「古地図は誘う」と題した連載を二〇〇四～二〇〇五年にかけて書かせていただいた。江戸時代から明治・大正のころにつくられた地図の魅力を紹介するという内容だった。そのときの体験をきっかけに、あとがき冒頭に述べた子供のころの地図遊びの楽しさを思い出し、「こんな本があったら」と今回の本を書いたしだいである。

もし本書に多少とも面白味があるとしたら、古地図を読み解こうとしたプロセスのなかにある。本という腰をすえた形だからこそ、プロセスがじっくりと楽しめる。古地図が文字のない本であるなら、本になった古地図はいったいどんな物語を話して聞かせてくれるだろう。ともかく無事に出版のはこびとなり、筆者としてはこれまでの本以上に手ごたえを感じている。

編集部の松浦利彦さんのお世話になるのも、これで九冊目。今回も執筆にあたって貴重なアドバイスをいただいた。この場をかりて御礼申し上げます。最後にひとこと。本書が読者と古地図の素敵な縁結びになりますように。

本渡　章

参考文献

※事典・辞典の類は省略した。

『地図史通論――地図談義と論評』長久保光明、一九九二年、暁印書館
『地図の歴史』織田武雄、一九七三年、講談社
『地図で読む江戸時代』山下和正、一九九八年、柏書房
『古地図の知識100』岩田豊樹、一九七七年、新人物往来社
『国絵図（日本歴史叢書　新装版）』川村博忠、一九九六年、吉川弘文館
『前近代地図の空間と知（歴史科学叢書）』青山宏夫、二〇〇七年、校倉書房
『江戸時代の測量術』松崎利雄、一九七九年、総合科学出版
『近世日本の地図と測量――村と「廻り検地」』鳴海邦匡、二〇〇七年、九州大学出版会
『神と仏のいる風景――社寺絵図を読み解く』国立歴史民俗博物館編、二〇〇三年、山川出版社
『平安京―京都――都市図と都市構造』金田彰裕編、二〇〇七年、京都大学学術出版会
『新修大阪市史　第一巻』新修大阪市史編纂委員会、一九八八年、大阪市
『新修大阪市史　第二巻』新修大阪市史編纂委員会、一九八八年、大阪市
『新修大阪市史　第三巻』新修大阪市史編纂委員会、一九八九年、大阪市
『新修大阪市史　第四巻』新修大阪市史編纂委員会、一九九〇年、大阪市
『図説大阪府の歴史（図説日本の歴史27）』津田秀夫編、一九九〇年、河出書房新社
『大阪城400年（朝日カルチャーブックス11）』岡本良一・作道洋太郎・原田伴彦・松田毅一・渡辺武、一九八二年、大阪書籍
『大阪城――天下人二人の武略燦然（「歴史群像」名城シリーズ）』二〇〇〇年、学習研究社
『大阪と堺』三浦周行、一九八四年、岩波文庫
『堺の歴史』関英夫、一九七七年、山川出版社
『堺市史　第三巻』堺市編、一九七五年、清文堂出版
『貝塚市史　第一巻通史』貝塚市臨時貝塚市史編纂部編、一九五五年、貝塚市役所
『平野郷町誌』平野郷公益会、一九九一年、清文堂出版
『船場（風土記大阪第一集）』宮本又次、一九六〇年、ミネルヴァ書房
『キタ（風土記大阪第二集）』宮本又次、一九六四年、ミネルヴァ書房
『てんま（風土記大阪第三集）』宮本又次、一九七七年、大阪天満宮
『随想大阪繁盛録』宮本又次、一九九一年、文献出版
『大阪文化史論』宮本又次、一九七九年、文献出版
『京阪と江戸』宮本又次、一九七四年、青蛙房

『上方と坂東』宮本又次、一九六九年、青蛙房
『大阪の歴史と風土（毎日放送文化双書1）』宮本又次、一九七三年、毎日放送
『大阪の生産と交通（毎日放送文化双書4）』小林茂・脇田修、一九七三年、毎日放送
『大坂町奉行と支配所・支配国』渡邊忠司、二〇〇五年、東方出版
『近世「食い倒れ」考』渡邊忠司、二〇〇三年、東方出版
『大阪の橋』松村博、一九八七年、松籟社
『大阪建設史夜話　附・大阪古地図集成解説』玉置豊次郎、一九八〇年、大阪都市協会
『近世大坂地域の史的研究』藪田貫、二〇〇五年、清文堂出版
『江戸と大阪（冨山房百科文庫48）』幸田成友、一九九五年、冨山房
『大坂と大阪の研究――官印と公文書を中心に』伊吹順隆、一九七九年、私家版
『大坂――摂津・河内・和泉（街道の日本史33）』今井修平・村田路人編、二〇〇六年、吉川弘文館
『住所と地名の大研究』今尾恵介、二〇〇四年、新潮社
『都市空間（中世都市研究1）』中世都市研究会編、一九九四年、新人物往来社
『近世風俗志　守貞謾稿（一）』喜田川守貞、一九九六年、岩波文庫
『近世風俗志　守貞謾稿（二）』喜田川守貞、一九九七年、岩波文庫
『近世風俗志　守貞謾稿（三）』喜田川守貞、一九九九年、岩波文庫
『近世風俗志　守貞謾稿（四）』喜田川守貞、二〇〇一年、岩波文庫
『近世風俗志　守貞謾稿（五）』喜田川守貞、二〇〇二年、岩波文庫
『日本名所風俗図会10　大阪の巻』森修編、一九八〇年、角川書店
『織豊政権と江戸幕府（日本の歴史第15巻）』池上裕子、二〇〇二年、講談社
『天下泰平（日本の歴史第16巻）』横田冬彦、二〇〇二年、講談社
『成熟する江戸（日本の歴史第17巻）』吉田伸之、二〇〇二年、講談社
『江戸参府旅行日記（東洋文庫３０３）』ケンペル、一九七七年、平凡社
『辰巳屋疑獄』松井今朝子、二〇〇三年、筑摩書房
『日本文学全集カラー版40　森鷗外（二）』森鷗外、一九七一年、河出書房新社
『日本の名著27　大塩中斎』宮城公子編、一九八四年、中央公論社
「浪華百事談」作者不詳『日本随筆大成　第3期第2巻』日本随筆大成編輯部編、一九九五年、吉川弘文館
「浪華の風」久須美祐雋『日本随筆大成　第3期第5巻』日本随筆大成編輯部編、一九九五年、吉川弘文館
『日本の古地図11　浪華大坂』原田伴彦・矢守一彦編、一九七七

年、講談社
『江戸時代「古地図」総覧（別冊歴史読本・事典シリーズ32）』一九九七年、新人物往来社
『城下町古地図散歩4 大阪・近畿［1］の城下町（太陽コレクション）』一九九六年、平凡社
『城下町大坂――絵図・地図からみた武士の姿』二〇〇八年、大阪大学出版会
『絵図と風景――絵のような地図、地図のような絵』二〇〇〇年、神戸市立博物館
『古地図セレクション』一九九四年、神戸市立博物館
『大坂再生――徳川幕府の大坂城再築と都市の復興』二〇〇二年、大阪城天守閣
『堺と三都』一九九五年、堺市博物館
『絵図に描かれた狭山池』一九九二年、大阪狭山市教育委員会・狭山池調査事務所
「月刊古地図研究」第四巻七号（大阪特集号）、一九七三年、日本地図資料協会
「大阪春秋」第八七号（特集：古地図・絵図）、一九九七年、大阪春秋社
「大阪春秋」第一二二号（特集：堺）、二〇〇六年、新風書房
「大阪春秋」第一二六号（特集：地図で訪ねる大阪の歴史）、二〇〇七年、新風書房
「大阪人」第六〇巻第四号（特集：転変大阪城）、二〇〇六年、大阪都市協会

さくいん

〈著者略歴〉

本渡 章（ほんど・あきら）

一九五二年、大阪市生まれ。作家。

一九九六年、第三回パスカル短篇文学新人賞優秀賞受賞。

著書『古地図が語る大災害』『大阪古地図むかし案内』『続・大阪古地図むかし案内』『続々・大阪古地図むかし案内』『大阪暮らしむかし案内』『大阪名所むかし案内』『京都名所むかし案内』『奈良名所むかし案内』（以上、創元社）、『大阪古地図パラダイス』『古地図で歩く大阪ザ・ベスト10』『鳥瞰図！』（以上、140B）など。編著書『超短編アンソロジー』（ちくま文庫）。

カラー版《ばん》 大阪古地図《おおさかこちず》むかし案内《あんない》
——江戸時代《えどじだい》をあるく
二〇一八年一二月一〇日 第一版第一刷発行

著　者　本渡 章
発行者　矢部敬一
発行所　株式会社 創元社
〈本　社〉〒五四一-〇〇四七
大阪市中央区淡路町四-三-六
電話（〇六）六二三一-九〇一〇㈹
〈東京支店〉〒一〇一-〇〇五一
東京都千代田区神田神保町一-二 田辺ビル
電話（〇三）六八一一-〇六六二㈹
〈ホームページ〉http://www.sogensha.co.jp/

本書を無断で複写・複製することを禁じます。

乱丁・落丁本はお取り替えいたします。

定価はカバーに表示してあります。

組版　はあどわあく　印刷　図書印刷

ISBN978-4-422-25085-4 C0026

古地図が語る大災害 ―絵図・瓦版で読み解く大地震・津波・大火の記憶―

本渡章著 古代から近代までの古地図等を題材に、歴史上繰り返されてきた大地震・津波・大火の記録を読み解く。「古地図むかし案内」シリーズ姉妹編。折込み絵図等の付録つき。**2000円**

続々・大阪古地図むかし案内 ―戦中～昭和中期編―

本渡章著 戦中～昭和中期の古地図を題材に、戦時下から戦後復興という激変期の世相・暮らし・地誌を探る。好評「古地図むかし案内」シリーズ第三弾。折込み古地図の付録つき。**2000円**

大阪名所むかし案内 ―絵とき「摂津名所図会」―

本渡章著 近世の大ヒット旅行書「摂津名所図会」から全三六景の名所を厳選し、細部を絵ときする新趣向で江戸時代の大坂へご案内。現代につながる生活文化・歴史・地理がわかる。**1800円**

京都名所むかし案内 ―絵とき「都名所図会」―

本渡章著 「都名所図会」等から古都の名所を厳選し、古今の風物を絵ときする「名所むかし案内」シリーズの京都編。寺社や山川など有名な名所から土産物、祭りや歳時記も描く。**1800円**

大阪暮らしむかし案内【江戸時代編】―絵解き井原西鶴―

本渡章著 井原西鶴の浮世草子（小説）とその挿絵を題材に、江戸時代の庶民の暮らし、人間模様を描きだす案内書。絵と物語の細部を読み解きながら、大阪の生活文化がわかる本。**1800円**

近世刊行大坂図集成

脇田修監修、小野田一幸・上杉和央編 近世日本経済の中心であった大阪の姿を木版に刻み込んだ刊行大坂図。三〇系統一八二種の大坂図を収録・解説した、初の網羅的集成。**45000円**

大阪の教科書 ビジュアル入門編 ―大阪検定公式テキスト―

橋爪紳也監修、創元社編集部編 大阪検定公式テキストがオールカラーで登場。ことば、歴史・地理から芸能・カルチャー、食文化まで幅広く網羅した目で見て楽しむビジュアル図説。**1500円**

百舌鳥古墳群をあるく ―巨大古墳・全案内―

久世仁士著 人を惹きつけてやまない巨大な大山古墳（仁徳天皇陵古墳）から、中小の大きさも形もさまざまな古墳まで、現存するすべての古墳を探訪し案内する初の書。図版多。**1800円**

古市古墳群をあるく ―巨大古墳・全案内―

久世仁士著 古市古墳群は全国屈指の巨大古墳密集地として知られる。誉田山古墳（応神天皇陵古墳）をはじめ現存するすべての古墳を探訪、歴史的変遷もまじえ案内する。写真多。**1800円**

改訂新版 旧暦読本 ―日本の暮らしを愉しむ「こよみ」の知恵―

岡田芳朗著 暦法の基本的な仕組みから、二十四節気と七十二候、六十干支、雑節・節句などの生活暦、月や潮汐など天文学的知識まで詳しく解説。古今東西の暦のすべてがわかる本。**2000円**

年中行事読本 ―日本の四季を愉しむ歳時ごよみ―

岡田芳朗、松井吉昭著 盆正月や節句など季節のしきたりから社寺の祭事まで、現代に生きる年中行事の数々を月別で網羅。その意味や歴史を暮らしに即して解説した読み物事典。**1900円**

十二支読本 ―暦と運勢のしくみを読み解く―

稲田義行著 中国から伝わり、今なお日々の暮らしの中に息づく六十干支（かんし）について、発祥から発展の歴史をひもとき、年月日・時刻・方位・吉凶などさまざまな切り口で解説。**1800円**

＊価格には消費税は含まれていません。